Financial Crises and Periods of Industrial
and Commercial Depression
Explained Completely by Top Trader

洞察大行情
—— 金融危机与萧条的规律

顶级交易员深入解读

[美] 西奥多·E.伯顿（Theodore E. Burton）/原著

魏强斌/译注

经济管理出版社
ECONOMY & MANAGEMENT PUBLISHING HOUSE

图书在版编目（CIP）数据

洞察大行情——金融危机与萧条的规律：顶级交易员深入解读 /（美）西奥多·E. 伯顿原著；魏强斌译注. —北京：经济管理出版社，2020.6

ISBN 978-7-5096-7138-2

Ⅰ.①洞…　Ⅱ.①西…　②魏…　Ⅲ.①金融危机—研究　②经济周期分析

Ⅳ.①F830.99　②F037

中国版本图书馆 CIP 数据核字（2020）第 094102 号

策划编辑：勇　生
责任编辑：刘　宏
责任印制：黄章平
责任校对：王淑卿

出版发行：经济管理出版社
　　　　　（北京市海淀区北蜂窝 8 号中雅大厦 A 座 11 层　100038）
网　　址：www.E-mp.com.cn
电　　话：（010）51915602
印　　刷：三河市延风印装有限公司
经　　销：新华书店
开　　本：787mm×1092mm/16
印　　张：15.25
字　　数：298 千字
版　　次：2020 年 9 月第 1 版　2020 年 9 月第 1 次印刷
书　　号：ISBN 978-7-5096-7138-2
定　　价：68.00 元

导言　成为伟大交易者的秘密

◇ 伟大并非偶然！

◇ 常人的失败在于期望用同样的方法达到不一样的效果！

◇ 如果辨别不正确的说法是件很容易的事，那么就不会存在这么多的伪真理了。

金融交易是全世界最自由的职业，每个交易者都可以为自己量身定做一套盈利模式。从市场中"提取"金钱的具体方式各异，而这却是金融市场最令人神往之处。但是，正如大千世界的诡异多变由少数几条定律支配一样，仅有的"圣杯"也为众多伟大的交易圣者所朝拜。现在，我们就来一一细数其中的最伟大代表吧。

作为技术交易（Technical Trading）的代表性人物，理查德·丹尼斯（Richard Dannis）闻名于世，他以区区 2000 美元的资本累积了高达 10 亿美元的利润，而且持续了十数年的交易时间。更令人惊奇的是，他以技术分析方法进行商品期货买卖，也就是以价格作为分析的核心。但是，理查德·丹尼斯的伟大远不止于此，这就好比亚历山大的伟大远不止于建立地跨欧、亚、非的大帝国一样，理查德·丹尼斯的"海龟计划"使得目前世界排名前十的 CTA 基金经理有六位是其门徒。"海龟交易法"从此名扬天下，纵横寰球数十载，今天中国内地也刮起了一股"海龟交易法"的超级风暴。其实，"海龟交易"的核心在于两点：一是"周规则"蕴含的趋势交易思想；二是资金管理和风险控制中蕴含的机械和系统交易思想。所谓"周规则"（Weeks' Rules），简单而言就是价格突破 N 周内高点做多（低点做空）的简单规则，"突破而做"（Trading as Breaking）彰显的就是趋势跟踪交易（Trend Following Trading）。深入下去，"周规则"其实是一个交易系统，其中首先体现了"系统交易"（Systematic Trading）的原则，其次体现了"机械交易"（Mechanical Trading）的原则。对于这两个原则，我们暂不深入，让我们看看更令人惊奇的事实。

巴菲特（Warren Buffett）和索罗斯（Georgy Soros）是基本面交易（Fundamental Investment & Speculation）的最伟大代表，前者 2007 年再次登上首富的宝座，能够时隔

多年后再次登榜，实力自不待言，后者则被誉为"全世界唯一拥有独立外交政策的平民"，两位大师能够"登榜首"和"上尊号"基本上都源于他们的巨额财富。从根本上讲，是卓越的金融投资才使得他们能够"坐拥天下"。巴菲特刚踏入投资大门就被信息论巨擘认定是未来的世界首富，因为这位学界巨擘认为巴菲特对概率论的实践实在是无人能出其右，巴菲特的妻子更是将巴菲特的投资秘诀和盘托出，其中不难看出巴菲特系统交易思维的"强悍"程度。套用一句时下流行的口头禅"很好很强大"，恐怕连那些以定量著称的技术投机客都要俯首称臣。巴菲特自称85%的思想受传于本杰明·格雷厄姆的教诲，而此君则是一个以会计精算式思维进行投资的代表，其中需要的概率性思维和系统性思维不需多言便可以看出"九分"！巴菲特精于桥牌，比尔·盖茨是其搭档，桥牌游戏需要的是严密的概率思维，也就是系统思维，怪不得巴菲特首先在牌桌上征服了信息论巨擘，随后征服了整个金融界。以此看来，巴菲特在金融王国的"加冕"早在桥牌游戏中就已经显出端倪！

索罗斯的著作一大箩筐，以《金融炼金术》最为出名，其中他尝试构建一个投机的系统。他师承卡尔·波普和哈耶克，两人都认为人的认知天生存在缺陷，所以索罗斯认为情绪和有限理性导致了市场的"盛衰周期"（Boom and Burst Cycles），而要成为一个伟大的交易者则需要避免受到此种缺陷的影响，并且进而利用这些波动。索罗斯力图构建一个系统的交易框架，其中以卡尔·波普的哲学和哈耶克的经济学思想为基础，"反身性"是这个系统的核心所在。

还可以举出太多以系统交易和机械交易为原则的金融大师们，比如伯恩斯坦（短线交易大师）、比尔·威廉姆（混沌交易大师）等，太多了，实在无法一一述及。

那么，从抽象的角度来讲，我们为什么要迈向系统交易和机械交易的道路呢？请让我们给出几条显而易见的理由吧。

第一，人的认知和行为极易受到市场和参与群体的影响，当你处于其中超过5分钟时，你将受到环境的催眠，此后你的决策将受到非理性因素的影响，你的行为将被外界接管。而机械交易和系统交易可以极大地避免这种情况的发生。

第二，任何交易都是由行情分析和仓位管理构成的，其中涉及的不仅是进场，还涉及出场，而出场则涉及盈利状态下的出场和亏损状态下的出场，进场和出场之间还涉及加仓和减仓等问题。此外，上述操作还都涉及多次决策，在短线交易中更是如此。复杂和高频率的决策任务使得带有情绪且精力有限的人脑无法胜任。疲累和焦虑下的决策会导致失误，对此想必每个外汇和黄金短线客都是深有体会的。系统交易和机械交易可以流程化地反复管理这些过程，省去了不少人力成本。

第三，人的决策行为随意性较强，更为重要的是每次交易中使用的策略都有某种程度上的不一致，这使得绩效很难评价，因为不清楚 N 次交易中特定因素的作用到底如何。由于交易绩效很难评价，所以也就谈不上提高。这也是国内很多炒股者十年无长进的根本原因。任何交易技术和策略的评价都要基于足够多的交易样本，而随意决策下的交易则无法做到这一点，因为每次交易其实都运用了存在某些差异的策略，样本实际上来自不同的总体，无法用于统计分析。而机械交易和系统交易由于每次使用的策略一致，这样得到的样本也能用于绩效统计，所以很快就能发现问题。比如，一个交易者很可能在 1，2，3，…，21 次交易中，混杂使用了 A、B、C、D 四种策略，21 次交易下来，他无法对四种策略的效率做出有效评价，因为这 21 次交易中四种策略的使用程度并不一致。而机械交易和系统交易则完全可以解决这一问题。所以，要想客观评价交易策略的绩效，更快提高交易水平，应该以系统交易和机械交易为原则。

第四，目前金融市场飞速发展，股票、外汇、黄金、商品期货、股指期货、利率期货，还有期权等品种不断翻出新花样，这使得交易机会大量涌现，如果仅仅依靠人的随机决策能力来把握市场机会无异于杯水车薪。而且大型基金的不断涌现，使得单靠基金经理临场判断的压力和风险大大提高。机械交易和系统交易借助编程技术"上位"已成为这个时代的既定趋势。况且，期权类衍生品根本离不开系统交易和机械交易，因为其中牵涉大量的数理模型运用，靠人工是应付不了的。

中国人相信人脑胜过电脑，这绝对没有错，但也不完全对。毕竟人脑的功能在于创造性解决新问题，而且人脑的特点还在于容易受到情绪和最近经验的影响。在现代的金融交易中，交易者的主要作用不是盯盘和执行交易，这些都是交易系统的责任，交易者的主要作用是设计交易系统，定期统计交易系统的绩效，并做出改进。这一流程利用了人的创造性和机器的一致性。交易者的成功，离不开灵机一动，也离不开严守纪律。当交易者参与交易执行时，纪律成了最大问题；当既有交易系统让后来者放弃思考时，创新成了最大问题。但是，如果让交易者和交易系统各司其职，则需要的仅仅是从市场中提取利润！

作为内地最早倡导机械交易和系统交易的理念提供商（Trading Ideas Provider），希望我们策划出版的书籍能够为你带来最快的进步。当然，金融市场没有白拿的利润，长期的生存不可能夹杂任何的侥幸，请一定努力！高超的技能、完善的心智、卓越的眼光、坚韧的意志、广博的知识，这些都是一个至高无上的交易者应该具备的素质。请允许我们助你跻身于这个世纪最伟大的交易者行列！

Introduction   Secret to Become a Great Trader!

◇ Greatness does not derive from mere luck!

◇ The reason that an ordinary man fails is that he hopes to achieve different outcome using the same old way!

◇ There would not be so plenty fake truths if it was an easy thing to distinguish correct sayings from incorrect ones.

Financial trading is the freest occupation in the world, for every trader can develop a set of profit –making methods tailored exclusively for himself. There are various specific methods of soliciting money from market; while this is the very reason that why financial market is so fascinating. However, just like the ever–changing world is indeed dictated by a few rules, the only "Holy Grail" is worshipped by numerous great traders as well. In the following, we will examine the greatest representatives among them one by one.

As a representative of Techincal Trading, Richard Dannis is known worldwide. He has accumulated a profit as staggering as 1 billion dollar while the cost was merely 2000 bucks! He has been a trader for more than a decade. The inspiring thing about him is that he conducted commodity futures trading with a technical analysis method which in essence is price acting as the core of such analysis. Never the less, the greatness of Richard Dannis is far beyond this which is like the greatness of Alexander was more than the great empire across both Europe and Asia built by him. Thanks to his "Turtle Plan", 6 out of the world top 10 CTA fund managers are his adherents. And the Turtle Trading Method is frantically well-known ever since for a couple of decades. Today in mainland China, a storm of "Turtle Trading Method" is sweeping across the entire country. The core of Turtle Trading Method lies in two factors: first, the philosophy of trendy trading implied in "Weeks' Rules"; second, the philosophy of mechanical trading and systematic trading implied in fund manage-

ment and risk control. The so-called "Weeks' Rules" can be simplified as simples rules that going long at high and short at low within N weeks since price breakthrough. While Trading as breaking illustrates trend following trading. If we go deeper, we will find that "Weeks' Rules" is a trading system in nature. It tells us the principle of systematic trading and the principle of mechanical trading. Well, let's just put these two principles aside and look at some amazing facts in the first place.

The greatest representatives of fundamental investment and speculation are undoubtedly Warren Buffett and George Soros. The former claimed the title of richest man in the world in 2007 again. You can imagine how powerful he is; the latter is accredited as "the only civilian who has independent diplomatic policies in the world". The two masters win these glamorous titles because of their possession of enormous wealth. In essence, it is due to unparalleled financial trading that makes them admired by the whole world. Fresh with his feet in the field of investment, Buffett was regarded by the guru of Information Theory as the richest man in the future world for this guru considered that the practice by Buffett of Probability Theory is unparallel by anyone; Buffett' wife even made his investment secrets public. It is not hard to see that the trading system of Buffett is really powerful that even those technical speculators famous for quantity theory have to bow before him. Buffet said himself that 85% of his ideas are inherited from Benjamin Graham who is a representative of investing in a accountant's actuarial method which requires probability and systematic thinking. The interesting thing is that Buffett is a good player of bridge and his partner is Bill Gates! Playing bridge requires mentality of strict probability which is systematic thinking, no wonder that Buffett conquered the guru of Information Theory on bridge table and then conquered the whole financial world. From these facts we can see that even in his early plays of bridge, Buffett had shown his ambition to become king of the financial world.

Soros has written a large bucket of books among which the most famous is *The Alchemy of Finance*. In this book he tried to build a system of speculation. His teachers are Karl Popper and Hayek. The two thought that human perception has some inherent flaws, so their students Soros consequently deems that emotion and limited rationality lead to "Boom and Burst Cycles" of market; while if a man wants to become a great trader, he must overcome influences of such flaws and furthermore take advantage of them. Soros tried to build a systematic framework for trading based on economic ideas of Hayek and philosophic thoughts of

Karl Popper. Reflexivity is the very core of this system.

I may still tell you so many financial gurus taking systematic trading and mechanical trading as their principles, for instance, Bernstein (master of short line trading), Bill Williams (master of Chaos Trading), etc. Too many. Let's just forget about them.

Well, from the abstract perspective, why shall we take the road to systematic trading and mechanical trading? Please let me show you some very obvious reasons.

First, A man's perception and action are easily affected by market and participating groups. When you are staying in market or a group for more than 5 minutes, you will be hypnotized by ambient setting and ever since that your decisions will be affected by irrational elements.

Second, Any trading is composed of situation analysis and account management. It involves not only entrance but exit which may be either exit at profit or exit at a loss, and there are problems such as selling out and buying in. All these require multiple decision-makings, particularly in short line trading. Complicated and frequent decision-making is beyond the average brain of emotional and busy people. I bet every short line player of forex or gold knows it well that decision-making in fatigue and anxiety usually leads to failure. Well, systematic trading and machanical trading are able to manage these procedures repeatedly in a process and thus can save lots of time and energy.

Third, People make decisions in a quite casual manner. A more important factor is that people use different strategies in varying degrees in trading. This makes it difficult to evaluate the performance of such trading because in that way you will not know how much a specific factor plays in the N tradings. And the player can not improve his skills consequently. This is the very reason that many domestic retail investors make no progress at all for many years. Evaluation of trading techniques and strategies shall be based on plenty enough trading samples while it's simply impossible for tradings casually made for every trading adopts a variant strategy and samples accordingly derive from a different totality which can not be used for calculating and analysis. On the contrary, systematic trading and mechanical trading adopt the same strategy every time so they have applicable samples for performance evaluation and it's easier to pinpoint problems, for instance, a player may in first, second... twenty-first tradings used strategies A, B, C, D. He himself could not make effective evaluation of each strategy for he used them in varying degrees in these tradings, but systematic

trading and mechanical trading can shoot this trouble completely. Therefore, if you want to evaluate your trading strategies rationally and make quicker progress, you have to take systematic trading and mechanical trading as principles.

Fourth, Currently the financial market is developing at a staggering speed. Stock, forex, gold, commodity, index futures, interest rate futures, options, etc., everything new is coming out. So many opportunities! Well, if we just rely on human mind in grasping these opportunities, it is absolutely not enough. The emergence of large-scale funds makes the risk of personal judgment of fund managers pretty high. Take it easy, anyway, because we now have mechanical trading and systematic trading which has become an irrevocable trend of this age. Furthermore, derivatives such as options can not live without systematic trading and mechanical trading for it involves usage of large amount of mathematic and physical models which are simply beyond the reach of human strength.

Chinese people believe that human mind is superior to computer. Well, this is not wrong, but it is not completely right either. The greatness of human mind is its creativity; while its weakness is that it's vulnerable to emotion and past experiences. In modern financial trading, the main function of a trader is not looking at the board and executing deals—these are the responsibilities of the trading system—instead, his main function is to design the trading system and examine the performance of it and make according improvements. This process unifies human creativity and mechanical uniformity. The success of a trader is derived from tow factors: smart idea and discipline. When the trader is executing deals, discipline becomes a problem; when existing trading system makes newcomers give up thinking, creativity becomes dead. If, we let the trader and the trading system do their respective jobs well, what we need to do is soliciting profit from market only!

As the earliest Trading Ideas Provider who advocates mechanical trading and systematic trading in the mainland, we hope that our books will bring real progress to you. Of course, there is no free lunch. Long-term existence does not merely rely on luck. Please make some efforts! Superb skill, perfect mind, excellent eyesight, strong will, rich knowledge—all these are merits that a great trader shall have to command. Finally, please allow us to help you squeeze into the queue of the greatest traders of this century!

目　录

萧条是经济周期的一个阶段，最终会过去，但是穷困却可能持续下去。在萧条中，工商业活动出现了周期性停滞，但最终繁荣会到来。穷困则是一种持久丧失繁荣机会的状态。无论是发达国家还是发展中国家都会周期性地经历萧条，但是衰败和落后的国家都会持续经历穷困的折磨和煎熬。

危机开始的标志性事件是一个驱动面的催化剂，如果能够经过技术面突破的确认，那么就能重仓顺势介入，然后不断加码，自然赚得盆满钵满。有时间一定要复盘下次贷危机期间外汇市场的表现，将重大事件标注在走势图上，将驱动面/基本面和行为面/技术面结合起来分析。

现在公认对宏观经济预测最为有效的学派有两个：奥地利学派和马克思主义学派。两个学派的共同特点是源自德语区和强调经济结构。金融市场的参与者应该专注于这两个经济学派的研习，这是明智的做法。

第四章　危机和萧条的原因 ·································· 039

投机和投资的区别很少被注意到，因为在经济繁荣和信贷宽松的时候，两种交易都会大量出现。不理性的投机导致资产价格泡沫，为金融危机埋下种子；不理性的投资导致行业部门过度扩张导致产能和产量过剩，为经济萧条埋下种子。地产以及金融资产持有者期待价格的上涨，在乐观的时候他们会增加多头头寸和交易杠杆水平，一旦价格开始下跌，那么就可能引发金融危机。危机爆发后，资产价格就会缩水，只能贱卖，最终造成严重的财务损失。为了度过艰难时期，个人和机构必须采取缩减开支的行动，这就是修复资产负债表。

第五章　繁荣与萧条的衡量指标 ·························· 077

根据生产条件和经济特征的不同，商品可以分为两大类：第一类是农产品，受到天气影响较大，供给端对其有重大影响；第二类是工业品，受到经济影响较大，需求端对其有重大影响。

第六章　繁荣与萧条的预测指标 ·············· 099

从资产负债表的角度可以得出更为可靠的分析结论。银行机构持有的可用现金或者是铸币数额折射出了金融市场的健康稳健程度。而贷款和贴现数额则折射出了依赖于信贷的企业的健康程度。整个金融体现的稳健程度则取决于可用现金以及铸币额与贷款贴现额之间的恰当比值。如果贷款贴现额急剧增加的同时，伴随着可用现金或者铸币额的减少，那么通常是危机即将来临的标志。

第七章　危机的防治 ·················· 133

商业银行发行纸币是基于市场和经济的需求，而政府发行纸币往往是因为自己的需求。政府满足了自己开支的需求，在任何时候当它存在于开支需求时，它就会印钱。事实上，几乎所有文明国家都发行过纸币，开始的时候政府往往承诺会用黄金兑换这些纸币。

第八章　美国危机和萧条简史 ·············· 149

过去的繁荣使得许多人不愿意通过劳动来获利，他们更倾向于通过投机来暴富。随着

信贷宽松，整个社会的投机倾向越发明显。各类资产在赌博心态盛行的风气下被赋予了一个虚假的价值。铸币被驱逐出了流通领域，任何想要让经济发展恢复自然轨道的观点和做法都被鄙视。

金融和经济循环中周而复始地出现恐慌和危机，它们的分布并不规律，断断续续，除了基本面因素之外还受到群体心理和人性的影响，而心理因素非常不稳定。心理因素可以加剧金融和经济周期的波动，但是这些周期是客观的，并不依赖于心理因素而存在。

第一章

重要定义
(Defintions)

> 大众屈从于恐慌，无疑是非理性的表现。但如果无视危机，则也是非理性的。

在展开全书之前，我们有必要对一些重要概念进行阐释和定义。在这些重要概念上存在许多含混不清的说法和定义，因此有必要首先厘清这些概念。

本书涉及的主要概念有恐慌（Panic）、危机（Crisis）和萧条（Depression）。这三个词在多数情况下是通用的，描述的是同样的金融和经济情况，因此经常作为形容词来使用。

第一节　重要的名词：恐慌、危机和萧条
(Key Words: Panic, Crisis and Depression)

根据《韦氏词典》（*Webster*）的定义，"恐慌"指的是"突然且非理性的恐惧"，而《标准词典》（*Standard Dictionary*）则强调恐慌发生在许多人同时受到影响时。

《世纪词典》（*Century Dictionary*）将恐慌定义为"商业或者金融领域中存在的、夸大事实的恐惧"。比如，某个大型银行的倒闭或者是重大商业诈骗败露引发了金融危机，进而导致恐惧在人群中蔓延，动摇了大众信心的根本，进而促使他们采取紧急避险措施来保护自己的资产。这种恐慌往往与广泛的金融灾难相联系。

我认为"恐慌"一词准确地刻画了一种短期强劲的群体情绪态势。引发恐慌的事实确实存在，但是恐慌恶化了形势。**随着信息传播速度加快以及组织越来越复杂，社**

会受到恐慌冲击的可能性越来越大，程度越来越严重。

《伍斯特词典》（*Worcester*）对"危机"的定义是："一个可能带来决定性转变的重要时刻。"

《克莱伯英语同义词》（*Crabb's English Synonyms*）则强调："危机是在高度紧张状态，随后事情的发展出现突变。"

《莫雷新英语词典》（*Murray's New English Dictionary*）认为危机是："事物发展的某个状态，在这个状态下会产生决定性的变化，可能好转也可能恶化。现在通常用来描述政经领域当中的危机和困境。"

约翰·斯图尔特·穆勒（John Stuart Mill）在《政治经济学》（*Political Economy*）中对"商业危机"（Commercial Crisis）下的定义是："商业危机发生在大量的商人或者交易者突然发现无法履约。"

显然，"恐慌"和"危机"以及它们的派生词都很少用来形容长时间的形势。因此，"恐慌"和"危机"两个词主要与长期混乱之前的短期紧急情况有关。在实际使用中，两个词可以互通。在口语中大家倾向于使用"恐慌"，在书面语言中则倾向于使用"危机"。虽然在日常使用中，两者所指对象的区别不大，但是在严格的定义下，两者的内涵还是有显著区别的。

"恐慌"主要用来描述精神状态，而"危机"则主要用来描述金融和经济运行的实际情况。恐慌并不稳定，很快就会消失，但是危机则会继续存在。**大众屈从于恐慌，无疑是非理性的表现，但如果无视危机，则也是非理性的。恐慌会加剧本已经存在的危机。**

萨姆纳（Sumner）教授在谈论1857年危机的时候区分了恐慌与危机：

"危机和恐慌这两个词存在绝对的差异。危机源自此前商业行为引发的质变，这些不当的行为积累到一定程度和一定规模就会引发危机。

恐慌则是描述心理状态的词汇，与惊恐和担忧等负面情绪波动关联。恐慌往往是非理性的表现。

危机会引发恐慌。危机是客观存在的，也是难以避免的，而恐慌则是主观的，难免浮夸。恐慌中各种灾难设想涌现，大众的勇气被剥夺。

危机的存在不因为主观愿望而改变，因为危机就是事实。危机的发生和发展受到客观规律的支配和制约。理性的人可以发现危机的规律，同时也能在大众的恐慌中保持冷静，但是冷静并不能随时改变危机的事实，而恐慌却可以经由冷静而克服。"[1]

---

[1]《各国银行史》（*A History of Banking in All Naitons*）第一卷，第425页。

哈蒙德·邱波（Hammond Chubb）先生在一篇涉及 1866
年危机和银行法案的论文中指出：

**"商业经营中低效地使用资本就会导致危机。恐慌则是大
众感受到危机的影响时产生的非理性恐惧情绪。"**[1]

恐慌为价值投资者创造的买入窗口。

另外，恐慌并不一定是在危机产生后才出现，也可能是
在危机出现之前就发生，因此恐慌也可能是危机发生的部
分原因。

《伍斯特词典》定义"萧条"（Depression）是一种经济和
社会发展处于停滞的状态。

《新英语词典》（*New English Dictionary*）认为萧条造成了
经济效率和社会活力下降。

《韦氏词典》则强调：在萧条下，"商业和贸易等领域的繁
荣会消退"。

我们可以将萧条定义为工商业的收益和活跃程度出现了
显著的萎缩，跌至正常水平之下。

"萧条"一词最适合用来刻画和描述经济发展受到了长期
抑制的情况。萧条与恐慌，以及危机是可以区分开来的。萧
条指的是长期情况，它长期地折磨和消耗着大众的信心和希
望，因此更需要冷静地面对。在萧条过程中，新一轮经济增
长的动力也在孕育之中。

如何区分恐慌、危机和萧条呢？

卡罗尔·D. 莱特（Carroll D. Wright）在《现代工业萧条报
告》（*Report on Modern Industrial Depression*）一书中指出：

"恐慌和危机通常是短促的，结果也是显而易见的。而萧
条则会持续很长一段时间。"

沃尔特·E. 斯密斯（Walter E. Smith）在《最近贸易萧条》
（*The Recent Depression of Trade*）一书中指出：

"在描述近期持续 6 年的困境时，我们似乎用错了词。城
市中出现了恐慌和危机，商人们无法融资，但是持续时间之

---

①《伦敦皇家统计学会季刊》（*Journal of the Royal Statistical Society in London*）第 35 卷，第 184 页。

长应该用萧条来定义这个阶段。"

莫里斯·布洛克（Maurice Block）在《两个世界论刊（1879年）》（*Revue des Deux Mondes pour 1879*）中强调"危机"一词本来就具有急促的含义。

在由伊夫·盖约特（M. M. Yves Guyot）和 A.哈发洛维奇（A. Raffalovich）编著的《商业词典》（*Le Dictionnaire du Commerce*）中，危机被定义为：

"倘若用危机来描述长期萎缩和衰退的状态，则有悖于它的本意。应该用萧条来描述这种长时间的情况，而危机指的是通常伴随恐慌的突发紧急情况。

许多使用危机和萧条来描述金融和经济困境的人都承认危机是短暂的，而萧条是长期的。"

埃米尔·德·拉维勒耶（M. Emile de Laveleye）认为：

"危机具有突发性，时间必须不长。恐慌也是如此，并且会很快消失。最终外国资本会逐步回流，利率会下降，但是工商业却会经历长期调整。"

法国众议员古邦（Courbon）先生在众议院一个委员会会议上指出：

"危机有两种，第一种是短期的，第二种是长期的。"

马克斯·沃斯（Max Wirth）指出：

"危机有两种，区别在于一种是货币和信贷的危机，另一种是资本的危机。"

另外，"暴跌/倒闭"（Crash）和"崩溃"（Collapse）经常用来形容危机到来后突发性金融及经济萎缩和衰退，而"紧缩"（Pressure）则用来形容引发危机的流动性紧张状态，与"危机"的意义更为接近。

如何区分萧条与"穷困"（Poverty）呢？在结束本章之前，我们还需要明确指出萧条和穷困是存在差别的。虽然萧条和穷困可能会同时出现，但是萧条往往是危机带来的困境持续较长时间导致的，而穷困则比萧条持续的时间还要长。甚至可以认为穷困是近乎永久的一种状态。

萧条是经济周期的一个阶段，最终会过去，但是穷困却可能持续下去。在萧条中，工商业活动出现了周期性停滞，但最终繁荣会到来。穷困则是一种持久丧失繁荣机会的状态。无论是发达国家还是发展中国家都会周期性地经历萧条，但是衰败和落后的国家都会持续经历穷困的折磨和煎熬。

关于农业部门的萧条，已经有许多论文。不过，由于竞争激烈而导致农业生产者持久穷困的话，用萧条一词来描述这种情况就不恰当了。当工商业出现持续十年，甚至更长时间的微利甚至零利润情况时，就不能用萧条来定义了。其他行业具有的竞争和利润优势，造成了某些行业的长期赤贫状态。

中世纪的欧洲就长期处于穷困状态，比如"玫瑰战争"（Wars of the Roses）时期，英国由于陷入与法国的战争而陷入大半个世纪的穷困之中。

蔷薇战争，又称玫瑰战争。从 1455 年持续到 1485 年。这场战争是英王爱德华三世的两支后裔：兰开斯特家族和约克家族的支持者为了争夺英格兰王位而发生持续的内战。战争最终以兰开斯特家族的亨利七世与约克家族的伊丽莎白联姻为结局。一方面，法国金雀花王朝在英格兰的统治结束了，开启了都铎王朝的统治。另一方面，也标志着英国中世纪时期的结束以及英国进入文艺复兴时代。

第二节　重要的形容词
（Key Adjectives）

涉及危机和萧条的形容词很多，相互之间的界限模糊，很难做出像名词一样的清晰区分和定义。

在本小节，我们将主要介绍三个重要的形容词，它们分别是"金融的"（Financial）、"工业的"（Industrial）、"商业的"（Commercial）。

《新英语词典》将"金融的"定义为"金融或者金钱相关的"。大众普遍使用这个词来表示与信贷或者货币有关的事务，比如与债权或者债务有关的事务。

危机的最显著属性就是"金融的"。随着信贷和证券市场的迅猛发展，危机的金融属性越来越明显了。危机最初也是最重要的特征是与金融范畴有关。通过金融工具，危机与工商业领域发生了联系。

危机和恐慌的显著特征之一是大量实际和潜在的债务违约，以及大型金融机构和金融中心的动荡。当然，危机和恐慌也可能在金融领域之外的大型企业和重要行业率先爆发，也可能在不严重影响到工商业的情况下在金融领域爆发。

当危机和恐慌刚开始爆发时，工商业或许不会受到太大

在经济周期中，证券的价格往往先于商品的价格见顶和见底。

影响，但是当危机加重时，工商业会遭受重大的冲击。危机中，证券价格往往会暴跌，而商品价格的下跌程度要轻一些。因此，证券交易所受到的冲击要大于商品交易所受到的冲击。

《世纪词典》将"工业的"定义为"与工业生产和产品相关的事物"。现在，"工业"和"工业的"两个词汇被更加频繁地运用于所有产业领域中，而并非仅仅局限于制造业领域，因此更恰当的说法是"产业"和"产业的"。

"商业的"指的是与商业或者贸易有关的事物，比如商业或者贸易交换。

"工业"指的是产品的制造，而"商业"指的是产品的分配和交换。先有生产，后有交换。因此，似乎工业更为重要。但是，两者关系紧密，不能分开来剖析。商品流通能力的提高，有利于促进生产和消费。如果没有商业的繁荣，生产和消费就很难协调发展和繁荣。

危机与金融关系密切，萧条与实业关系密切。

正如在大萧条时期，经济混乱同时在工业和商业领域发生。因此，"工业的"和"商业的"两个形容词可以恰当地用来修饰"萧条"这个名词。而"金融的"这个形容词则更适合用来修饰"危机"这个名词。

总之，"危机"应该用来描述短促而剧烈的金融和经济混乱，其主要特征是信贷萎缩、价格水平暴跌、大众恐慌。"危机"与债务违约关系密切。

"恐慌"与"危机"大致描述了同一个情形和阶段，不过与心理层面的关系更大一些。无论是"危机"还是"恐慌"，都与"金融的"事物关系密切。

"萧条"指的是长时间的经济混乱和失调，不是金融范畴的概念，主要与"工业的"和"商业的"事物关系密切。

因此，我们应该这样来搭配使用本章提到的重要名词和形容词：

（1）金融恐慌，金融危机；

（2）工业萧条，商业萧条。

第二章

危机和萧条周期的基本事实
（General Facts Concerning Crises and Depressions Periodicity）

> 如果危机发生的同时出现了战略资源耗尽、信贷过度扩张（或者是金融和经济存在步入困境的实际因素，而并非仅仅是心理因素，那么危机后就很容易步入萧条。

经济失调的两种类型（Two Classes of Disturbance）：正如此前我强调的那样，经济失调的类型主要有两种：第一种类型是恐慌与危机，持续时间比较短；第二种类型是萧条，持续时间比较长。

两种经济失调的关系（Relation between the Two）：萧条往往跟随在危机之后，危机往往在萧条之前出现。不过两者并不一定会相伴出现，也可能独立发生。

我们来看一些具体的例子。发生在 1745 年 12 月 6 日的黑色星期五（Black Friday）是一场恐慌，具体原因是觊觎王位者（Pretender）的军队发动了政变。这场恐慌的标志性事件是英格兰银行（Bank of England）发生挤兑，这家金融机构属于辉格党（Whig）的派系，因此遭到了叛变者的攻击。这是一场典型的金融恐慌事件，不过经济萧条并未因此发生。当**叛变被平息后，恐慌和危机也就解除了，金融市场和社会都恢复了常态。**显然，这次危机和恐慌仅仅出现在政治和金融

> 恐慌和危机带来了投机和投资机会，萧条带来了投资机会。恐慌掘银，萧条掘金。

> 驱动事件的性质或者说题材的性质存在差别，搞清楚这些性质交易者才能更好地把握趋势和时机。作者在这里讲的例子是一次性利空，那么它究竟是做多时机还是做空时机呢？

领域。①

1866 年 5 月 11 日的黑色星期五也被称为"奥弗伦星期五"（Overend Friday），当时位于伦敦的奥弗伦—格尼公司（Overend，Gurney & Co.）倒闭了，一场非常严重的危机随之爆发了，萧条紧随而至，当时的英国遭到了重创。

1869 年 9 月 24 日的黑色星期五是因为纽约一小撮操纵黄金的多头主力导致的。这起事件引发了恐慌和危机，但却并未引发萧条，工业和商业继续此前的繁荣势头，并未因此停滞。

吉芬（Giffen）指出在普法战争（Franco-Prussian War）开始阶段，也就是 1870 年 7 月到 8 月，以及 1871 年这场战争结束时，英国出现了一些金融市场动荡和危机，但是经济方面仍旧处于繁荣之中，因此并未出现萧条。②

我写这本书时出现的几次危机，如 1873 年 9 月和 1893 年 5 月，美国都出现了危机，萧条紧随其后出现。

一些恐慌和危机出现后并未出现萧条，以至于一些人否定这些恐慌和危机的存在。显然，在上面列举的例子里面，都存在恐慌和危机。经济失调和动荡的性质究竟是什么，我们一旦按照上述分类进行就会很好地甄别，甚至预判。这种判断并不是事后回顾才能做出的，而是根据当时的情况就能初步做出。

显然，1901 年 5 月，以纽约证券交易所（New York Stock Exchange）为代表的金融市场出现了剧烈波动，交易者们出现了巨大的亏损，进而引发了一场金融恐慌和危机。如果当时经济也跟着步入衰退状态，那么萧条就开始了。

金融危机和恐慌是否会导致萧条，是否会带来严重的后

（页边注）什么情况下危机和恐慌容易发展成为萧条？核心金融机构的资产负债表是否出现严重问题是关键。

（页边注）普法战争时，避险资金涌入英国。

---

① 当政治动荡或者革命出现时，金融和经济都可能出现危机和恐慌。那些受到政治动荡或者革命负面冲击最大的证券在危机和恐慌中的价格下跌是最大的。1848 年 2 月 23 日，法国国王路易·菲利普（King Louis Philippe）放弃王位的前一天，巴黎挂牌交易的利息为 5% 的公债的报价为 116.75；到了 1848 年 3 月 7 日，同一公债的收盘价为 97.5；1848 年 3 月 20 日，这一公债的报价已经跌至 72.00。同一时期，1848 年 2 月 20 日，法兰西银行（Bank of France）股票的价格为 31.80；1848 年 3 月 7 日，这只股票的报价为 24.00；到了 1848 年 3 月 20 日，这只股票的价格跌到了 16.50。

② 《法德战争的成本》（*The Cost of the Franco-German War*），1880 年版，第 60~64 页。

果，并不是简单的因果关系，而与具体的实际情况密切相关。

危机和恐慌在有些人看来是经济健康发展的必然阶段。比如约翰·米尔斯（John Mills）就曾指出："通常而言，恐慌并不会摧毁和消灭社会资本，它只是给出了失败投资的反馈而已。那些收益率和效率低下的领域导致了投资失败。"[①]

在什么情况下危机会引发萧条呢？**如果危机发生的同时出现了战略资源耗尽（Exhaustion of Resource）、信贷过度扩张（Undue Expansion of Credit）或者是金融和经济存在步入困境的实际因素，而并非仅仅是心理因素，那么危机后就很容易步入萧条。**如果危机发生时并未有上述任何一个因素存在，那么就只是短暂的负面冲击而已，经济不会接着进入长时间的萧条之中。在短暂调整之后，经济会继续自己的发展态势。危机是一个善意的提醒，告诉那些判断出错的企业及时改变方向，同时警示投机行为的风险。

如果危机最终演变成了萧条，那么危机就成了萧条的一部分，相当于序曲，它的出现意味着后面事情还会更糟。这种情况下的危机与萧条的关系就如同雷声与暴风雨的关系一样。**危机不仅制造了恐慌，也指出了问题所在。**或许这些问题很早之前就存在了，不过此前大众基本没有注意到它，直到某些标志性事件发生才会引发关注。

一些萧条发生并未伴随危机。萧条也可能在没有危机和恐慌出现时发生，在这种情况下经济从繁荣到停滞的过程是缓慢的，没有任何恐慌的标志性事件惹人注目。即便如此，经济步入萧条之前也有一些蛛丝马迹。

1890 年英国经济步入萧条阶段，巴林兄弟（Baring Brothers）陷入困境中。《帕尔格雷夫政治经济学辞典》（*R. H. Ingis–Palgrave's Dictionary of Political Economy*）描述了这次事件：

恐慌和危机就是潮水退去的时候，这个时候最有利于选择投资标的。危机给出了资源重新配置的方向，这个新的方向往往有大趋势支持，因此是战略投资方向。危中见机！

如何预判危机和萧条呢？信贷的过度扩张是一个信号，但是如何定义"过度扩张"呢？

[①] 1867 年 12 月 11 日，约翰·米尔斯在曼彻斯特统计学会（Manchester Statistical Society）会议上以《论信贷周期和商业恐慌的起因》（*On Credit Cycles and the Origin of Commercial Panics*）为题做主旨发言。

"即便在伦敦也并未因此发生恐慌，除了卡佩尔（Capel Court）之外。"①

就同一问题，他指出：

"从1866年以来，英国发生的金融危机没有哪一次能够同1866年5月的那次相比。工业和商业贸易长期萧条已经出现过好几次，经济形势处于悲观之中。"

通常而言危机和萧条具有国际传染性。如果一国发生危机和经济萧条，那么与之关系密切的国家也容易发生危机和萧条。比如1873年，维也纳、柏林和纽约就发生了严重的金融危机，虽然伦敦和巴黎最初并未受到影响，但是最后都被危机蔓延所影响。

这次危机之后的数年时间当中，企业的治理水平有了显著提高，银行等金融机构的监管和合作效率提高了，资本的配置更加有效，通信技术和设备有了长足发展，这些都有助于走出危机和恐慌。

虽然危机的影响逐渐消退，但是萧条的迹象却越发明显。恐慌和部分经济部门停滞的特征已经不再像过去那样明显，但是萧条却来临了，持续时间更长，涉及的范围更广。

那些没有危机先行的萧条有着不同的特征表现。通常在危机发生时出现的价格暴跌、经济活动迅速萎缩等并未出现，相反，缺乏危机前兆的萧条往往在经济过度膨胀之后出现，价格和经济活动开始出现一定程度的动荡，然后经济活动会全面而逐步地走软。这一特征在19世纪80年代前期有着明显的表现。

萧条是什么时候开始的，大家在具体时点上存在分歧是很普遍的。1882年，法国出现了金融危机，但是却很难找出后来萧条的原因，以及萧条具体开始的时间。1884年5月，纽约银行业引发了金融危机和恐慌。1882年和1883年也出现了商业停滞现象，这延续了1881年的困境，不过英国的外贸

金融危机，但是实体经济繁荣。

---

① 《帕尔格雷夫政治经济学辞典》第一卷，《危机》（*Crises*）1857年版、1866年版、1890年版，第462页。

总量和价值却在 1883 年创出了历史新高。

美国钢铁价格从 1880 年后开始下跌，与之伴随的却是经济对钢铁的需求猛增。接下来的两年时间里，经济仍旧呈现繁荣走势，许多经济部门的供给和需求显著增加，供需两旺。这种态势一直持续到了 1883 年。

危机并未引发萧条，或者说萧条并未伴随危机，这些情况在现代经济发展中逐渐成了常态。

另外，一次萧条当中可能会出现数次危机。这些危机的程度可能并不严重，因为经济本身已经处于收缩阶段，许多企业已经因为萧条而逐渐倒闭，信贷处于萎缩状态。由于大家普遍悲观，因此不会急于创建新的企业。

1878 年 10 月 1 日，格拉斯哥城市银行（City Bank of Glasgow）倒闭引发了危机，这是一次经济萧条中出现的危机。显然，这次危机并非在流动性突然紧缩时出现，而是在流动性已经处于紧缩状态时出现的，其发生时流动性并未有任何紧缩。这种危机通常是因为管理不善导致的，影响是局部的，并不会辐射开来。

第一节　危机的周期性
（The Periodicity of Crises）

危机和萧条通常被认为是一个较长周期的相续阶段（Successive Stages）。从这个角度出发，一般用"周期"（Cycle）这个词来描述繁荣和萧条之前的循环往复过程。

早在 1662 年，威廉·佩第（William Petty）就开始正式使用"周期"一词的通常意义来描述经济。在谈到用来交租的农产品比例时，他指出："七年或者更多年构成了一个周期，期间歉收和丰收交替出现，在这个周期内人们缴纳的实物地

从宏观和微观资产负债表来看来预判和解读危机是非常搞笑的做法。

租也在周期变化。"①

普遍的观点认可危机和萧条具有周期性特征，莱诺·列维（Lenoe Levi）教授指出：

"经验告诉我们，七个丰年之后往往接着七个荒年，前者用七头壮牛象征，后者用七头瘦牛象征……实际上，商业与贸易中确实存在景气和萧条的周期。"②

正如他在其他地方的论述一样，滞胀、衰退、复苏和繁荣之后是再度滞胀，进入新一轮周期之中。那些坚持经济存在周期性的学者指出，这类周期的长度为 10~12 年。

约翰·米尔斯认为周期存在如下阶段：危机和恐慌之后的三年商业贸易会萎缩，失业率上升，物价水平下降，利率走低。接下来的三年，物价水平逐渐上涨，信贷规模增长，就业率温和上升。再往后的三年，商业贸易过度繁荣，投机情绪高涨，投机行为蔓延，物价水平显著上升，新的公司大量涌现。到了第十年，危机出现，恐慌笼罩，接下来便是三年的衰退或者萧条。

米尔斯先生将上述阶段分别命名为"后恐慌阶段"（Post-Panic Period）、"中期阶段/复苏阶段"（Middle or Revival Period）、"投机阶段"（Speculative Period），这些阶段大概持续三年左右。

米尔斯进一步剖析了阶段的顺序和规律：

"证明周期性存在的事实不胜枚举，阶段出现的顺序有很强的规律，用偶然性来解读这些现象的理论是明显站不住脚的。经济的周期性很难在现有科学手段下被证伪。"③

英国金融史强有力地支持了米尔斯先生的观点，因为**英国经济确实存在大概十年的周期。英国的危机和萧条间隔差**

《出埃及记》里提到七个丰年之后是七个荒年，所以在丰年的时候要储蓄，以便应付接下来的荒年。这是西方最早的关于经济周期的总结之一。

库存周期或者说基钦周期对于金融交易者，特别是期货和外汇交易者而言比较重要，这是一个持续了 3~4 年的短周期。产能周期或者说朱格拉周期则与产业投资关系密切，这个周期持续时间大概在 10 年左右。

掌握了中国经济周期，你如何从中获利？你如何用经济周期来指导金融交易？经济周期能否用来指导金融交易？

---

① 《赋税论》（*A Treatise of Taxes and Contributions*）第四章，第 13 节，第 24~25 页。

② 《戈亚比和瓦特关于贸易萧条的获奖论文导论》（*Introduction to Prize Essays of Goadby and Watt upon the Depression of Trade*），第 3~4 页。

③ 1867 年 12 月 11 日，约翰·米尔斯在曼彻斯特统计学会（Manchester Statistical Society）会议上讲了上述这段话。

不多十年：1815 年、1825 年到 1826 年、1836 年到 1837 年、1847 年、1857 年、1866 年。

米尔斯于 1875 年在另一篇论文中引用了上述数据，此后有人也提出了类似的规律，不过危机爆发的时间也提前了一些。

一些专家学者也将金融和经济的这种周期波动现象背后的原因归结为自然因素，比如太阳黑子。他们指出这种观点和理论在印度和远东地区得到了证实，这些地区是这种理论的发祥地。当印度发生饥荒时，当地民众的收入出现严重的问题，以致无法以足够的农产品换取英国的工业制品，这就是太阳黑子周期与英国金融和经济周期之间的影响链条之一。

太阳黑子周期理论[①]（Sun-spot Theory）的著名代表人物是杰文斯（W. S. Jevons）教授，他是这一理论的坚定支持者，也因此遭受了猛烈的批判。不过如果你仔细调查和分析他对太阳黑子周期理论的看法，会发现他其实并非一个头脑简单的老顽固，他对于这一理论的拥护程度并未达到盲目和绝对的程度。

当然，也不乏一些专家学者过度迷信这一理论，认为农产品产量完全受制于太阳黑子周期，以至于整个经济的繁荣和萧条循环都是由太阳黑子周期决定的。

太阳黑子周期能否影响农产品的产量？事实并不十分清楚。太阳黑子爆发规模确实存在周期性，其活动极大年分别是 1848 年、1860 年、1870 年、1881 年和 1892 年。[②] 太阳黑子爆发与地磁场变化（Terrestrial Magnetism）以及北极光（Aurora Borealis）现象有关。不过如果要将太阳黑子活动与各种气象变化和亚洲瘟疫等联系起来还是很难让人信服的。

太阳活动的 11 年周期与朱格拉周期长度接近。

为何太阳每隔 11 年左右就会出现一个极度活跃的时期？德国德累斯顿研究所通过对历史上 90 个太阳活跃期的详细研究，发现诸如太阳黑子增多、太阳耀斑和日冕物质抛射等太阳活动，基本上跟金星、地球和木星的轨道对齐时间一致。太阳系这三个行星的轨道对齐，最终导致了太阳活动的 11 年周期。

---

① 1875 年杰文斯在布里斯托尔（Bristol）发表了一篇关于"太阳周期和玉米价格"（Solar Period and the Price of Corn）的论文。相关文章刊载在《货币金融调查》（Investigations in Currency and Finance）第六章、第七章、第八章，第 194 页、第 221 页。

②参考西蒙·纽康姆（Simon Newcomb）的专题论文《太阳》（Sun），刊载在《约翰逊百科全书》（Johnson's Cyclopaedia）第七卷，第 824 页。对于太阳黑子活动极大年之间的时间间隔，专家学者们存有分歧，通常认为间隔时间为 11.11 或者是 10.45 年。

在缺乏全面深入调查研究的前提下，我们不能武断地认为太阳黑子决定了农业收成。那些主张太阳黑子决定农业产量，进而决定经济周期的理论本身就难以自洽，它们的逻辑存在许多自相矛盾的地方，数据支持也不够充分。

就这一点，杨（C. A. Young）教授曾经说过：

"虽然对太阳黑子活动的实际影响进行调查或发现其对地球气象及其发展有一定影响，但不可否认的是这种影响的程度是比较弱的。与其他更加显著的因素比起来，它并非一个决定性因素，当然也就明显了。"[1]

从历史数据和事实来看，太阳黑子活动与经济的盛衰周期基本没有关系。我们不能武断地认为太阳黑子活动对印度农业影响很大，也不能认为印度与西方国家的贸易关系对后者的经济波动影响很大。[2]

况且不同国家的农业活动所需要的有利气象条件存在差异，这也成了反驳这一经济周期理论的重要证据之一。部分国家的农业会因为热量同比下降而收益，另外一些国家则相反。太阳黑子活跃期，热量同比增加，降雨减少，因此部分农业区受益，部分农业区受损。比如，美国堪萨斯（Kansas）玉米产区以及西南部其他农作区在1901年就因为热量同比减少，降雨增加而受益。

除了太阳黑子理论之外，还有一些人认为大众心理情绪的变化导致了金融和经济周期的出现。米尔斯先生认为金融和经济危机的反复发生根源于商人和银行家们信心的周期性波动。经济参与者们的信心崩溃引发了恐慌，他认为危机与

> 不过最近的一些研究，特别是日本学者的一些研究表明太阳黑子活动与各种经济周期之间存在较为宽泛的联系。不过就交易者而言，厄尔尼诺现象、拉尼娜现象的意义更为重大，对相关商品的行情波动有显著影响，而且便于跟踪。

> 信贷往往是危机的导火索，情绪和心理只是加速器而已。

---

① 《太阳》（Sun）1895年，第177页。

② 在认可太阳黑子影响农业的专家学者名单里有一些人并未标明明确的观点，也就是说他们并未指出到底是负面影响还是正面影响。1801年，威廉·赫歇尔（William Herschel）爵士在《哲学汇刊》（Philosophical Transacitons）（第91卷，第265–318页）发表了相关调查，此后大众普遍认为太阳黑子活跃有利于作物生长和收成增加。太阳黑子理论的赞成者和反对者的专家学者名单可以从贝格曼（Bergmann）的《国民经济危机理论发展史》（Geschinohte der Nationalōkonomischen Krisentheorien）（第249页）查看。支持者有天文学家诺曼·洛克耶（Norman Lockyer）、东印度的统计学家亨特（W. W. Hunter）等。反对者有天文学家理查德·A. 普罗克特（Richard A. Proctor）、阿奇博尔德（E. D. Archibald）和赫尔曼·弗里茨（Herman Fritz）等。

货币信贷没有关系，只是心理因素在起作用。

危机周期理论（The Theory of Crises Periodicity）遭到了哈罗德·罗杰斯（J. E. Thorold Rogers）的嘲讽[1]，也受到了大卫·A. 威尔斯（David A. Wells）的抨击[2]。不过得到了尼科尔逊（Nicholson）教授某种程度的认可，即便如此他也认为这个理论并没有此前受到重视的程度高[3]。

金融和经济存在周期性，这一观点本来可以得到广泛支持的，不过因为专家学者给出太多的周期决定因素，许多因素甚至显得极端或者离谱，反而使得大众对周期性将信将疑。

退一步来讲，无论当前对周期的解释有多么不靠谱，发达国家的工业和商业发展过程中的周期特征是非常明显的。在这些周期波动中，危机、萧条、复苏、繁荣、过热，然后进入新一轮周期[4]。**如果忽略了周期，那么就不能有效地把握经济的波动与发展**。毕竟，经济波动和发展存在一个比较固定的序列事件，周期性的失调会出现，进而导致危机发生。不过，这种周期性失调并不像月亮阴晴圆缺一样存在固定的节律，也不像四季一样分明。

信贷和经济失调的显著特征出现在危机发生之前两年左右，此前给出的几个例子就体现了如此的规律，比如1866年危机之前的1864年，英国经济就出现了失调迹象。**1873年美国发生危机之前，货币信贷市场曾经在1871年和1872年秋呈现显著的流动性紧缩特征**。1857年危机之前，失调的情况出现在1856年夏。为什么失调出现时经济没有马上进行调整，一个可能的原因是通胀的惯性。

而经济步入正式衰退或者萧条则在危机发生之后两年左右时间，比如1837年危机之后两年的1839年，经济出现显著衰退；1893年危机之后的1895年到1896年经济步入萧条。

信贷市场的异常要特别注意，比如信贷连续三年高速扩张。

---

① 《普林斯顿评鉴》（*Princeton Review*）第四卷，第223页。
② 《经济动态》（*Recent Economic Changes*），第81页。
③ 《政治经济学》（*Political Economy*）第二卷，第213~214页。
④ 所谓的危机（Crisis）指的是从经济繁荣到萧条之间的一个可能出现的阶段。

资产负债表修复需要时间，辜朝明（Richard C. Koo）先生对此有深入的研究，可以参阅他的若干著作，比如"*The Holy Grail of Macroeconomics*"。

危机之后为什么会出现衰退或者萧条，一个可能的原因是债务清偿还没有完成，也可能是大众在商业大环境还未企稳的情况下就急于投资以致增加了新的无效资产。

金融和经济周期的特征在英法等发达国家更为显著。这些国家发展水平很高，资本化程度高，工商业关系紧密，同时也容易受到国际经济波动的冲击，即便传递的速度并不快。

相对于英国而言，美国等国的周期性却并不显著，因为企业在不断进入新领域扩张，发展的势头盖过了波动。尽管如此，经济的兴衰沉浮有显著的循环现象，不同阶段的特征也呈现出一些规律。

第二节　周期各阶段的持续时间
(Probable Duration of the Successive Stages of the Cycle)

经济中各个阶段的持续时间长度并没有固定模式，危机阶段也是如此。比如 1873 年 9 月 18 日，杰伊·库克公司（Jay Cooke & Co.）破产，引发了金融危机。纽约证券交易所不得不于 9 月 20 日停止交易，直到当月 30 日才重开。结算中心（Clearing House）在此期间也停止了交割结算工作。**在危机和恐慌持续期间，流动性紧张，以至于短期拆借的利率很高，货币出现了显著的升水，**这种情况持续到了 11 月 1 日。危机持续了 44 天才宣告结束。

信贷持续激进扩张之后，最终会走向反方向，导致流动性紧张，这个时候资产的泡沫就会破灭。如果你能够大致把握这个临界点，就能够像《大空头》里面的交易者一样大获其利。

1847 年，英国的银行短期拆借利率飙升到了 8% 的高位。**这种情况持续了 28 天之久。**当年，利率水平非常高，波动也很大。

1857 年，**短期拆借利率水平在 10% 的高位维持了 48 天。利率维持在如此高位长达一个半月时间，足以表明危机持续的时间长度。**

克莱门特·朱格拉（M. Clément Jugalr）先生投身于这个问题的研究，他指出：

"恐慌不会持续超过六周或者两个月；此后，企业清算倒闭潮就出现，这种情况会持续 18 个月或者两年时间。"①

朱格拉进一步指出企业清算破产的这段时间是萧条的初期阶段。通常而言，危机的末期和新一轮危机出现之前存在三个阶段：

第一阶段是萧条阶段（Depression Period）。

第二阶段是复苏阶段和投机阶段（Revival and Speculative Periods）。经济从谷底开始回升，在停滞后重新恢复健康的增长。

第三阶段是过热阶段（Rapid Improvement）。投机盛行，投资过度，经济危机往往接踵而至。

这三个阶段是相续的，每个阶段持续 2~5 年。第一阶段的特点是通缩、经济增速下降，这个阶段持续时间相对最长，往往比后两个阶段的时间和还长。

第二阶段又被米尔斯先生称为"中间阶段"（Middle Period）。

如果我们以上述时间序列为指引，就能大致推断出接下来的经济发展脉络。

1873 年，美国发生危机之后，萧条很快导致经济在当年跌入低点。

英国在 1879 年发生危机之后，萧条开始显著起来，经济日益困难。

1893 年，美国出现危机，此后萧条出现，再下去在 1895 年出现短暂复苏。到了 1897 年 6 月和 7 月，经济二次探底。

欧洲几个主要国家在 1890 年到 1891 年出现萧条，然后复苏在 1894 年姗姗来迟。

今天的交易者不能不了解"美林投资时钟"，可以网上检索下相关的研究报告。试着将这一理论融入你的分析和交易框架中。

———————

①《莫里斯·布洛克政治大辞典》（*Maurice Block's Dictionnaire Général de la Politique*）第 1 卷，第 592 页。

第三节　危机发生的季节性

（The Season of the Year at Which Crises Occur）

图克先生（Tooke）和兰顿（Langton）先生提到了一个事实，那就是**危机在秋季出现的概率最高**。不管是农业还是工业，秋季都是全年生产的高点。为什么？第一，秋季白昼时间长，天气适宜工作；第二，需要为过冬做准备，服装和燃料的需求增加；第三，秋季是农业收获的季节。

秋季往往有大笔支出，这使得现金需求增加，流动性趋紧。总供求的矛盾在这个季节尖锐化，经济失衡因此非常可能在秋季出现。

从 1845 年到 1894 年的 50 年当中，英格兰银行（Bank of England）的储备金（Reverves）有 14 年在 6 月达到峰值，有 13 年在 10 月跌至谷值。简言之，储备金年度高点和低点发生在这两个月的概率大大高于其他月份。[1]

兰顿先生于 1857 年 12 月在曼彻斯特统计学会的刊物上发表了一篇论文，通过图表方式展示了**货币供给量在连续数年的变化情况**。他指出：

"分析解读这份图表时，我们首先要清楚其中的季节性规律。这份图表表明每个季度第二周到下一季度的第一周，大众对货币的需求量变化不大……

经济的失调和紊乱可能体现在第三季度和第四季度的货币和信贷规模变化上。每年第二季度的经济活动并不活跃，处于休整期，**第三季度银行的信贷需求会快速增长。如果这个时候出现流动性紧张状况，那么周期性的危机就会出现。**那么，商业和经济的紊乱和失调就会演变成危机和恐慌。"

《纽约商业和金融纪事报》（*Commercial and Financial*

> 做金融交易，不能忽略了一些关键的信贷和货币指标，比如 M1 和社融等。

---

[1] 福勒克斯（A. W. Flux）所著的《曼彻斯特统计》（*Manchester Statistical Journal*）1894–1895 年版，第 91 页。

Chronicle of New York）刊载了一些重要金融数据，这些金融数据是由货币委员会（Monetary Commission）提供的。这些数据表明美国铁路债券利息支付和铁路股票的股息支付在1月和7月达到了惊人的规模，大概是每月6700万美元，相当于4月和10月支付数额的两倍，相当于2月和8月的5倍之多。实际上，4月和10月的支付数额已经超过其他月份了。[①]

利息和股息的支付带来了巨大的现金需求，使得美国银行系统在这两个月出现了巨大的流动性压力，而这其实容易引发脆弱的金融系统危机。

另外，**危机的标志性事件往往是重要金融机构或者企业的倒闭破产事件**，或者是其他突发事件，并引起了广泛的担忧，甚至恐慌，使得大众变得异常谨慎。企业的破产倒闭并没有显著的季节性规律，因此要在这上面总结出什么规律是勉为其难的。[②]

> 危机开始的标志性事件是一个驱动面的催化剂，如果能够经过技术面突破的确认，那么就能重仓顺势介入，然后不断加码，自然赚得盆满钵满。有时间一定要复盘一下次贷危机期间外汇市场的表现，将重大事件标注在走势图上，将驱动面/基本面和行为面/技术面结合起来分析。

第四节　危机仅仅在发达国家发生吗
（Do Crises Appear Only in Highly Developed Countries）

普遍的观点是危机和萧条只会出现在工业和商业贸易高度发展的经济体，如英国、法国、比利时、美国、荷兰以及北欧国家等。但是，最近危机和萧条却出现在了一些经济处于发展中国家，如奥地利、德国和俄罗斯。

通常而言，那些发达国家出现危机和萧条时更容易引起广泛的注意，并且实际上也会产生更大的影响，波及相关国家。那些欠发达国家的国际影响力和声望都比较低，由于经济长期处于低速发展，甚至停滞状态，因此不会受到多少

---

①《货币委员会报告》（*Report of the Monetary Commission*），芝加哥大学出版社（University of Chicago Press），1898年版，第310页。

② 纽约证券交易所（New York Stock Exchange）的月度高低价的相对数量统计表请参考本书第六章。

危机和恐慌的传播需要时间，这个时间差为国际金融狙击者提供了机会。索罗斯在1992年英镑危机和1997~1998年的东南亚危机中就利用这种传播链条机制逐个国家地"掘金"。

奥地利学派强调过度扩张导致的资源配置扭曲导致了危机。危机就是一个经济自发调整的过程，去杠杆、去存货和去产能，才能实现资源的重新有效配置。那么，如何从经济和金融数据上识别"过度扩张"呢？一旦你有效解答了这个问题，那么就能从中洞察一些大的机会。光是分析和预判行情还不够，你还应该学会仓位管理——"进出加减"！

关注。

不过，**在危机的传染过程中，这些落后或者欠发达国家也容易受到发达国家危机和恐慌的负面冲击。**比如1873年，发达国家的危机波及了许多欠发达国家，巴西（Brazil）、阿根廷（Argentine Republic）和秘鲁（Peru）等都出现了恶性通缩、失业上升、去杠杆和去产能等现象。

《英国领事报告》（*British Consular Report*）充分地反映了当时的情况。这些国家与发达国家的商业和贸易关系紧密，在危机爆发前它们在公共和私人项目上开支巨大，累积了过高的信贷杠杆，财政状况恶化，同时由于资源单一，因此在遭受负面冲击时很容易陷入经济失调和紊乱之中。一些外围国家受到的影响较小，那是因为它们当时的工业体系并不复杂。

本书后面部分会对1890年阿根廷经济状况进行研究，可以为我们搞清楚危机的机制提供借鉴。简单来讲，危机并不局限于发达国家之内。**危机的发生与过度扩展密切相关，与发达程度关系不大。**

第五节　危机的区域性和广泛性
（Crises Distinguished as Local or General）

危机和萧条具有区域性和全局性的双重特征，它发生在一个国家或者地区，但是**很可能会蔓延到与这个国家和地区关系密切的国家和地区。**

危机和萧条变得非常普遍，原因有两个：

第一，在任何一个采用信用本位制的发达国家中，消费过度和投机过度已经成了一种广泛的现象，消费和投资上的过度扩张导致了这些国家容易出现同样的危机。

第二，国际贸易和跨国信贷的发展将越来越多的国家联系起来，一荣俱荣，一损俱损。任何一个国家的收入或者消

国际收支平衡表对于分析危机的国际传染过程是非常有用的。

费的显著下降，都会波及贸易伙伴国。

正如阿尔弗雷德·罗素·华莱士（Alfred Russell Wallace）先生指出的那样：

"关于国际贸易的好处我们已经谈了很多，但是**这些联系会成为危机和恐慌传染的纽带**，当一国陷入困境的时候会波及其他国家。国际商业和贸易的发展使得国家间的命运彼此相连，一个国家的繁荣往往依赖于其他国家的繁荣。如果大众能够明白这一点，那么商业和贸易能够成为世界和平的开创因素！"①

虽然我们已经普遍认识到危机和萧条在当今世界变得常态化，但是不同国家受到的影响程度却迥异。这是一个不能忽视的事实。

当有人指出这些经济危机和萧条会同时出现在许多国家时，往往会夸大其全局性、广泛性的特征。不过，如果深入全面地分析这些危机和萧条，就会发现危机和萧条存在地区差别，无论是在持续时间上还是在影响程度上都有显著的不同。

为什么会存在这种差异呢？第一，危机的原生国与被传染国比较而言，前者陷入危机程度通常更深，而且持续时间更长；第二，一些国家的工业体系和金融系统更加脆弱，承受危机冲击的能力减弱。

> 如何寻找一个国家的"漏洞"？各种宏观财务报表和产业链分析是关键。

第六节　危机影响程度的国别差异
(Degree of Severity in Different Countries)

同其他国家相比，法国通常受到危机的影响要小一些，这一点比较突出，引人注目。原因可能有四个：第一，法国人比较节俭，因此在财务上比较稳健。第二，土地集中化程

> 杠杆高意味着经济未来动荡的概率很大；基尼系数高意味着政治未来动荡的概率很大。

---

① 《萧条》（*Bad Times*）第 83 页。

度低，贫富差距不大。第三，严格的破产法。第四，法制和教育，加上文化传统共同促成了法国人较高的商业诚信意识。比如，子女拼命努力以便偿还父亲的债务；公证人员为同僚的贪污行为支付罚金以便维护行业声誉，虽然两人没有任何私人关系等，这些都体现了法国人的正直和诚信，这对于民族和国家的繁荣非常重要。

普通人可能非常难以理解为什么像法国这样一个崇尚武力的国家竟然会大力支持谨慎行事的银行家和商人。不过，事实确实如此。人口规模几乎保持不变的法国每年的国民生产总值和贸易规模相比其他国家显得更加稳定。因此，它的经济发展更加平稳，也更容易被预测。毕竟，价格水平和经济增长的突然变化更容易诱发危机。

因此，法国比起其他国家而言，对危机的免疫能力更强。当我们进一步考察法国的耕地面积和制造业规模时，会发现法国每年用于农业生产的土地面积几乎相同，工业各部门的总量也几乎不变。

1881~1885 年，法国的小麦种植面积变化不到 309 公顷。

1885 年，法国的小麦种植面积为 6956765 公顷。

1886 年，法国的小麦种植面积为 6956167 公顷。与前一年相比，仅仅相差 598 公顷，变化幅度不到 1%。

1886 年，法国的出口总额为 3248800000 法郎。

1887 年，法国的出口总额为 3246500000 法郎。

1888 年，法国的出口总额为 3246700000 法郎。

将 1887 年的出口总额设置为基准值 100，那么上述三年的出口相对值分别为 100.07、100、100.006。

1893 年，法国的生铁产量为 2003000 吨。

1895 年，法国的生铁产量为 2004000 吨。与 1893 年相比，差额只有 1000 吨。[1]

在欧陆的所有国家当中，比利时仅次于法国，甚至在某

没有发展，没有扩展，当然也就没有收缩和调整了。死人的心脏才不会跳动，所以作者在这里大力赞扬法国显得并不明智。被熨平经济周期的国家，也就是没有活力和动力的国家。前进是波浪式的，上升是螺旋式的，这是自然法则。

同一时期的美国和德国都在加速发展，法国这叫原地踏步。

---

[1]《外国统计摘要》（*Statistical Abstract for Foreign Countries*）1885~1895 年，第162、第220页。

些情况下超过了法国，与美国和英国的情况接近。

比利时和荷兰的人均对外贸易额当时居于世界前列。荷兰的人口规模远远超过了比利时。比利时的贸易和工业依赖于钢铁、玻璃、矿石、煤炭等原材料的进口，因此更容易受到通胀和增长波动的影响。

英国的冒险和投机精神似乎导致了危机更频繁地发生。英国在全球包括其殖民地拥有巨额的投资，经济增长显著，但这并不能解释为什么其企业在资源上的挥霍。英国企业富有进取冒险精神，因此也容易变得激进和短视。英国有大量寻求资金支持的创业者，也有大量拥有雄厚资本的投资者。

与美国类似，英国的创业者众多，不过大量项目并不实际。在法国无论是因为资本相对匮乏，还是监管机制严格，创业者们找到爽快的风险投资者并不如想象中那么容易。为什么投机心态和行为在英国非常普遍？因为有大量的资金在寻找项目和机会。这些资本的规模庞大，新的项目才能满足需要。英国的金融市场独树一帜，不是因为有大量的项目可以投资，而是因为有大量的资金等待投资。可落地项目欠缺，资本过剩是当时英国的典型特征。声誉可靠的史学家们列举了数个利用英国资本建立公司、实施项目的实例，出乎大众的意料。麦考莱勋爵（Lord Macaulay）详细地描述了 17 世纪英国资本过剩的情况：

"资本过程的状态自然带来了大批工于心计、奸诈圆滑的谋利者。他们积极地提出各种新项目来获取资金。大约 1688 年，伦敦出现了"股票经纪人"（Stock Jobber）这一词汇。

短短 4 年的时间，无数自称为客户谋取暴利的经纪公司如雨后春笋般诞生。部分公司在奢华的大楼里面办公，用镀金纸印刷广告；部分公司资金相对有限，只能低调地用墨水书写，在伦敦皇家交易所（Royal Exchange）附近的咖啡馆会见客户。

伦敦的两家咖啡馆乔氏（Jonathan's）和卡氏（Garraway's）因为证券经纪人和交易者等的涌入而迅速火爆起来。

英国推崇保守主义，强调人口规模，而法国推崇革命主义，强调节制人口，你认为谁的政策更有利于经济发展？我曾经购买过一个环球旅行的年度保险，几乎所有危险国家的旅行都在保障范围之内，唯独提出法航罢工不在保险范围之内。过度的工会化已经使得法国经济失去了活力，革命传统使得法国的产权保障比较脆弱，这对于发展现代金融市场是致命的弱点。人口持续萎缩，使得法国逐渐北非化。

题材投机之道请参考《题材投机：追逐暴利的热点操作法》和《题材投机（2）：对手盘思维》。

很快，期货交易（Time Bargains）变得热门起来，成了一种社会风尚。**上市公司利用并购来炒作自己的股票，各种坊间传闻充斥资本市场，都是为了制造题材操纵股价。**

我们的国家首次出现这类现象，不过一段时间之后，我们已经逐渐了解了这些事物。金融市场的狂热程度与1720年、1825年和1845年一样。

大众的注意力被价格的涨跌仅仅抓住，热情亢奋。投机风气日盛，**大家都渴望一夜暴富，那些稳健获利的方法被束之高阁，无人问津。勤奋、耐心和节俭的奖赏和恩典被大众所忽略。**

相反，偷奸耍滑却被政客和商人们奉为圭臬，与其费心费力地挑选货物卖到弗吉尼亚州（Virginia）和黎凡特（Levant），相比，**他们更倾向于在发行股票和炒作股票上谋取快钱。**在招股书里面鼓吹股息不低于20%、资产价值将会很快翻番，进而促使无知的大众买入自己的股票，这就是发财之道。资本市场每日都有新的泡沫出现，朝生暮死，迅速受到大众的追捧，然后又迅速被人遗忘。"[1]

回想一下A股泡沫破灭前的典型人气特征，2007年和2015年股市见顶前你周围的人群有什么共同特征。金融交易者不能只会驱动面/基本面分析和行为面/技术面分析，还要关注心理面分析。

30多年后，当"南海泡沫"（South Sea Bubble）发生时，大量的新项目出现：

在爱尔兰海域打捞沉没船只；

马匹和家畜保险；

仆人保险；

海水淡化处理；

私生子医院；

反海盗船只；

葵花籽油；

麦芽酒改良；

石墨制造白银；

水银变成固态金属；

关于南海泡沫可以参考《疯狂之众：顶级交易员深入解读》一书的相关章节。

---

[1]《英国史》（*History of England*）第19章。

从西班牙进口毛驴；

假发贸易；

养猪；

永动机研发；

……

大量的新项目总是在流动性过剩的时候出现。这些投资项目的认购者必须当场支付一些现金，由于项目是公开的，因此吸引了大量社会资金进入，一天就能卖出几千份。收到资金后，这些募资人马上卷款潜逃了。[1]

1825 年 12 月的经济危机爆发之前，英国已经在包括修建运河在内的基础设施上面花费了大量的金钱，过度投资迹象明显。同时，国际贸易也出现了过热迹象，与刚刚脱离西班牙殖民统治的南美地区的贸易量激增。经济过度膨胀，投机盛行，一夜暴富的梦想在大众中盛行起来，马蒂诺（Martineau）形象地描述了这一切：

"数周时间之内，从曼彻斯特到里约热内卢的货物数量超过了过去 20 年的总和。大量容易腐败变质的货物随意地堆在岸边，任由偷盗横行和风吹日晒，直到仓库有多余的空间可以存放它们。不仅供给存在泡沫，需求也存在泡沫。伯明翰（Birmingham）制造的暖床器出现在了太阳炙烤的地区；谢菲尔德（Sheffield）的溜冰鞋卖到了从未见过冰雪的地方；出产椰壳和牛角的地方被鼓动着购买瓷器和玻璃瓶作为碗碟和水杯。"[2]

弗朗西斯（Francis）先生在其著作《英格兰银行史》（*History of the Bank of England*）中讲述了当时大众的非理性亢奋状态：他在 1825 年看到了排干红海水的项目招股书，以及发掘法老宝藏项目的计划书。这些项目在今天看起来十分疯狂，不过当时确实是准备在资本市场上募资的正式项目。[3]

回想一下 2014 年到 2016 年，国内比较热门的互联网金融和满大街的理财公司。

大众在中短期内可以称之为"乌合之众"和"疯狂之众"。长期来看，大众还是理性的，这就是试错和成长的过程。

[1] 沃尔特·白芝浩（Walter Bagehot）所著的《伦巴第街》（*Lombard Stree*），1896 年，第 137~138 页。
[2]《和平史》（*History of the Peace*）第 2 卷，第 412 页。
[3]《英格兰银行史》（*History of the Bank of England*）第 2 卷，1847 年。

　　为什么大众会陷入如此疯狂而荒唐的行为之中呢？因为投机本质上就是进取和开拓、创业精神的必然产物。一个能量值爆棚的民族必然倾向于大胆妄为的冒险。围绕各种疯狂的项目建立起来的组织和公司就是这种冒险精神的体现。事实证明，长期来看这种冒险精神为英国的发展带来了动力和机会，发挥着关键作用。甚至在南海泡沫时期出现的公司中也只有10%是完全不靠谱的，其他90%的公司最终促进了实体经济的发展。[1]

　　这90%的公司涵盖了保险、渔业、美洲贸易、港口疏浚、纺织和金属等行业。1825年危机爆发时，工业和商业取得了迅猛的发展，但在金融危机中受到的影响并不大。

第七节　萧条有利于大众的观点
(The Argument that Depressions Benefit a Majority)

> 萧条中最有利的人是那些手持大量现金能够抄底的人。雇员可能因为总需求萎缩而失业或者降薪，手握流动性较差资产的资本家则很可能破产。

　　为什么会在这里提出这个问题呢？因为有些人认为萧条并不一定是灾难，其中也存在积极的因素。他们认为社会的繁荣需要萧条这个因素来刺激。经济繁荣时，物价水平很高，资本家和老板从中获利更多。经济萧条时，物价下降，工薪阶层受益更多，因为工资的实际购买力增加了。

　　比较1871年和1873年的英国出口数据可以发现，1873年的大多数商品的出口量低于1871年，不过出口金额却高于后者。整体来讲，工资的增长率要低于物价水平的增长率。价格上涨的好处大多数被雇主获取了。**在接下来的萧条阶段，工资跌幅显著小于物价跌幅。**

> 工资的向下刚性要大于物价。

　　为什么会这样呢？**工资和物价在供求格局改变时所需要的调整时间存在显著差异。当经济环境发生变化时，工资不会像物价一样迅速调整。**

---

　　①《折衷》(*Eclectic Magazine*)第28卷，第478页。

以工业品为例，当需求大于供给时，其价格迅速上升，但是制造这些工业品工人的工资却不会迅速上调。批发价格和零售价格的调整速度也是显著不同的。零售价格比批发价格上涨得更慢，但是下跌得更快。

单从物价和工资的调增速率差异出发，可以认为萧条有利于普通大众。但是，现实并不如此简单。因为物价下跌时，利润下降，往往与经济减速和失业增加一同发生。萧条的时候，企业倒闭破产，营收下降，失业率会显著上升。不光是制造业和贸易商会受到影响，其他经济部门也会受到负面冲击。雇员与雇主的利益并非是对立的，都受到了宏观经济的影响。

每当萧条降临时，劳动力也难免遭殃，因为就业变得艰难，许多人失业。零售价格下跌，贸易糟糕，坏账累积，雇员的薪水不得不下降，失业增加。

第三章

危机萧条及其征兆

(The Phenomena of Crises and Depressions, the Events Preceding Them)

> 危机集中于金融领域，银行和金融机构陷入困境；萧条集中于
> 实业领域，商业和制造业受到的负面冲击较大，企业破产潮出现。

金融危机存在固有的时间序列。 制造业和贸易的萧条也是在经济过度繁荣之后出现的。**经济的过度繁荣和投资的过度扩张存在显著的特征，专业人士可以据此作出有效的预测。**

1825 年 7 月 6 日，大法官（Lord Chancellor）在谈到国王演讲（King's Speech）时强调了议会颁布政策带来的利益：

"……国王陛下深信议会颁布的政策会带来国家的繁荣和昌盛。值此盛世开启之日，陛下高兴地祝贺在座各位，希望大英帝国在上帝的护佑之下变得更加强大和繁荣！"[1]

1825 年，一位英国会议员在谈到本国经济状况时说：

"这个国家自豪而从容地取得进步，而这些果实源自勇气、坚持和睿智！"

当年 12 月，金融和经济危机爆发了。

1873 年 3 月 15 日，《伦敦经济学家》（*London Economist*）发布了对前一年的调查文章：

"德国、奥地利、葡萄牙以及南欧全境的工业和商业发展

现在公认对宏观经济预测最为有效的学派有两个：奥地利学派和马克思主义学派。两个学派的共同特点是源自德语区和强调经济结构。金融市场的参与者应该专注于这两个经济学派的研习，这是明智做法。

危机往往在最不经意的时候爆发。牛市在极端乐观中结束，熊市在极端悲观中结束。

---

[1]《汉萨的辩论》（*Hansard's Debates*）第 13 卷，第 1488 页。

势头强劲，出乎预期。特别是奥地利的发展更是让人吃惊。奥地利政府和立法机关在对待新企业创立方面采取了更加积极的态度，其务实和进取的革新精神堪称欧洲的楷模。多瑙河流域的所有发达国家都在忙着将资本与劳动力投入到深埋的地下资源的开采中，想方设法从中牟利。"①

1873 年 5 月 9 日，维也纳证券交易所（Bourse at Vienna）关闭了，随后严重的经济危机出现了，接下去则是长时间的萧条。

1892 年 12 月 31 日，R.G.邓公司的《每周交易回顾》（R.G.Dun & Company's Weekly Review of Trade）指出：

"商业上最为繁荣的一年已经临近了，未来经济将前所未有地强劲增长。"

1893 年出版的一本书当中刊登了克莱门特·朱格拉（M. Clément Juglar）有关美国经济危机的部分译文。译者德库西·W. 汤姆（De Courcey W. Thom）指出了一些经济方面值得担忧的特征：

"但是，《国债审计者》（Comptroller of the Treasury）给出的银行收益分析表明，相比信贷需求而言，信贷供给是充裕的，经济形势一片大好，增长势头强劲。信贷方面的积极特征与其他繁荣特征结合起来，表明我们对未来经济繁荣的预测很大程度上是可靠而正确的。"②

不久之后，广为人知的经济危机爆发了。

在《股票短线交易的 24 堂精品课》中，我们提出了通过"媒体封面"和"头条"来分析舆情的方法。当重要媒体带着情绪字眼报道金融或者经济方面已经持续了一段时间的某一事件时，尾声往往临近了。

第一节　危机先行指标序列
（Preceding Indications）

金融和经济危机爆发之前的征兆是容易观察到的，某些

---

① 《伦敦经济学家》（London Economist）3 月增刊，1873 年，第 2 页。
② 《美国恐慌史略》（A Brief History of Panics in the United States）第 144 页。

特征是共同的，部分特征则是有条件的。危机爆发之前的一系列特征具有时间序列上的规律：

（1）特殊商品（Special Commdities）价格上涨，接着其他商品的价格开始全面上涨。随后，房地产价格开始显著上涨，无论是二手房还是新房都是如此。

（2）企业活跃度增加，大量新企业建立，它们能够提高产量或者改善质量。这些新企业涉及各种制造业、铁路和轮船运输等，它们需要大量的固定资本支出。

（3）利率微微升高，但是信贷需求仍然旺盛。

（4）工资价格上涨。

（5）私人和公共支出显著增加。

（6）投机狂热（Mania for Speculation）进一步发展，商业欺诈行为猖狂，许多参与者最终成为受害者。

（7）贴现和贷款等信贷需求急剧增长，利率显著上涨，实际工资水平上升，罢工事件频发，劳动力供不应求，失业率显著下降。[①]

上面这些特征都是危机爆发之前的真实现象。**危机只有在信贷或者经济本身过度扩张时才会发生，比如某些设备生产出来后，产能和产量远远超过真实的需求，或者与其他产能和产品的比例关系失调，加上投机比例超过了投资，则危机就会随后发生。**

如果分析者单单想要从商品价格的涨跌来预判经济危机，则会被矛盾的信息所困扰。无论是在整个经济周期里面，还是在危机爆发前的阶段，不同行业部门产量和产品价格的变化是存在差异的。有些商品的价格变化要领先于其他商品。**那些周期性较强的产品的价格与经济变化的关系更加密切，如煤炭、钢铁以及木材等。**比如食品等必需品的需求变化不大，因此价格变化幅度相对较小。食品价格受到需求端的影响较小，受到供给端的影响较大，自然灾害和气象变化对于

信贷是否持续过度扩张？经济结构，也就是各个部门之间是否出现严重失调？国际资本流动是否异常？财政、国际收支、央行资产负债表、商业银行资产负债表、企业资产负债表和家庭负债表是否出现异常？

奥地利学派的思想在这里得到了明显的体现。

股票市场上非常强调周期行业和防御行业。

---

① 关于危机爆发征兆的更详细分析参考本书第六章内容。

食品价格影响显著。危机之前食品价格还有可能因为供给充裕而出现价格下降的现象。

表 3-1 是 1870~1873 年英国商品出口价格的变化，表 3-2 是美国 1897~1899 年的批发价格变化（基于当年 7 月的均价计算得到），从中可以看出两者在变化幅度上的差异。

表 3-1　英国商品出口价格及其增长率[1]

商品	1870 年	1871 年	1872 年	1873 年	1870 年到 1873 年的价格变化率（%）
煤（先令/吨）	9.64	9.80	15.83	20.9	116.8
生铁（先令/吨）	59.18	61.08	100.85	124.65	110.6
盐（先令/磅）	9.99	10.47	14.15	18.77	87.88
面粉（先令/磅）	16.31	16.51	17.48	18.97	16.3
黄油（先令/磅）	109.80	116.27	112.23	118.14	7.5
棉布（便士/码）	3.55	3.33	3.51	3.45	−2.8
呢绒（便士/码）	35.17	37.52	41.19	41.00	16.57

表 3-2　美国商品批发价格[2]

商品	1897 年 7 月	1898 年 7 月	1899 年 7 月	1897 年 7 月到 1899 年 7 月的价格变化率（%）
钢坯（美元/吨）	14	14.75	33.80	141.42
生铁（美元/吨）	9.39	10.31	20.45	117.78
铁钉（美元/吨）	1.35	1.36	2.7	100.00
钢轨（美元/吨）	18.00	17.00	28.25	56.94
铁杉木板（美元/米）	8.25	9.00	12.50	51.51
松木板（美元/米）	45.00	45.00	51.00	13.33
俄亥俄羊毛绒（美元/磅）	0.477	0.6225	0.633	32.7
披巾（美元/盎司）	3.5575	3.60	3.60	1.19
棉花（美元/磅）	0.07875	0.0625	0.06125	−22.22
棉线（美元/线轴）	0.031125	0.031125	0.031125	0
面粉（美元/桶）	4.65	5.35	4.50	−3.22
白糖（美元/磅）	0.0447	0.0509	0.0521	16.55

---

[1]《英国统计摘要》（*Statistical Abstract for the United Kingdom*）1868~1882 年，第 110 页。

[2]《劳动部 1900 年 3 月公报》（*Bulletin of the Department of Labor for March*）1900 年。

在危机之前，制造业、交通运输业和能源行业的固定资产投资额远远高于食品和服装等消费品的增速。

过度繁荣是危机或者萧条的必然前提，过度扩张伴随着大量的过度投资和消费行为，奢侈生活成了社会风气。

经济增长的高点往往在危机来临之前数月甚至一两年之前到达，危机之前通胀也很显著。价格和需求的变化也会给出一些危机的征兆。危机之前或许会经历较长时间的滞胀阶段。

回顾几次危机之前的钢铁价格变化是非常有价值的。

1825 年 12 月危机爆发之前，英国的钢铁价格在当年的第一季度见顶。[1]

1836 年到 1837 年危机爆发之前，英国的钢铁价格和产量在 1836 年第二季度和第三季度见顶。[2]

1847 年 4 月危机爆发之前，英国的钢铁价格在 1845 年第三季度见顶，产量则于 1847 年见顶。苏格兰的生铁价格在 1845 年第二季度到第三季度构筑顶部。此前价格显著上涨的原因在于基建的过度扩张。[3]

1857 年，英美两国爆发危机，1866 年英国爆发危机，不过这两次危机之前似乎并没有太多征兆，以至于人们准备不足，导致了破产潮。

1873 年 12 月，危机爆发之前，美国的铁路建设在 1871 年见顶，生铁价格则在 1872 年 12 月见顶。[4]

有时候增长停滞，通货紧缩后出现危机，有时候则是危机伴随着增长停滞和通货紧缩。危机爆发时有许多特征：企业大规模破产或者倒闭；银行等金融机构处于脆弱状态，收紧信贷；消费萎缩情况，是否有新的消费增长热点等。

"哈耶克三角"里面提到的三部门模型。

通常情况下，增长率先于通胀水平见顶和见底。增长现在更倾向于看 PMI，而通胀则主要参考 CPI 和 PPI。

---

① 《图克物价历史》（*Tooke's History of Price*）第 2 卷，第 406 页。
② 弗斯克（W. G. Fossick）所著的《钢铁贸易史》（*A History of the Iron Trade*）。
③ 1845 年大量新公司出现。
④ 危机爆发之前的价格变化规律请参考本书第六章和《泡沫和危机经济学》。

第二节 危机和萧条的标志

(The Phenomena of Crises and Periods of Depression)

危机开始的标志往往是重大行情的催化剂，交易者应该马上找技术信号确认进场点。

什么是危机？危机有些什么具体的标志性事件呢？大银行等金融机构或者大企业破产倒闭；某个知名公司因为重大欺诈而引人注目，这些通常是危机开始的标志。

危机的标志性事件出现后，恐慌在金融行业蔓延。银行开始惜贷，金融秩序崩塌了，许多商业活动所需要的信贷暂停了，流动性紧缩开始冲击各行各业。社会大众的信心遭受重创。

过多的筹码追逐过少的现金，这就是危机爆发时的典型特征。危机爆发的早期阶段，为什么避险的黄金也会遭到抛售？大家可以看一下次贷危机后黄金的表现，也有一个大幅下跌的调整过程，然后才进入飙升状态。为什么会这样呢？

大众开始到银行挤兑，银行不得不中止取款服务。**市场陷入恐慌之中，各类资产开始追逐短缺的现金。**证券和商品期货合约持有者们无法迅速了结头寸，除非愿意接受巨大的亏损。资产标的买卖双方、债权人和债务人的关系发生了重大变化，价格下跌和利率上涨不足以解释金融市场上发生的情况。**资产的波动率大幅增加，对手盘衰竭的风险飙升。**

危机的分析者不应该仅仅关注具体商品价格水平的变化。具体商品的价格和销量变化无法提供有效的研判信息。企业破产倒闭潮出现，大众和企业家们遭受到第一波负面冲击之后，开始感到恐慌而迷茫，这种情绪开始在整个社会蔓延。

到了危机的末期，人们开始变得麻木，因此可以静下来了解来龙去脉。如果危机局限于金融领域，那么实体经济不会受到太大影响，很快就会恢复。反之，萧条就会紧随而至。

"金融危机"和"经济萧条"是比较准确的说法。

如果萧条在危机之后出现，那么两者之间并无明显的界限。不过，危机和萧条具有明显不同的特征。**危机集中于金融领域，银行和金融机构陷入困境；萧条集中于实业领域，商业和制造业受到的负面冲击较大，企业破产潮出现。**下面的数据（见表3-3）可以说明上述观点，两者在时间序列上存在先后关系，同时出现的领域也不同。

表 3-3　美国破产金融机构与非金融企业的总负债（1893~1895 年）

	破产的银行等金融机构的总负债（美元）	破产的非金融企业的总负债（美元）
1893 年（危机阶段）	170295698	231704322
1894 年（萧条阶段）	13969950	135030050
1895 年（萧条阶段）	22764000	136236000
1894 年和 1895 年的均值	18366975	135633025
危机阶段与萧条阶段均值的差值	151928723	96071297

从表 3-3 中可以看出，破产金融机构在 1893 年危机阶段的负债比萧条阶段年度负债的均值高出 825%。而破产的非金融企业的总负债在危机阶段仅比萧条阶段年度均值高出 71% 不到。[①] 进一步分析，825% 差不多是 71% 的 12 倍。

再以英国的数据为例，英国 1866 年是危机阶段，而 1867~1868 年是萧条阶段。英国金融机构在危机阶段的破产情况要显著比萧条阶段严重。[②] 如果不以年度而以更准确的月份来划分危机和萧条阶段，则差异会更加明显。

当然，萧条阶段和危机阶段也有一些共同的特征。大规模破产倒闭潮会在这两个阶段出现。差别在于，在危机阶段无论你的信用资质如何，无论你拥有的资产规模有多大，贷款很难，出售资产也很难。到了危机后期，由于资产价值减少，抵押品价值下降，借款能力大幅下降，偿债能力也大幅下降。

资产的价格在危机中显著地低于危机之前。整个金融体系和经济体系都出现了问题，信用机制紊乱，工业和商业运行失调，处于停滞状态。工资下降，失业率上升，资产价格暴跌。一方面，持币的人不愿买入资产，因为对价格是否见底保持怀疑，也不愿意进行任何实业投资。大众对贷款保持谨慎，因为对新商业活动和投资持有谨慎态度。另一方面，金融机构也惜贷，害怕借出去的钱收不回来。

"流动性陷阱"是因为持币成本下降造成的，还是因为实业投资的预期利润率下降造成的？

① 总负债数据由布氏（Bradstreet's）公司编辑提供。
② 理查德·萨伊德（Richard Seyd）所著的《破产清算档案》（*Record of Failures and Liquidation*）第 489 页。

利率随着萧条的发展而走低，根本原因不在于货币供给过剩，而在于货币需求不足，缺乏投资和消费意愿。

危机阶段好比飞机起飞阶段，而萧条阶段好比飞机降落阶段。经济学家和政策制定者如果想要搞清楚当时萧条的原因，则务必进行深入而全面的调查分析。**走出萧条阶段的过程往往与大众预期的并不一致，而是会悄然而至，最终经济肯定会复苏。**

统计数据表明萧条阶段的实体经济运行状况要比大众主观判断的要好。劳工局局长（Commissioner of Labor）卡罗尔·D. 莱特（Carrol D.Wright）在 1886 年的报告中指出：1885 年 1 月到 6 月，地区内的建筑新开工数据仅仅下降了 7%；农业、商业、交通运输业和采矿业的就业率下降幅度与制造业基本一致，好于大众预期。

萧条阶段的失业率变化有许多统计数据可供参考，但是不能仅仅依靠失业率来分析经济低迷的程度。1893 年美国铁路行业的就业人数为 873602，1894 年下降到了 779608，下降幅度为 10.75%。每英里的铁路员工数从 1893 年的 515 人跌到了 1894 年的 444 人，下降幅度为 13.78%。[1]

1879 年的英国处在 1873 年大萧条以来最不景气的一年，当年英国具有代表性的商业部门失业率处于显著高位。根据英国工会的统计，钢铁行业工会（Iron Founders' Society）统计的失业率高达 22.3%，工程师工会（Amalgamated Society of Engineers）统计的失业率为 13.3%，木匠与工匠联合工会（Amalgamated Sociey of Carpenters and Joiners）统计的失业率为 7.6%。[2]

与失业率数据比起来，必需品产量和价格的变化程度更适合用来衡量萧条的程度。图克在其物价历史的专著中推测，

无就业增长。

---

[1]《1898 年美国铁路系统统计数据》（*Statistics of Railways of the United States for* 1898）第 40 页。

[2]《工会统计报表》（*Statistieal Tables and Reports on Trade Unions*）1893 年，第 78~80 页。另外，请参考本书第五章。

英国在上述萧条阶段中的农业收成下降了 1/6~1/3，从而导致谷物价格上涨了 1~2 倍。

在萧条阶段，除了关注必需消费品的产量和价格变化之外，还应该关注萧条之前生产设备资本支出的大幅增加情况，这样才能使整个萧条的分析更加完善。资本支出如果与消费支出的比率失调，那么经济步入萧条的可能性就非常大。生产设备大幅增加将会降低经济对劳动力的需要，进而导致经济增长和就业率之间的背离，在经济周期的不同阶段我们要注意这种背离的存在。

第四章

危机和萧条的原因
（Causes of Crises and Depressions）

> 危机和萧条的本质是现存的系统出现了暂时的失调和紊乱。系统的效率当然有优劣之分，不过任何系统都不能避免失调和紊乱。

如果危机和萧条的研究者试图找到它们的根源，就必须进行深入而全面的调查。**在经历了系统的调研之后，许多研究者会发现，很难用单一因素来解释危机和萧条的起因。**经济领域与其他社科领域一样，存在高度的不确定因素。因此，即便是这个领域最为权威的学者也不得不承认经济系统的复杂性，以至于大家很难就危机和萧条的原因达成共识。正如凯恩斯（Professor Cairnes）教授所言：

"经济规律不能刻画经济波动的具体轨迹，它只能阐释经济趋势。当我们将经济规律用来预判经济波动时，只有排除干扰因素才能起到应有的作用。这些经济规律只是一种假设和模型，并非经济系统本身。"[1]

虽然研究者们对危机和萧条的原因抱着极大的兴趣去探索，但是并不能做出令人满意的解释。当危机和萧条爆发时，议员们会被委派去调查原因。他们会从大量的数据中抽取信息和寻找逻辑，得到的结论往往都与政府干预有关，它们夸大了政府在恢复宏观经济方面的作用。相比而言，我认为受

比起政府，自由主义学者更相信市场和企业家精神对经济的促进作用。

---

[1] 《政治经济学的特征和逻辑方法》（*The Character and Logical Method of Political Economy*）第 107 页。

到才智和严谨谨慎引导的个人努力在走出危机和萧条方面更为重要。

第一节　危机和萧条的各种理论
（Different Theories as to Cause）

前面我提到了卡罗尔·D.莱特提交的报告，这份报告当中有 5 页专门介绍了他认为的引发经济和萧条的原因：

第一，禁止妇女的选举权和被选举权；

第二，女性责任教育的缺乏；

第三，儿童监护法律固有的缺陷；

第四，铁路自由通行权制度的僵化；

第五，电报的高使用率；

第六，烟草消费。[①]

杰文斯在提及 1878 年萧条时指出：

"商业作家们对当前经济和贸易形势给出了许多解读，但是并不符合事实。他们乐于花样百出地寻找当前制造业和金融信贷体系发生危机和萧条的原因。最后他们给出的理由是国际竞争、民众酗酒、产能过剩、工会强大、政治和军事动荡、金银比价过高、上流社会的奢靡、政府干预、格拉斯哥城市银行董事会的胡作非为、爱迪生发明了电灯等。"[②]

剔除那些纯属娱乐的理由之外，发散思维对于寻找危机和萧条的原因还是非常有用的。通过遍历各种原因假设，我们能够找到主要原因，将其从次要因素、助推因素和噪声中分离出来。

在寻找这样的主要原因时我们必须排除具体的社会制度和政府体制，因为危机和萧条几乎发生在所有国家，无论采取什么样的制度，无论是什么样的金融体系都会发生危机和萧条。一个国家无论采用君主立宪制（Monarchy）还是共和制（Republics）；无论推行自由贸易还是采取关税保护；无论是采取铸币作为唯一货币，还是同时使用铸币和纸币；无论是采用金本位或者是采用银本位，又或者采用金银复合本位。总之，

[①]《工业萧条》（*Industral Depressions*）第 61~63 页，第 76~78 页。

[②]《货币和金融调查》（*Investigations in Currency and Finance*）第 221 页。

一个国家的政治和经济体制无论如何，它们都会出现危机和萧条。另外，危机和萧条也会发生在同一国家的不同时间当中。

危机和萧条具有内在性和必然性，其严重程度会因为错误的信贷政策、贸易政策而加重。毫无疑问的是一国要想保持更长时间的发展和繁荣，就必须在重要领域采取有效的政策。

不过，**危机和萧条的本质是现存的系统出现了暂时的失调和紊乱。系统的效率当然有优劣之分，不过任何系统都不能避免失调和紊乱。**鲁莽的政策也会成为引发危机提前到来的导火索。

大众在危机的起因上达成了一些共识：

第一，对未来经济和收入的预期变差，失去信心。

第二，信用过度拓展，贷款过多，货币发行量过多，杠杆过高导致经济和金融体系出现脆弱性。

第三，资产价值大幅重估引发经济格局急剧调整。

第四，恶性通货紧缩。

第五，货币本位制的重大变化。

第六，信贷突然紧缩，流动性紧张。

第七，生产过剩或者需求不足。许多学者认为由于现代工业革命使得生产和分配都出现了重大变革，生产过剩或者需求不足的程度更加严重了。供过于求的情况恶化了。科技和工业革命从根本上导致了萧条持续时间延长，加重了萧条的程度。

第八，人性的弱点和道德的堕落。

我会在后面的章节对上述观点进行剖析。

危机和萧条在空间上的普遍性，在时间上具有周期性。

汇率急剧升值或者贬值会引发经济的急剧调整，比如日元在广场协议后的变化对日本经济造成显著的负面冲击。

第二节 危机和萧条的罪魁祸首
（The Responsible Cause）

危机和萧条的根本原因到底是什么呢？

第一，上面提到的某些因素可能会导致经济系统的失调和紊乱，进而引发金融危机和恐慌，最终演变成长时间的经济萧条。萧条的严重程度会因为因素的叠加而恶化。

第二，导致危机和萧条的核心因素是资本的配置情况。一旦资本配置出现了失调和紊乱，则危机和萧条就会爆发。

资本的宏观配置与经济结构是一枚硬币的两面。

如果资本项目被错配到低效率部门，收益将无法覆盖资金成本，比如一些盈利能力糟糕的公司，就是一种资本的浪费。如果这种资本错配的程度在整个经济中恶化，那么危机和萧条将不可避免。总而言之，危机和萧条的根本原因是经济资源的错误配置。

明斯基的危机理论也是着眼于资本错配展开的。

我做出的上述分析可能是不证自明的，有一些说法可能是同义反复，一些因素可能是相互重叠的。如果你足够较真就会发现我仅仅强调了资本错配这个概念，这是一个抽象的问题，具体的形势却是纷繁复杂的。

另外，如果危机之后并未产生萧条，那么单单资本错配这个原因就无法解释这种异常情况。这类危机的产生需要更多因素的叠加，与一些突发事件密切相关。因此，资本错配这个概念适合研究那些危机和萧条都出现的情况。

第三节 生产要素的定义
（Elementary Definitions）

要想充分理解资本错配的概念以及本章中的其他内容，我们需要学习或者温习一下各种生产要素的基本含义。

财富（Wealth）是任何**稀缺的**、**有用的**、可以用于交换的要素，包括土地（Land）、劳动力（Labour）和资本（Capital）。

土地其实是自然界广泛存在的自然资源，是工业原材料的来源。

劳动力能够提供体力劳动和脑力劳动。

资本从学术的角度来定义就是为了制造未来的财富而抑制当前消费后剩下的储蓄。资本分为流通资本和固定资本，流通资本用来购买材料和支付工资，固定资本则包括购买生产设备、厂房、机械和工具等。[①]

判断一个国家的富裕程度，并不是单纯地依据其土地或者自然资源的多少，而是依据拥有的资本数量。通常而言，生产效率制造财富的速度显著高于资本扩张的速度，前者呈现指数增长，后者则是算术增长。

各种生产要素中，土地数量的稳定性最强。土地的法律定义包括了其上的建筑物，不过经济定义则将这些建筑物归类为资本。不过，土地的生产力需要借助于资本和劳动力才能实现。

财富的创造需要劳动力与资本的共同投入。正如托尔德·罗杰斯（Thorold Rogers）教授所说，劳动力与资本好比剪刀的两个刀刃片。事实上，如果没有资本提供工具，那么现代工业社会的许多财富创造工作是无法开展的。以亚当·斯密为首的许多经济学家都认为，劳动力的技能习得与资本的关系密不可分。严格来讲，劳动者的生产技能是资本的一部分。显然，如果资本缺席的话，那么劳动和生产的效率是无从谈起的。资本帮助劳动分工最终实现，促进了生产关系的变革。资本也只有通过与劳动力和土地的结合，才能获得无限的增长。

简单来讲，**财富的增长最终是通过资本的增长实现的**。

> 人工智能将重塑各要素的分配格局。

[①] 关于资本概念的深入了解，请参考霍布森（Hobson）所著的《现代资本主义的演化》（*Evolution of Modern Capitalism*），第 209 页。

第四节　有关资本的基本命题
(Fundamental Propositions Concering Capital)

约翰·斯图尔特·密尔（John Stuart Mill）在其专著的《资本的基本命题》(*Fundamental Propositions Concering Capital*)一书中指出：

"有关资本的第一个基本命题是工业的发展受到资本的限制。制造业雇用劳动力需要投资设备和工厂，这就表明工业的发展离不开资本的投入……

工业需要原材料、劳动力和资本的投入……

一方面工业的发展受到资本的制约，另一方面资本的增长能够促进额外的就业和工业规模的扩大……

资本的增长能够带来工资的上涨。"[1]

对此，亚当·斯密也有类似的观点：

"资本的增加或者减少会影响工业生产的规模、生产资料的投入，进而使得农业产品的交换价值、劳动的交换价值以及一国居民的收入和财富水平发生变化。"[2]

第五节　资本错配的形式
(Forms of Derangement of Capital)

资本错配可能是为了社会和政治的短期稳定，政治家不得不在效率和稳定之间做出权衡，而稳定对于政治家而言更为重要。

资本错配具有多种形式，它们导致了萧条出现，因而也是许多短期和中长期经济损失的根源。资本的某些错配形式导致了非常明显的浪费，而另一些错配形式导致的结果则非常隐蔽。

---

[1]《政治经济学原理》(*Principles of Political Economy*) 第 1 卷，第五章，第一节和第八节。
[2]《国富论》(*Wealth of Nations*) 第 2 卷，第 3 章。

资本的错配有可能是人为的，也可能是非人为因素导致的。

资本错配的主要形式有如下三类：

第一类，资本的直接损失和浪费。比如，私人或者公共做出了过度投资或者过度消费影响了资本的积累，或者是瘟疫、暴力和气象灾害导致了资本的直接损失。

过度消费和灾害导致资本错配。

第二类，资本的间接损失和浪费。比如，**生产部门之间的资本配置失衡，导致某些行业产量过剩，有些行业产量不足**。

经济结构失调与资本错配相互恶化。

第三类，现代工业和商业条件迅速发展，但是资本配置的速度跟不上，导致错配。这是最为重要的形式，进一步可以细分为两个子类：

第一个子类是生产链条延长，企业需要大量资本投入，盈利不确定性大幅提高。一方面企业要长时间大量投入资本，另一方面投入资本后的预期很不准确，增加了资本投入的风险。诸如运河、铁路、大型工厂和工程的投资就属于此类，由于工期长和投入大，因此很容易出现资本错配。

长生产链条导致资本错配。

第二个子类是技术进步导致设备加速折旧，**资本在这个阶段要么错配在低效率的旧设备上，要么错配在容易形成泡沫的新技术设备上。技术革命导致了资本错配。**

技术革命导致资本错配。

上述三种资本错配的形式可能同时出现，对资本的形成产生负面影响。

在经济发展的过度繁荣阶段，一些收益预期过高的项目和业务会涌现出来，往往伴随着投机和商业欺诈。这类泡沫的光环过于耀眼，以至于风头盖过了那些真正具有商业竞争力的生意。同样，**在过度繁荣阶段，部门间的发展程度出现较大差异，部门间的不均衡日益恶化**，比如工业的发展远远超过农业。

下面我会对三种资本错配的形势进行具体的阐述。

第六节　资本的直接损失和浪费
（Direct Loss or Waste of Capital）

荷兰病就是中短期收入来得容易，以至于消费过多，储蓄太少，影响了资本的形成，进而影响了未来的收入。

自然灾害是商品交易者关注的重点，是商品期货驱动分析的重中之重。哪些国家和地区是甘蔗主要产区？哪些国家和地区是棉花主要产区？美洲的大豆和玉米产区是怎么分布的？橡胶和棕榈油分布在东南亚哪些国家和地区？作为一个商品期货交易者，这些必须烂熟于心。

　　最显著的资本损失是私人和公众的浪费。社会的总收入在减去总消费之后应该有连续数年的盈余，这样才能形成足够的资本用于经济的发展和社会的进步。反之，不仅进步无法取得，甚至可能变成倒退。

　　在经济繁荣时期，消费和支出呈现出显著的增长，除非出现明显的危险预期，否则大众不会降低自己的消费水平。人们普遍对未来抱着积极的预期，这就提升了消费水平，抑制了资本的积累。在乐观氛围中，人们会买入一些过多的商品，这就减少了未来的资本供给，公共支出也存在同样的情况。

　　短视和管理不善是资本直接损失和浪费的另外一种原因。比如煤矿建成投入运营后未能取得收益，或者是铁路等大型基建项目形成烂尾或者是完工后无法盈利。

　　除了上面两个原因之外，自然灾害也是一个重要的原因，比如干旱和飓风。自然灾害特别容易导致生活必需品的供给减少，特别是食品。一旦此类商品的生产者收入下降，则他们购买其他商品的能力就下降了，进而导致总需求下降。假设某个消费者的总支出中70%花在必需品上，20%花在购买可选商品上，10%花在奢侈品上。如果大旱导致食品价格显著上升，那么他们为了维持生活，不得不将更多的钱花在食品上，这就减少了对奢侈品的支出，影响了奢侈品生产者的收入。

　　从农民的角度来看，他们产品的价格虽然上涨了，但是可供出售数量却下降了，通常情况下价格的上涨无法抵消销量下降的影响，因此他们的总收入是下降的。方方面面的因素叠加起来使得整个经济都受到了重创，工业受到的冲击可

能最大，工人们的生活成本上升了，工厂主也不得不缩减产量。

战争也会导致资本的直接损失和浪费。战争导致资本和劳动力减少，当然战争不会直接导致萧条，后面我会给出理由。

第七节 资本的间接损失和浪费
(Indirect Loss or Waste)

资本的间接损失与浪费实际上是**资本配置的失衡和紊乱**（Disturbance of Equilibrium）。第六节介绍的资本损失或者浪费方式都是显而易见的，相比之下有一些浪费方式不容易觉察，却更容易引发危机和萧条。具体来讲就是**某一重要商品种类出现了显著过剩**，此前我们已经提到了这一问题。公众实际上已经发现了在萧条阶段许多商品处于显著供过于求的状态，而另外一些商品则处于供不应求的状态，不过整体上大众普遍认为商品过剩是主要特征。库存过多，消费的有效需求却不足。实际上大众对这些商品存在需要，因此并非供给绝对过剩，而是相对过剩。由于缺乏足够的购买力，需要无法转化成为有效需求。之所以缺乏购买力，关键原因在于收入未能持续增长。

另外，倘若一个人生产的商品不能满足别人的需要，那么交换就不会发生。潮流等因素导致的需求变化是迅速，但是商品的生产者却无法根据需求的变化迅速地做出调整，这就导致了供给无法根据需求迅速调整，从而导致库存被动累积，资产收益下降，自然也会影响利润和工资，进而影响整个经济。

由于供给存在刚性，这就限制了资本的有效配置。如果某种商品的产能和产量过多了，那么另外一种商品的产能和产量就不足。但是经济的健康发展需要各种商品比例的协调，否则经济就会失衡和紊乱。

马克斯·沃思（Max Wirth）在其关于危机的著作中指出：

"如果一家制表工厂能够协调各个零部件的生产，1000个表盘对应1000个发条和1000个表壳，那么就能协同生产，而不是导致某些部门生产停滞，另外一些部门手忙脚乱。整个经济也是这样的道理。如果经济中各个部门脱节太远，结构出现失衡，那么经济危机和萧条就会发生。一个部门产能和产量过剩，另外一个部门产能和产量不足，供需出现大规模失调，那么价格体系就会出现紊乱。在这种情况下，经济将进入

无论是马克思主义者还是奥地利学派学者都非常注重经济结构的研究。

紊乱，危机迟早来临。"[1]

在沃思看来，经济的运行本质上是动态均衡的过程，要达到完全的供求平衡是不可能的。对超额利润的追求使得商人们产生激烈的竞争，导致产能和产量过剩。任何商品的需求量都不是一个常数，只能依靠估计得到。自然因素，比如气温变化都会影响需求量。纺织品的需求在暖冬会下降。潮流也会影响需求量。

因此，供求平衡很难维持，更无法预先精确计算。加上劳动分工的规模越来越大，商业联系复杂化，计算总需求变得更加困难。全球化使得进行相关的调查统计都变得复杂，不过，谁的视野更加广阔则更加容易预估这些数据。

第六节我们谈到了资本的直接损失和浪费，这是达成了共识的领域，在本节不同商品的不均衡造成了资本的间接损失和浪费，也引起了大众的重视。[2] 不过，这方面的因素都很少造成现代经济体系的危机和萧条，第三类因素才是现代经济危机的罪魁祸首。

私人和公共开支挥霍的自我调节能力增强了，不会长时间干扰商业的运行。各国从战争中恢复过来了，农产品的生产回到正常轨道，不存在匮乏的问题。过去农产品供给不足导致了严重的贫困，现在农作物种植的面积增加了，供给来源扩大了。农业的经济收益提高了，许多资本的积累来自农业，这就进一步减轻了贫困的程度。

经济和技术的进步，使得生产过程越来越长，设备折旧也加速了，第三种资本错配形式就出现了。大众偶尔也会提到这种形式的资本错配，不过基本停留在现象表层上，并没有深刻地剖析其本质。[3]

---

①《商业危机历史》（*Geschichte der Handelskrisen*）1883 年，第 5 页。

② 关于经济结构失衡导致危机的最权威论述之一是安布瓦索·克莱门特（Ambroiso Clément）在 1858 年《经济学家》（*Journal des Economistes*）（第 17 卷，第 166 页）上发表的一篇文章。

③ 参考附录杰文斯教授的观点。

第八节 现代工业和商业进步带来了不可避免的变化

(The Inevitable Changes Resulting from Modern Industrial and Commercial Progress)

资本设备形成后却被闲置了，并未立即使用起来。在资本设备不断增加和提高的阶段中，生产的各个部门和环节存在节奏上的差异，因此难以做到完全同步和协调。

倘若仔细调研每次萧条发生之前的阶段，就会发现期间各种资本设备和设施都进行了大规模的扩张和改善，人们为了经济发展和更多的分配非常努力。比如修建运河，接着建设铁路系统或者增加轮船数量。再者，会开辟大量新的耕地，建设新的工厂，添置机械设备，等等。

为什么我们会大量地进行设备投资和基础设施建设呢？因为希望获得更加便宜的商品，或者是质量更高的商品。对于投资者和企业家而言，则可以从中获得更多的利润，在商业竞争中获胜。

不过现代经济的投产周期很长，而且分工复杂，因此就存在资本错配的可能。在资本便宜的时候，大量的投资和创业行为涌现，新企业大量诞生。最初的投资确实改善了经济的效率，比如修建运河缓解了交通拥挤的情况，修建铁路也起到了相同的作用；机器替代了手工业，极大地提高了产量和质量。在大举投资的早期，因为大量的工厂和基础设施建立起来，岗位整体增加了，因此就业率也增加了。对各种原材料的需要增加了，价格也显著上涨了，而这引起了几乎所有商品价格的上涨，通胀出现了。

在最初阶段，对商品的需要显著大于供给，于是大量资本进入实业领域寻求机会，试图填补供给与需求的缺口。随着缺口越来越小，机会也就渐渐消失了，大量资本沉淀到了设备和设施上。到了后期，供给显著超过了需求，或者与需

投资比消费的波动率更大，因此有些经济学家认为投资是经济周期的主要驱动因素。

求不匹配，这就导致了生产和消费的严重失衡，萧条就会持续较长时间。

不同国家的具体情况是不同的，因此资本配置的过程和形式也存在差别。英国在1847年之前并未进行过大规模的铁路投资，因为土地占用问题没有解决，此后资本开始大举进入铁路系统。

无论是国内还是国外进行的资本配置其实都可以通过数据清楚地掌握，企业贷款、新企业注册和股市融资等数据都有清晰的记录。每年的股票发行募集资本额、贷款额和注册公司名义资本额都有数据记录（见表4-1），从中可以看出每年的数据波动剧烈。[①]

表4-1 1870~1898年英国股票发行相关数据

单位：千英镑

年份	股市融资额	贷款额	名义注册资本额
1870	92250	80000	38252
1873	154700	—	152056
1874	—	110550	—
1876	43200	—	48314
1877	—	38600	—
1881	189400	115250	—
1882	—	—	254744
1885	77972	77875	119222
1888	—	—	353781
1889	207037	167804	—
1893	49141	41953	96654
1896	—	—	309532
1897	157299	—	—
1898	—	101201	—

从表4-1中可以看出，1873年股市融资数额是1876年的3倍，而1873年的数值与1881年和1889年的数值都比较大。1881年的股市融资额为1885年的2倍，1889年的股市融资额为1893年的4倍。注册资本额也显示了资本配置年度间的剧烈波动。

修建铁路是现在资本配置最普遍的形式之一，也是美国经济从1848年到1890年的最佳观察指标。铁路基建会在一段时间内达到高潮，之后金融危机或者是经济萧条就出现了。 比如，1856年是铁路基建的高潮，而1857年出现了金融危机；1871年铁

---

① 从1870年到1900年的完整数据参考附录。

路基建出现高潮，1873 年危机爆发；1882 年铁路基建出现了高潮，1884 年危机爆发了。

把握住一个经济体的主导行业和新兴主导行业能够显著提高把握整个经济趋势的能力。

表 4-2 显示了一段时期内美国的铁路建设里程数。

表 4-2　美国铁路年度建设里程数

年份	英里
1854	1360
1855	1654
1856	3642
1857	2487
1858	2465
1859	1821
1867	2249
1868	2979
1869	4615
1870	6078
1871	7379
1872	5878
1873	4097
1874	2117
1875	1711
1879	4809
1880	6706
1881	9846
1882	11569
1883	6745
1884	3923
1885	3023

图 4-1 显示了从 1854 年到 1900 年铁路建设的年度增长情况。铁路建设达到高潮后，码头（Docks）、库房（Warehouses）、火车头和车厢，以及其他配套交通设施和工具的投资便开始了。除了交通运输设施之外，其他大工程也火热地展开。直到资产价格升到经济无法承受之时，这些投资

需求和价格飙升才会停止。

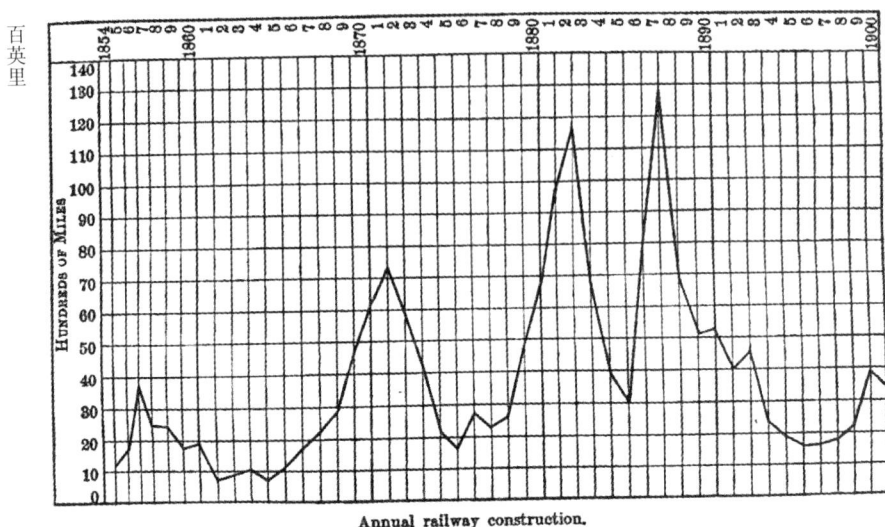

图 4-1　美国历年铁路建设情况

美国的铁路建设高潮往往伴随着原材料价格的高点。如果你将铁路建设的资本支出与主要原材料价格的变化放在一起观察就能看到这一规律。表 4-3 是 1864~1883 年每 5 年的铁路建设成本（资本支出）的变化情况。

表 4-3　1864~1883 年铁路建设支出（成本）[①]

时间	铁路建设支出（美元）	与前一期同比（%）
1864~1868 年	271310000	—
1869~1873 年	841260000	210
1874~1878 年	356940000	57
1879~1883 年	1194540000	234

我们再来看另外一些经济周期里，包括 1873 年、1884 年和 1893 年发生的危机。在这些周期中，钢轨价格变化与铁路建设规模也体现了上述规律。

从 1867 年到 1878 年，钢轨价格突然滞胀，从 1867 年的 166 美元/吨均价跌到了 1878 年的 42.25 美元/吨。这 12 年的平均价格为 100.7 美元/吨。

具体来看，从 1867 年到 1873 年这 7 年当中，钢轨的价格走势高于 100.7 美元的均

---

① 《普氏铁路手册》（*Poor's Manual of the Railway*）。

价，修建了 33275 英里铁路；从 1874 年到 1878 年的 5 年当中，钢轨的价格低于 100.7 美元，修建了 11479 英里铁路。

从 1879 年到 1885 年，钢轨在 1879 年均价为 48.25 美元/吨，在 1880 年均价为 67.5 美元/吨，1885 年跌至低点 28.5 美元/吨。

这 7 年的钢轨均价为 46.05 美元/吨。分开来看，从 1879 年到 1882 年的 4 年，钢轨的均价高于 7 年均值，期间修建了 32930 英里铁路；从 1883 年到 1885 年的 3 年，钢轨的均价低于 7 年均值，期间修建了 13691 英里铁路。

从 1886 年到 1898 年，钢轨在 1886 年的均价为 34.5 美元/吨。此后，价格开始走低，1898 年跌至了 17.62 美元/吨。

这 13 年的钢轨均价为 27.93 美元/吨。1886~1893 年，钢轨价格高于 13 年均价，修建铁路里程数 50902 英里；1894~1898 年，钢轨价格低于 13 年均价，修建铁路里程数为 7582 英里。[①]

如果钢轨价格较高，那么铁路建设就面临高成本的负面影响。钢轨成本较高的铁路线在与成本较低的铁路线竞争的时候处于劣势。即便能够勉强生存下来，其利润水平也逊色于低成本建设的铁路线。

铁路大规模建设之后，出现了并购重组潮，这并非因为铁路整体供给过剩导致的。当初修建的铁路在今天几乎没有哪一条荒废了，仍在运营中。铁路基建为国家的繁荣奠定了基础。不过，在成本高企时期修建的铁路线花费了更长时间才收回成本。

未能带来足够经济效益的大规模资本消耗导致了萧条的最终发生，可以简要地来阐释一下这个观点。

生产的目的是通过满足消费需要来获取收入。简单来讲，生产就是为了满足消费的供给。这种供给可能是为了满足当前消费，也可能是为了满足未来消费。生产既着眼于维持已有品类的开发，也致力于新产品的开发。

生产者需要权衡满足当前消费和未来消费（新产品）的比重，这涉及资本配置的决策。**资本是有限的，这就是施加在生产者身上的限制。**如果大量资本投入到满足未来消费上，或者为未来消费做准备，那么用于满足当前消费的生产能力就下降了。**任何产能在投产之前都需要很长一段时间来规划和建设，因此产能的调整存在显著刚性。**

①《美国统计摘要（1900 年）》（*Statistical Abstract of the United States for* 1900）第 374、第 429 页；《各国钢铁行业》（*Iron and Steel and Allied Industries of all Countries*）1897 年，第 41 页。

第九节　资本配置对外贸的影响
(Effect of Absorption of Capital upon Foreign Trade)

资本如果过度地配置在满足未来消费的产能扩张上，具体来讲就是如果储蓄过多，而当前消费显著减少，投资和消费的比例严重失调持续较长一段时间，那么萧条就必然发生。

资本配置会对进出口造成影响，包括美国在内有许多例子可以证实这一点。萧条之前经济会经过一段较长时间的繁荣和过度扩张，对资本品的进口显著增加，以至于总进口超过了总出口。

经济进入萧条之后，进出口形势出现根本性逆转。这个时候产能过剩，商品价格显著下降了，出口增加了，不再需要进口大量的资本品，信贷收缩，资本停止流入，消费下降，进口萎缩。

此前的经济过度扩张期，外债显著增加，萧条期债务负担沉重，必须努力偿还外债，因此必须增加出口。 此后出口还会进一步增加，因为此前大量的资本投入产能扩张中，这使该国的商品成本显著低于其他国家，具有很强的国际竞争力。表4-4列出的美国贸易数据正好说明了上述观点。另外，阿根廷和奥地利的进出口贸易数据也可以佐证这一点。

修复资产负债表。

表4-4　美国贸易数据

年份	出口额（百万美元）	进口额（百万美元）	出口额/进口额（%）
1875（萧条）	513.4	533.0	96
1876（萧条）	540.3	460.7	117
1877（萧条）	602.4	451.3	133
1878（复苏）	694.8	437.0	158
1879（复苏）	710.4	445.7	159
1880（繁荣）	835.6	667.9	125
1881（繁荣）	902.3	642.6	140
1882（繁荣）	750.5	724.6	103

1875~1877 年，美国发生了萧条。此后，经济从 1878 年和 1879 年开始进入复苏阶段。1880 年到 1882 年，经济步入繁荣阶段。

从表 4-4 我们可以看出，1875 年美国存在 2000 万美元逆差，到了 1879 年贸易变成了 2.65 亿美元的顺差，也就是说 1875 年的净出口为–2000 万美元，1879 年的净出口为 2.65 亿美元。两者的差值高达 2.85 亿美元。前一阶段的出口增长主要是衰退导致国内需求下降，后一阶段的出口增长主要是因为国内产能和产量增长。

通常情形下，经济走出萧条之后，出口会继续增长，但是出口与进口的百分比不会显著走高。当经济再度走向繁荣时，物价会显著上涨，出口额会下降。

1880 年美国的出口额为 8.35 亿美元，1881 年美国的出口额为 9.02 亿美元。出口仍处于增长轨道中，同时这两年的进口也有了显著增长，因为内需起来了。1882 年，铁路等基建活动达到高点，出口额下降了 1.52 亿美元，进口额上涨了 8.2 亿美元。[1]

第十节　生产方式革新和改善的影响
（Results of Invention and Improved Methods of Production）

生产技术和方式的革新和完善、资本利用效率的提高以及新技术、新资源和新土地的发现往往会引发过度投资，导致泡沫出现。**新生产方式引发的投资热潮会引发衰退和萧条。**

新的生产方式出现了，必然加速已有设备的折旧，这是经济发展的必然方式。经济的这种新陈代谢在增长率最快的国家最显著。经济高速增长的国家往往用机器代替了更多的人工，用新设备代替了旧设备。比如莱特给出的例子：

在我们这个时代，人生苦短，要用 Python！

---

[1] 1881 年农作物歉收是导致当年出口减少的一个重要原因。

"固特异（Goodyear）的缝纫机只需要一个人操作就能完成每天 250 双鞋的产量。如果采用人工的话则需要 8 个人才能完成。金氏（King's）修鞋机每人每天可以修好 300 双鞋。同样的工作如果采用以前的方式，则需要 3 个人才能完成。麦凯牌（McKay）制鞋机每天可以生产 300 双鞋，而纯手工换一个人一天最多生产 5 双鞋。"[1]

技术革命促成各个部门都进行了不同程度的变革，每个部门用机器替代劳动力的程度也存在差异。

1883~1897 年的英国煤矿行业统计数据表明，矿工的增长幅度大于煤产量的增速。1883 年，矿工人数为 514933 人；1897 年，矿工人数为 695213 人。1883 年的煤产量为 163737000 吨，1897 年的煤产量为 202119000 吨。煤产量的增长率为 23.55%，矿工数量的增长率为 35.01%。[2]

谈到机器对人力的替代，有两种看似对立其实都是错误的观点。

第一种观点认为机器替代劳动力会引发社会动荡，增加失业，因此是坏事。

第二种观点认为机器会立即带来经济效益。

技术进步和新设备提高了商品的产能和产量，因此这不是一件坏事，因为这满足了人们更多的需要。再者，新技术和设备引发了投机泡沫，同时也淘汰了大量的旧设备，引发了失业。这就是前面提到的某种资本错配。

新的资源和土地进入经济中也会引发与技术进步类似的情况。1873 年，可利用的土地增加了，铁路基建也大规模展开，市区和郊区的交通运输改善了，这使得城市里的住宅价格下跌。

我们也可以从消费的角度来分析。任何人都希望获得最好的商品，大众既需要必需品，也需要奢侈品。从照明设施、医疗服务，到城市基础设施，以及精心设计的住宅等。现在的住宅无论是选址，还是配套，甚至光照的因素都成了大家考虑的问题。交通运输系统的革新为城际交通提供了方便。健康水平提高了，死亡率下降了，娱乐生活丰富了，大众生活品质全面提高了，这些都是经济发展的结果，这些进步都是积极的。不过，实业投资机会因此也显著减少了，资本收益率显著下降了，低于某些资本匮乏的国家。

在维持性创新上投入大量资本，不能带来巨大的改变，但是却会花费巨大的资本，就如我们在铁钉工业上的投入一样。这种做法容易出现资本错配。

---

[1]《工业萧条》（*Industrial Depressions*）1886 年，第 82 页。
[2]《第 5 次劳动力年度统计摘要（1899 年）》（*Fifth Annual Abstract of Labour Statistics*（1899））第 64、第 81 页。

　　经济高速发展中的国家最容易出现新事物，因此资本配置的速度很快，一种产品才存在十年就被淘汰了。这样的经济体容易发生资本错配，自然也容易发生萧条。经济发展缓慢或者停滞的国家，资本配置速度很慢，错配需要相当长的时间才能累积起足够的规模，因此发生萧条的频率很低。这些国家并没有发达的工商业，也没有进行大规模的资本投资，资本化程度低，居民的生活水平也较低。

　　生产条件和方式的革新必然会破坏旧事物，也会引发对新事物的过度炒作。不过这种过度的倾向并不是纯粹的投机行为，因为其本质是想要利用最少的劳动力和最具效率的方式来制造最优的产品。但是，**由于市场竞争的关系，经济个体并未协调其行动，因此容易导致资本大量进入新领域或者采用新技术，进而导致在这个领域的过度投资或者生产过剩，最后引发金融危机和萧条**。简而言之，即便是具有实际高价值的新技术和生产方式革新也会引发资本的错配。

> 重大技术革命容易引发泡沫，不过这种泡沫与纯粹的资产泡沫还是有重大区别的，这种区别主要体现在中长期对经济的影响上。

　　在新生产方式的采用过程中，少数先行企业取得了成功，获取了丰厚的超额利润，这就吸引了更多增量资金的进入，同时已进入者也会加大投入。过多资金蜂拥而至，使得投机性质日益明显，自然会滋生各种商业欺诈。大量工程的展开导致了恶性通胀出现，虽然这种情况会引发金融危机，但却不太可能引发经济萧条。

> 高杠杆容易引发金融危机，不过如果这些高杠杆加大了新技术和新设备的资本投入，那么短期行业洗牌后会继续发展，因此不太会引发萧条，这就是所谓的有益的泡沫，技术泡沫。

　　供给缺乏弹性的商品或者资产一旦出现价格上涨，就容易引发投机狂潮。投机导致价格飙升，有时候能够在长期导致供给增加，进而有利于经济发展。价格上涨的本质是供不应求，商品需求的增长表明这个国家充满活力。

第十一节　最近萧条的显著特征
(Distinctive Quality of Recent Depressions)

　　最近萧条的显著特征表明，它是现代文明发展背景下的必然阶段。现代经济以高生产和高消费为基础，这与以前那种低生产和低消费的经济结构有着显著的区别。在高生产和高消费的经济结构中，无论是必需消费品、可选消费品还是奢侈消费品，数量都大幅增加，种类也越来越丰富。

从低生产和低消费过渡到高生产和高消费一般要经历三个阶段。第一阶段的特点是劳动力和资本大量投入到提高产量和改进质量上。第二阶段的特点是新经济出现调整和行业洗牌，技术泡沫破灭症状明显。商业盈利模式处在摸索中，供给与需求处于磨合中。在这个调整过程中，不少投资者损失惨重，这个阶段可能会出现金融危机。第三阶段的特点是洗牌和调整结束，一些竞争者胜出，商业成果得到保护。

> 这三个阶段体现了技术进步与商业发展的 S 曲线。中间会经历一次调整和行业洗牌，真正具有商业盈利模式和竞争优势的企业会脱颖而出，成长为行业龙头。世纪之交的互联网就经历了这样的调整和洗牌，段永平先生就在这一阶段抄底，抓住洗牌胜出的企业。第一阶段是题材投机，第二阶段就是价值投资进场的时机。

第十二节　危机和萧条的其他理论

(Different Theories as to the Causes of Crises and Depressions)

现在有必要对其他一些影响广泛的危机和萧条理论进行剖析，找出它们的正确与谬误之处对我们理解和预判经济周期是有利的。

第一种理论认为危机与萧条是因为缺少信心导致的。因为信心匮乏而出现恐慌，确实容易诱发金融危机。**恐慌会加速去杠杆的行为**，进而引爆金融市场。对于心理层面的东西，我们无法用客观规律去定量测定，也很难用现有的经济学理论去有效解释。不过，从经验角度来讲必须承认信心对危机的影响。

大型企业和金融机构因为欺诈而破产倒闭将会摧毁金融市场的信心，进而撼动整个经济的基础。当破产倒闭潮出现时，银行等金融机构会惜贷，甚至最卓越的企业也无法获得及时的贷款。不过，我并不认为单独是信心缺乏一个因素就能导致危机出现。

信心在绝大多数时候都是行情的加速器，经济繁荣时期，

大众过于自信，金融市场处于亢奋之中；危机和萧条时期，大众过于恐慌，金融市场处于持续下跌中。

投机狂潮来临时，大众往往过于自信。而骄傲自大往往是覆灭的征兆。**灾难往往降临到那些信心爆棚、目空一切的人身上。**

信心是一种心态，要想果断地把握当下的机会，信心是不可或缺的。**信心可以作为助推剂，在好的方向，或者是坏的方向上让你走得更远，不过却无法直接创造财富。**

信心对经济的影响与经济政策像产权保护一样，对于经济的繁荣非常关键，但却无法从根本上创造这种繁荣。信心只要与其他因素结合起来才能对经济造成巨大的影响。但是如果缺乏信心，那么经济上的巨大进步是无法取得的。

信心一旦叠加其他实质性因素，则会产生严重的影响。除非信心具有合理性的坚实依据，否则必然会导致过度投机或者扩张，最终弊大于利。

企业家是因为具有恰当的信心，不过如果他们在应该谨慎的时候反而骄傲自大，则后果必然糟糕。同样，在萧条中，信心丧失是必然的，如果我们责备他们应该对问题视而不见，那也是荒谬的。商业运作是从实际情况出发，而不是从主观意愿出发。信心可以助推商业发展，也可以让商业误入歧途。

第二种理论认为**危机与萧条是此前信贷过于宽松和泛滥造成的。**货币发行过多和信贷标准异常低，则会导致资产和商业的杠杆过高。信贷规模体现了社会各界对金融和经济未来发展的信心水平。

危机在信用程度和杠杆水平最高的领域发生频率最高。信用就是基于一种商业和金融上的信任而产生的融资关系。这种信任既可能有理性依据，也可能是凭空产生的。**一个人的负债是否在合理范围之内，要看其资产和收入能否覆盖这项债务的本金，至少要能够覆盖其利息支出。**如果负债人的资产价值显著下跌，则其资产负债表恶化，可能无法偿还债务。如果这种情况在经济中大规模出现，则危机就很有可能

如何跟踪资产泡沫和危机？可以从金融机构和一般企业的资产负债表入手，看哪个行业或者资产的杠杆率最高。

发生。

通过深入的分析我们发现，**信贷本身并不能决定商业项目的利润率和成功率。一个商业项目的利润率和成功率取决于其商业本质和盈利模式。**资本在商业项目上的错配，在任何经济体中都存在，投机行为和过度投资行为的泛滥程度取决于两个因素：一是经济繁荣程度或者预期；二是资本的易得程度。信贷是资本易得程度的衡量标准，通过信贷可以控制一定数量的资本，进行实业投资或者金融投机。

我已经详尽地阐述了信贷与资本的关系，信贷促进了资本的利用，刺激了经济发展。雇用劳动力或者更新设备都需要资本的支持，特别是那些投入产出周期较长的工程或者存货准备需要信贷的大力支持。

信贷和信用的出现代表着商品交换的第三个阶段。商品交换的三个阶段分别是：

第一阶段，简单的物物交换。A 商品持有者如果想要获得 B 商品，则需要找到一位持有 B 商品且想要换取 A 商品的持有者。

物物交换需要双重耦合。

第二阶段，货币作为一般等价物完成商品的交换。大众开始广泛使用货币，将其作为价值尺度和交换工具。商品持有者可以通过卖出商品来换取货币，而货币持有者则可以通过货币来交换所需要的商品，而不必持有特定商品来跟对方交换。

第三阶段，信用或者说信贷的使用。借贷为商品交换提供了所需要的资金，通过融资而获得了资金，进而可以在自有资金不足的情况下参与商品交换。信用介入商品交换，不仅促进了商业的运转，而且促进了资本的配置。

普通的信用制度下，工商业机构可以获得广泛的信用支持，从而更便捷地进行信贷扩张。信贷的滥用和合理使用是需要认真区分的，两种情况下都会导致生产的扩张趋势。

为什么信贷会被滥用呢？工商业的成功运作和利润累积使得经营者变得过度乐观，急于利用信贷进行扩张；政府或

者所有者继续维持亏损或者低效的僵尸企业运作；投机热情亢奋。

　　贷款需求的存在是信贷能够产生的前提条件，如果没有这种需求，那么即便金融机构愿意出借资金也无法如愿。 大众总是责怪银行家们，认为是他们制造了危机。当然，**银行家助长了泡沫的形成和恐慌的加剧，但并非危机的罪魁祸首。** 在繁荣时期，他们进一步促进了信贷泛滥；在危机和萧条时期，他们的惜贷行为加剧了去杠杆的痛苦。他们在应该谨慎的时候过于悲观。

　　大众舆论对银行家们的批评调调是一致的："他们过度放贷引发了危机，危机爆发后又惜贷，加剧了危机。"身处危机中的银行家其实也是身不由己的，他们受到环境的驱使和制约，而并非是环境的主导者。银行家只是对经济周期做出被动的反应，而并不能主宰经济周期本身，这就是他们所面临的现实困境。

　　信贷滥用与通货膨胀具有密切的关系。两者都与危机密不可分，导致同样的后果。**信贷宽松往往会导致通货膨胀，而通货膨胀也可能导致信贷宽松。**

　　货币的通胀降低了风险溢价和无风险利率，使得无利可图的项目能够吸引投机资金涌入。**大量的纸币涌入经济中会引发商品或者资产价格上涨，而这时候最容易引发投机行为和资产错配。** 虽然商品价格提升了，但是纸币的实际购买力却下降了。

　　美国内战后期，由于财政巨额赤字和纸币滥发，恶性通胀出现。**流动性过剩使得大众追逐那些缺乏盈利能力的新项目。** 同时，科技革命也引发了一些投机泡沫，比如铁路建设。从 1866 年到 1873 年的 8 年时间里，美国铁路建设数量剧增，比 1830 年到 1865 年的总和还多。这 8 年恰好处于通胀显著的时期，企业家的乐观精神空前高涨，最终酿成了美国历史上最严重的一场危机。

　　货币和商品的相对价值变化必然使得人们的经济行为发

信贷像绳子，只能拉，而不能推。

好的金融家懂得"选择性逆周期"。

资产价格膨胀与信贷宽松相互强化，在《金融炼金术》当中提到了这种循环。资产作为抵押品促成了信贷，而信贷资金流入资产，提升了资产价格，增强了其抵押信用。

弗里德曼的货币主义认为大萧条是因为货币和信贷急剧收缩造成的。不过，现在有理论认为货币和信贷收缩并非大萧条的原因，而是结果或者说是表现。

生变化。有一种理论认为物价下跌导致了萧条的出现，或者说货币供应量急剧下降导致了萧条出现。

货币和商品相对价值的变化，简单来讲就是物价水平的变化会重新对商业合同或者信贷合同双方的权益进行再分配。无论是通胀还是通缩都有再分配的效应，其中一方的利益会缩减，对方的利益会增加。如果价格变化很大，则会引发危机，甚至导致萧条。通胀使得债务人的债务实际值下降了，使得债权人的债权实际值上升了。

危机初始阶段的一个显著特征就是大规模的债务违约。债务人持有的资产价格暴跌会大幅削减他们的偿债能力，由此看来，这似乎是危机的直接导火索。如果债务违约继续下去，那么经济就会步入真正的困境。**在危机和萧条中，商品和资产的价格会下跌，这似乎是购买地产和进行工业投资的好时机，因为原材料价格下跌对于工业生产是好事，这是大胆抄底的时机。**

长期来看，物价是名义值，与经济的增长没有关系。无论物价是上涨还是下跌，商品总量是不受影响的。国家的实际财富水平与物价没有关系。

危机和萧条往往与通货紧缩相伴，这个时候债务人的负担更重了，对于经济走出困境非常不利。债务清算成了一种手段，目的在于避免债务实际值增加，减轻债务人的压力。这种举措往往也稀释了债权人的权益，破坏了信贷市场，阻碍了经济发展。

物价的下跌会导致许多人破产，剩下的人也会受到打击，那些在商业和工业领域做出巨大贡献的人才也会失业。物价下跌会破坏整个定价和交换体现的准确性，打击人们在商品生产和贸易商赢得利润的信心。当然，**物价下跌在某些时候也是对投机和投资过度的警告。**

科技的发展和铸币本位制度结合会导致物价长期缓慢下降，这对于债务人而言是危险的。

商人和投机客如果预料到通胀上升，就会持有具有涨价

预期的商品。但是，如果此后这种商品的价格下跌，那么他们就会遭受损失。如果遭受损失的人很多，那么就会引发危机，企业会出现倒闭潮。这些都是危机的常见特征。不过**物价下跌导致危机仅仅是肤浅的理解，导致危机的真正原因是资源和资本的错配。**

物价下跌，或者说通缩会造成财富的再分配和转移。财富并未消失，只是再分配和转移。

投机的亏损与投资的亏损对于萧条的影响，存在各种很大的差异。

情形一：假设 A 向 B 支付了 1000 万美元购买后者持有的煤矿，A 买下了这个矿，但却并没有进行开发。煤矿作为一项资产，从 B 手中转移到了 A 手中。A 的目的在于低买高卖，赚取价差，这就是投机行为。

情形二：假设 A 将 1000 万元资金投入煤矿的开发中，不过最终却没能盈利。

情形一中只是货币的转移，属于投机；情形二中货币是作为资本投入生产活动中，属于投资。大众通常认为情形二更容易引发危机和萧条。部分人认为情形一根本不会导致萧条。

如果从基本的经济原理出发，那么情形二确实不会引发经济萧条，因为它只是资产的转移，而不是财富的消灭。在情形一当中，如果 A 和 B 互为交易对手，一个人在资产上赚钱，那么另一个人就会在资产上亏钱，两者相抵。

投机和投资的区别很少被注意到，因为在经济繁荣和信贷宽松的时候，两种交易都会大量出现。**不理性的投机导致资产价格泡沫，为金融危机埋下种子；不理性的投资导致行业部门过度扩张导致产能和产量过剩，为经济萧条埋下种子。**

地产以及金融资产持有者期待价格的上涨，在乐观的时候他们会增加多头头寸和交易杠杆水平，一旦价格开始下跌，那么就可能引发金融危机。危机爆发后，资产价格就会缩水，只能贱卖，最终造成严重的财务损失。为了度过艰难时期，

投机与金融危机关系密切；投资与经济萧条关系密切。这里的投机并非局限于金融资产，而是一切资产。这里的投资并非是价值投资，而是经济学定义的投资，与消费和储蓄并列的概念，也就是实业投资。

个人和机构必须采取缩减开支的行动，这就是修复资产负债表。

第十三节　流通手段紧缩和货币供应量不足
(The Contraction of the Circulating Medium or an Insufficient Volume of Money)

货币属于流通手段的一种，但我们这里不考虑铸币，而是考虑政府或者银行发行的纸币以及信贷。突然大幅收紧纸币和信贷会引发物价暴跌和经济失调。不过我们应该区别两种货币供应量相对不足的情况：第一种情况是货币管理当局主动收缩货币和信贷；第二种情况是危机和恐慌中追逐现金的囤积行为。

经过长时间的发展和完善，现在的纸币发行和管理体系是比较完善的，因此很少发生突然大幅紧缩货币，除非是为了抑制恶性通胀，或者是为了实施更好的货币体系。

所谓的恐慌中追逐流动性的囤积行为，是在经济景气后突然出现危机，过多的筹码追逐过少的货币。持有资产的人急于卖出，但是找不到足够的对手盘；资产价格暴跌，使得大家更愿意持有货币。这个时候流动性出现衰竭，现金被囤积起来，货币流通数量大幅下降。

如果仅仅是资产价格下跌，而实体经济仍旧具有坚实的繁荣基础，那么货币当局作为最后贷款人增加货币和信贷供给则是正确的做法。货币的短缺情况会被极大缓解，一切恢复正常。货币供应量不足并非经济萧条的原因，在任何情况下货币供应量不足都不是原因，而是结果。不过，货币供应量不足会加剧危机和萧条。

从统计数据上来看，货币供应量不足并非是危机的罪魁祸首，相反在危机爆发时货币供应量达到峰值。比如 1837 年，美国纸币流通数量达到峰值，人均持有纸币数量也达到峰值；1857 年，美国纸币流通数量达到高点；1873 年和 1893 年美国纸币流通数量创出历史新高，人均持有量接近峰值。在这四个年份纸币数量都大大超出了铸币数量，且都出现了危机。[1]

除了货币供应量之外，我们还应该掌握一个概念，那就是货币流通速度。通常认为物价是由货币供应量和商品总量决定的。因此，货币供应量下降的时候，物价水平

---

① 米勒曼（Muhleman）所著的《世界货币体系》（*Monetary Systems of the World*）第 128、第 130、第 135、第 140 页

会下降；货币供应量上升的时候，物价水平会上升。不过这种观点并不准确，因为忽略了货币流通速度。约翰·斯图尔特·穆勒（John Stuart Mill）就这个概念给出了很好的阐释：

"那种认为价格水平取决于货币流通量的观点只在铸币是唯一交易手段的前提下是正确的。并且这种交换体系中不存在任何形式的信用。如果存在形式的信用，那么价格水平和货币流通量之间的关系将不再那么简单。"[1]

研究价格的经济学权威图克先生也就这一问题给出了自己的看法：

"就我现在的经验而言，在各种商品中，没有哪一种商品的价格变化不受宏观货币状况的影响[2]……货币和经济等因素常常综合作用于价格水平，具体而言包括纸币滥发导致通货膨胀，纸币短缺导致物价下跌。实际上，通货膨胀通常是纸币滥发的结果，而并非是原因。"

需要强调的一点是货币流通量不仅取决于发行量，还涉及货币乘数。如果每天早上有传言称某家大银行即将倒闭，那么挤兑导致的货币流通量缩减将比政府的货币和政策更加明显。

无须太多的分析就可以看出关于货币流通量的两种典型情况。第一种情况是大众怀疑金融系统的稳定性，恐慌情绪蔓延，这个时候会使得一些货币退出流通领域被储藏起来；第二种情况是大众对金融系统的稳定有信心，那么一定数量的货币发行就能满足经济和社会的发展。如果出现第一种情况，那么即便再多的货币数量也无法满足当时的社会需要。

有一个被普遍注意到的事实，那就是即便在危机爆发之前货币的流通数量也不少，因此货币数量不足确实不是导致危机的根本原因之一。有一项事实可以佐证这一点，那就是当萧条发生的时候，物价会下跌，大量的货币囤积在银行体

这里我们可以通过费雪方程式来理解，假设以 M 为一定时期内流通货币的平均数量；V 为货币流通速度；P 为各类商品价格的加权平均数；T 为各类商品的交易数量，则有：$MV = PT$ 或 $P = MV/T$。

金融危机的直接导火索往往与流动性紧缩有关。不过，金融危机和经济萧条之前的流动性过度宽松确实埋下了危机和萧条的伏笔。

---

[1]《政治经济学》（*Political Economy*）第 3 卷，第 8 章，第 4 部分。
[2]《价格历史》（*History of Prices*）第 2 卷，第 349 页。

相关的知识可以了解一下凯恩斯的"流动性陷阱"。

系内，利率也会显著下降。所以，每当经济步入萧条时，信贷需求萎缩，利率下跌并且通货紧缩出现。纽约的货币市场利率曾经在 1878 年、1886 年和 1897 年出现显著下跌，而伦敦的货币市场利率曾经在 1859 年、1868 年、1879 年、1885 年和 1895 年跌到低点，严重的萧条都曾经在这几年出现。

相反，**许多案例都表明，货币量过多会导致萧条**。这里指的货币不仅包括纸币，还包括黄金、白银等铸币。当德国收到法国的赔款后，德国的货币量会大幅增长，在这段时期内德国的工商业出现了罕见的繁荣，私人和公共开支大幅增加。德国一家漫画杂志略带戏谑的口吻说："让我们再发动一场战争吧！"

德国收到的赔款确实被浪费掉了一些，不过大部分赔款还是用在了发展经济上，并因此而获益。而法国则因为赔款而出现了经济紧缩，进而缺乏足够的工程和项目建设资金。

如果发现新金矿或者是黄金开采数量增加，那么货币的供给量就增加了，这会促进企业盲目扩张，资本错配的情况变得日益严重，许多资金进入了并不能获利的项目中。波士顿贸易委员会（Boston Board of Trade）在 1858 年 4 月发表了一篇回顾 1857 年到 1858 年经济形势的文章，指出了一个导致萧条的重要事实："因为加利福尼亚发现了大型金矿，世界上的黄金数量迅速增加，货币供给量大增。"

白芝浩（Bagehot）先生曾经对资本过度扩张或者错配引发经济失调的问题给出了清晰的解释：

"有时，某国的资本错配规模巨大，资本家们疯狂地追逐利润。**过多的资本追逐少数能够盈利的项目，许多项目缺乏足够的利润，甚至毫无利润，资本过剩的情况就发生了。在缺乏投资机会的大背景下，投机情绪油然而生，一旦泡沫达到一定规模后破灭，恐慌就到来了。**"[1]

本书关于危机与萧条根源的看法基本上是奥地利学派的立场。

简言之，危机和萧条的根源是货币和资本的过度宽松，

---

[1]《论爱德华·吉本》（*Essay on Edward Gibbon*）第 2 卷，第 2 页。

而非货币和资本匮乏。

第十四节 生产过剩或者消费不足
(Over-production or Under-consumption)

有一种理论是从生产过剩或者消费不足的角度来认识危机和萧条起因的。当市场供给过多、库存过高以及资产过剩的时候，危机和萧条就会到来。产量绝对值的高低与危机和萧条的关系不大，只要生产相对于消费是大致均衡的，那么产量提高反而是好事，是经济发展的特征。人的欲望是无限的，拥有尽可能多的东西就是最强烈的欲望之一。现代的各种发明，无论是交通运输方面的，还是商业和工业等方面，都促进了物质生产。各方面的进步毫无疑问对经济和社会的发展起到了积极正面的作用。

人类的始祖从茹毛饮血阶段发展到现在，都是生产力持续发展的结果。最初以树叶和兽皮为衣，到现在能够身着各式服装，这都是纺织服装业大力发展的结果。

面对人无穷尽的欲望，绝对的生产过剩是不可能发生的。所谓的生产过剩其实是一种商品生产的结构性失衡，也就是某些商品的产量过多，另外一些商品的产量过剩。一旦出现这种失衡，那么萧条就会被触发。因此我们应该尽量少用"生产过剩"这种说法，而是尽量提"商品生产不均衡"。

节约劳动力的机器出现，使得生产力大幅提升，商品产量显著增加。从长期的视角来看，这些都是对经济和社会有利的。人类的生产力越强，则工作成果越多，生活水平也就变得越好。

对于劳动者而言，我们必须紧跟时代的变化，主动去适应技术进步和生产方式的变化。经济学家告诫我们即便已经掌握了一种技能，当机器开始替代这项技能时，我们也必须去学习另外一种技能。不过，要学习一种全新的技能是非常困难的，特别是对中年人而言。这就好比某个人出资创办了一家工厂，他投入了全部的精力和金钱，不过技术的进步和新设备的出现让他的投资完全落后，即便他明白需要另起炉灶，也无济于事，因为他已经没有一分钱可以投资了。[1]

技术变革是新旧生产方式和社会之间的一个过渡阶段，许多人的短期利益会受到

---

[1] 关于技术进步与劳动力重新配置的关系，可以参考威廉·福勒（William Fowler）在《当代评论》（*Contemporary Review*）第 47 卷第 538 页的文章。

损害。但是从长远来看，我们会受益良多。但是，即便整个人类社会因此而受益，许多个人却遭受了惨重的损失。技术变革容易出现产业扩张的泡沫，以至于商品生产紊乱，进而引发萧条。

生产过剩论的支持者非常关注现代工业生产和分配革命，因为它们使得必需消费品和可选消费品的产量在最近几年远远超过了需求的增长。工业生产和分配的革命使得近年来经济步入了持续的严重萧条阶段。大卫·威尔斯（David A.Wells）持有类似观点。他特别重视生产力提高和分配制度变化对经济和社会的巨大影响，并力图让人们重视25年前发生的大萧条，以便从中获取有益的启示和知识。那次大萧条发生在苏伊士运河开通后不久，同时新的机器设备也大量涌现。农产品的产量显著增加，比如小麦、大米、羊毛和肉类产量激增。铜、镍、银等金属的供给也大幅增长。

威尔斯还旁征了乔治·德拉夫莱耶（M. Georges de Laveleye）的逻辑来支持自己的观点。后者认为过去的一百年时间，工业革命取得了重大的进步，而社会结构和分配制度需要做出相应的调整。

威尔斯继续指出：

"新技术主导下的新设备已经具有庞大的规模，现在是利用这些新设备创造财富的阶段，随着人类从工业革命中不断取得进步，商品数量第一次显得过剩。

任何调研者基本上都承认，最近的经济萧条中那些遭受冲击最大的国家往往都是大规模采用机器生产的国家。反而是那些以手工劳动为主的国家没有受到什么影响，比如中国、土耳其和墨西哥等。"[1]

他在另外一篇文章中指出：1879年到1881年都是美国农业丰收的年份，同时出口也显著增加，促进了经济的繁荣。接下来的1882年到1884年，经济却停滞不前，进入严重的萧条阶段。不过，即便在萧条阶段，铁路运输量也在大幅增加。[2]

为了进一步证明自己的观点，威尔斯在后续文章中提到固定资本形成和消费等统计数据表明那些经历了萧条的国家并不是生产增长缓慢的国家。相反，那些遭受了萧条严重冲击的国家此前往往都经历了经济的高速发展，铁路、轮船、房地产、食品、服装、奢侈品和燃料等行业都经历了高速发展。由于大规模扩张，这些行业的资本收益率都出现了明显的下降。倘若资本不足是引发萧条的原因，那么资本收益率应该很高。实际上，最近几年即便是最聪明的投资者也很难取得较高的资本收益率。[3]

---

[1]《当代评论》第48卷，第291~292页。
[2]《近期经济变化》（Recent Economic Changes）第82页。
[3]《大众科学月刊》（Popular Science Monthly）第31卷，第303~304页。

威尔斯激进地认为生产在最近几年显著大于消费需求，而世界经济已经因为科技进步而处于供给饱和的状态。他的观点得到了许多人的附和和赞同。不过，如果我们认真剖析，就会发现他对萧条起因的分析与本章提及的几位知名人士的观点一样，他们并未认识到可以证伪这个观点的几个实例。

他错误地认为制造业和商业的发展已经触及极限，没有进一步发展的空间了，世界不再需要新的资本投入，只需要修修补补即可。这种观点当然是错误的，采取新技术和设备需要从未如此迫切。在最近经济处于萧条阶段的时候，大众普遍认为繁荣时代不再回来，工业和商业病入膏肓，不可能恢复到景气的时候。不过一旦繁荣再来，那么大众又会变得乐观起来。

威尔斯提出的经济停滞论在新的经济复苏到来时被证伪了，他没有意识到消费与生产一样在增长。我们不能将萧条阶段的消费萎缩当作常态，也不能将生产相对过剩当成是绝对过剩。

里奇蒙德·梅奥·史密斯（Richmond Mayo-Smith）教授在专著中列举了一些证据来说明近年来某些商品消费的大幅增长（见表4-5）。这些数据表明了主要国家的消费大幅增长，表中除了石油之外的品类都是食品。

表4-5　主要国家肉蛋等主要商品的人均消费量[①]

品类	国家	1862年人均消费量（千克）	1882年人均消费量（千克）	增长率（%）
肉类	法国	25.9	33	27.41
品类	国家	1868年人均消费量（千克）	1890年人均消费量（千克）	增长率（%）
肉类	英国	100.5	124.5	23.88
品类	国家	1871~1875年人均消费量（千克）	1891~1895年人均消费量（千克）	增长率（%）
茶	德国	0.02	0.05	150
石油	德国	3.75	14.82	295.2
品类	国家	1871年人均消费量（磅）	1896年人均消费量（磅）	增长率（%）
面粉	英国	150	257	71.33
茶	英国	3.91	5.77	45.57
鸡蛋	英国	12.6	40	217.46
黄油	英国	4.7	11.1	136.17
可可	英国	0.23	0.62	169.56
培根和火腿	英国	1.4	15.9	367.64
白糖	英国	5.28	41.53	686.55

①《统计和经济学》（*Statistics and Economics*）第2部分，第40、41、46、47页。

这期间主要国家制造业的增长率非常高。比如 1871 年到 1875 年，德国制造业的人均棉花消耗量为 2.84 千克/人，而 1891 年到 1895 年，德国制造业的人均棉花消耗量为 4.95 千克/人。20 年增长了 74.3%。

《美国统计摘要》（*Statistical Abstract of the United States*）的数据表明美国从 1875 年到 1895 年的 20 年时间里，制造业的人均棉花消耗量增幅更大，从人均 11.9 磅增加到了 22.75 磅，增长了 91.1%。

从 1875 年到 1895 年，全球生铁产量从 13675000 吨增加到了 28871000 吨，增长率为 111.12%，生铁的消费量正常增长。美国的粗钢生产增长显著，从 1875 年到 1895 年的 20 年当中，产量从 389799 吨增长到了 6114834 吨，增长了 1468.71%。

另外，威尔斯还忽略了不同商品生产的不均衡，这种失衡总是在经济高速发展的阶段出现。他同时也没有意识到在这个阶段里商品消费潮流的快速变化。他曾经提到最近持续十年的萧条时期，那些此前大受欢迎的商品现在显著过剩。实际上，这是商品供给不均衡造成的。

事实上，那些受到萧条影响最严重的国家往往是机器设备使用最广泛的国家，他们工业生产率远远高于农业。在繁荣阶段，绝大部分商品的产量都有增长，但是幅度却存在巨大的差异，这是萧条的原因。只有当经济完成调整，减轻不同商品的不均衡情况，经济才能走出萧条。

按照威尔斯的观点，如果真像他认为的那样资本不足是萧条产生的原因，那么资本不足时收益率应该很高，但实际上却并非如此。从两种资本利用方式可以很好地解释这一现象。资本的第一种利用方式是维持现有的商业活动，满足现阶段的消费需求；资本的第二种利用方式是满足未来新增的消费需求。在萧条阶段，第二种利用方式会大幅减少，甚至于完全消失，资本出现闲置，货币堆积在银行内，信贷收缩，因为缺乏有利的投资项目因此资本收益率较低。

法国著名经济学家保罗·里罗伊·比尤利（Paul Leroy Beaulieu）有保留地支持生产过剩导致危机和萧条的观点。他将危机划分为两类：第一类是商业或者金融危机（Commercial or Financial Crises）；第二类是经济危机（General Economic Crises）。

在论述政治经济学的专著中，他指出：

"危机是金融或者经济运行机制的暂时失调和紊乱。多种原因导致了某种重要商品的销售出现阻碍，以至于全部商品的销售受到影响。

危机也常常出现在商业流通领域，这就是商业危机，但在信贷体系中的发生频率较低，这种危机被称为金融危机。经济危机主要出现在生产和消费领域，根源在于生产和消费的失衡。

危机分为两种，出现的领域有所区别：

第一种是商业危机或者说金融危机，发生在贸易领域或者是金融领域，发生在萧条之前的概率很高。此前，经济处于过度扩张状态，全社会处于亢奋状态，信贷滥用，资本错配严重。

第二种是经济危机，往往是因为生产方式大变革导致的。这种危机持续时间最长，影响程度最深。"[1]

他进一步指出：

"金融危机每十年左右就会发生一次，持续时间很短。经济危机之间的间隔时间更长，持续时间更长，只有较少的规律可言。"

他断定经济危机源于生产领域的突飞猛进。他强调：

"如果人类是完全理性的话，那么就可以避免生产过剩的现象。当生产领域突飞猛进从而引发经济危机时，我们应该努力适应这种进步，这就是产妇迎接和适应新生命的态度。我们最好注意这种适应所需要的全部条件。"

我在这里大量引用了保罗·里罗伊·比尤利专著中的原文。他明确地指出了时间在走出危机中所扮演的重要角色。时间可以逐步让消费者们意识到新商品的价值，促进消费者形成新的习惯，进而避免商品库存的被动增加。与消费新商品比较而言，人们更擅长于生产新商品。

生产上的进步是迅速的，而消费上的进步则只能缓慢进行。不同国家在消费新商品上的速度存在较大差异，但这并不意味着新商品带来了绝对过剩。**并不存在绝对过剩，而只是各生产部门、生产与消费之间出现了比例失调而已。**如果认为绝对过剩存在，那就等于承认人类不懂得享乐，承认人类创造的东西比需要的东西还多，这样的观点与现实经验严重背离。

在那些体现所谓生产过剩的统计数据中，存在一个不可辩驳的事实，即便在最发达国家，也有许多人急切地需要这些所谓生产过剩的商品。他们愿意努力生产某种商品以便交换到他们自己需要的商品。存在诸多因素使得生产各部门和消费之间的协调变得异常困难，这个问题是无法完全解决的。

生产过剩论的支持者在思考后可能会反对我主张的不均衡理论，他们认为如果真像我说的那样，那么在萧条阶段一些商品价格应该下跌，另外一些商品应该上涨。对

---

[1]《政治经济学》（*Traité d'Economie Politique*）第 4 卷，第406 页。

此，我认为萧条时期由于失衡导致了整个经济活力下降，而且商品的整体供给量增加了，因此一般物价水平也会下降。但是，不同商品的价格下跌幅度存在差别，这恰好证明了不同部门的不均衡性。

有部分观点认为最近的萧条严重程度甚于以往，相反的观点则认为此次危机不如以往严重。实际上，此次萧条的持续时间确实更长，而经济复苏的步伐弱于此前。从基本特征来看，这次萧条与 1869 年苏伊士运河（Suez Canal）开通前几年的情况完全一致。如果经济发展的基本力量强劲，信贷需求旺盛，那么经济快速回调后也会快速复苏。

瑞典的贝尔格福克（Bergfalk）教授于 1859 年在乌普萨拉（Upsala）发表了一篇有关 1857 年危机的研究论文。在这篇论文中，他提到了 1848 年到 1857 年出现的异常情况，并且给出了一些导致 1857 年危机的原因：

（1）轮船、铁路和电报公司的大规模发展使得现代交通通信设施迅速扩张。

（2）1849 年废除了《英国航海法》（*English Navigation Act*），带了许多深远的影响，部分进出口管制也被取消了。

（3）主要制造业部门大举扩张。

（4）澳大利亚和美国加利福尼亚发现大型金矿。

（5）德国和英国法律中残留的封建成分被清除。

（6）1848 年的政治运动使得资本从欧洲流向美国，工商企业获得政府的大量贷款。

哪些手段可以控制国际资本流动？自由保守主义对资本是比较友善的。资本惧怕政治动荡和产权剥夺。

（7）东欧发生战争，除了内部矛盾之后，西欧的农作物歉收也是外部导火索。每次大战都与工业革命密切相关。战争也促进了西欧与地中海东部地区的商业联系。

（8）多瑙河（Danube）入口的国家摆脱了沙俄的统治。

上述变化堪比 1873 年前的工业大发展。19 世纪世界飞速发展，不过因为速度太快矛盾丛生，这就是发展的两面性，一方面带来利益，另一方面带来痛苦。

第十五节 心理倾向：人类的精神和道德倾向
(Psychological Tendencies：The Mental and Moral Disposition of Mankind)

在对经济运行的一般规律进行深入全面的研究之后，我们不得不承认部分危机的特征只能用人性来解释。机械地对人性进行分类和归纳是徒劳的。人性是从众的，在盲信和猜疑之间变化，在恐慌和亢奋之间轮回，时而自信满满，时而垂头丧气。

人性经常被当作是导致危机的一个因素来解读。部分专家学者对此进行了大量的论证，他们认为危机是因为心理倾向导致的。用人性可以解释任何涉及人的活动，至于是否能够得出有用的东西那就另当别论了。

政治或经济的重大变化植根于人性驱动之中。不过，如果我们想要知道人性和心理因素具体是怎么影响经济周期和危机的，就必须分析具体的领域和因素，并努力发展出一个完整的模型来理解这一切。

人性的最大特点是贪婪，贪婪推动了人类社会的进步，也带来了毁灭性的影响，这就是贪婪的两面性。人类社会和工商业活动到目前为止取得的任何重大进步，都离不开贪婪的驱动。当然，贪婪也让人类变得脆弱。当人类想要通过最简单容易的方式以最快速度暴富时，巨大的危险就悄然而至。

如果投机比投资带来的金钱更多，人性会驱使这个人选择成为一个投机客。当投机风气盛行时，没有人会具有踏实肯干的事业进取心。许多人会放弃实业，转而从事金融行业工作，比如证券经纪人。

商业欺诈、信贷泛滥和玩忽职守等不良风气会在社会上蔓延开来。炫富攀比心理滋生，人们好逸恶劳，幻想着不劳而获，或者是以最少的劳动赚取最大的利润。如果形势进一步恶化，那么金融危机就会来临。

> 货币和心理因素是行情的加速器。

当然，以最小努力获取最大收益的动机会促进技术进步和制度效率提高，但是也容易引发金融危机，甚至导致经济萧条。

心理因素导致危机的观点持有者们认为：在经济繁荣期，大众因为乐观而过多投资；在经济萧条期，大众因为悲观而不敢投资。虽然心理因素与经济周期存在同步关系，但是前者仅仅是经济周期波动的部分原因，远非决定性因素或者唯一因素。经济繁荣主要是因为大量实业机会的存在和利用，比如发现了矿产、新行业出现、交通运输线路拓展、新的社会分工出现。在这种情况下，实业投资会带来丰厚的收益，不过随着过度投资，利润水平逐渐下降，形势反向发展。经济开始步入停滞，金融发生危机，最后步入萧条。在悲观氛围下，金融机构收缩信贷，大众在实业投资上如履薄冰。

在经济繁荣期，人们投资；在经济衰退期，人们撤资，这并不能说明心理因素的变化无常导致了经济周期。相反，经济周期决定了人们的心理，而心理因素反过来加剧经济周期的波动幅度和持续时间。**实业存在大量机会的时候，投资行为变得积极；当资产价格炒作出现财富示范效应时，投机行为变得积极。无论是哪一种情况，预期收益率决定人们是采取投资还是投机行为的关键。**

除了心理因素之外，军备竞赛和酗酒也被当作是危机和萧条的两个原因。实际上它们并非是主要原因。军备竞赛带来的沉重财政和经济负担，确实会给工商业造成失调。酗酒也会对劳动力的供给产生不小的影响。不过，无论是军备竞赛还是酗酒都存在数百年时间了，经济体制已经做出了相应的调整来适应这些活动。只有当军备竞赛和酗酒显著超过历史平均水平时，才会引发危机和萧条。

酗酒是一个已经被人们预期到的社会问题，因此它不会引发危机。**只有出人意料的重大负面因素才会引发危机。**危机为什么会对经济和社会造成严重的冲击呢？因为它总是在最意想不到的时候出现。资本和财富会随着经济形势变化而

一般认为流动性过剩导致了投机行为，那么流动性过剩是什么原因造成的呢？仅仅是货币和信贷宽松吗？流动性过剩实际上是因为实业领域缺乏盈利机会，资本收益率显著下降造成的。流动性过剩看似是一个金融问题，实际上却是实体经济本身出了问题。

持续波动，但是危机却不是一直都出现的。正如博纳米·普锐斯（Bonamy Price）教授所说：

"危机与贫穷并不能画等号。当预期到经济扩张过度时，就算大众理性地减少投资，也不能避免资产价值会缩水，但是**危机却因为被预期到而不会出现了**。"[1]

他还进一步指出：

"危机虽然会导致资产缩水和财富损失，但可能仅仅局限于部分金融领域，而不会引发系统性的金融风暴。这类危机完全没有战争那么大的毁灭力。比如英国棉花行业爆发危机，虽然资本家损失惨重，工人失去工作陷入困境，但是并未导致整个英国经济出现危机。"[2]

当危机被充分预期到了，那么人们就会采取措施或者改变自己的行为，这样危机就不会爆发了，或者影响程度就会下降了。商人和资本家会在经济活跃时期内过度乐观，认为大好形势会持续下去，因此他们激进地借贷，扩大生产规模，增加存货。正如在莎士比亚悲剧《麦克白》（*Macbeth*）一书中，赫卡忒（Hecate）对女巫说的那样："众所周知，**骄傲自大是人类最大的敌人。**"

为什么危机不容易在战争或者农业歉收的时候发生呢？因为人们已经充分预计到了相关状况，并且采取了足够的对策。比如，战争时期，人们的爱国精神会被动员起来避免危机爆发。

战争导致财富大规模流失，企业经营不善也会导致财富大规模流失。当人们为了未来消费而过度储蓄和投资时，资本便被严重错配。财富流失和资本错配要持续一段时间之后才会造成危机和萧条。**当存款被消耗殆尽，国外信贷支持和资本流入衰竭时，那么危机就很可能发生。**

战争导致经济失衡，物价上涨，供给短缺。一旦战争停

正如我们在 A 股上经常用到的经验法则：如果某个点位被普遍预期，那么这个点位要么根本到不了，要么会显著地被突破或者跌穿。

国际资本大规模快速流动会带来泡沫或者导致危机。1998 年的东南亚经济和金融危机就是典型的国际资本大规模流入后快速流出引发的，当然这是直接因素，却不是根本因素。

---

[1]《北不列颠评论》（*North British Review*）第 53 卷，第 472 页。
[2]《纽约银行家杂志》（*Bankers' Magazine in New York*）第 29 章，第 362 页。

止，则日常消费品的生产会恢复，总供给增加，即便这样也难以满足战后恢复的总需求。因此，**战后往往会经历一次繁荣**，经济活跃度上升，就业率增加，投行也开始活跃起来。类似的情况发生在重大自然灾害之后，比如洪涝。这类繁荣其实只是经济的恢复，因此持续时间有限，但是容易导致大众过度乐观，认为这样的繁荣会持续下去，因此过度投资和消费。

第五章

繁荣与萧条的衡量指标
(Indications of Prosperity or Depression)

> 我们在用贸易数据来分析景气程度和经济周期的时候必须结合其他经济数据，不能只通过贸易数据来判断。

为了更多地理解萧条的征兆，有必要先回顾一下过去数年经济周期的特征。在下一章，我们会考虑一些用来预测危机和萧条的可能方法和指标。

萧条会在什么时候发生？萧条在何时最严重？在这些重要问题上大家存在重大的分歧。为什么分歧会如此之大呢？第一，大家所处的具体行业环境存在巨大差异；第二，特定的统计机构存在数据夸大；第三，各种商品的价格变化并不一致；第四，危机和萧条并不是同时在所有国家爆发。要想在这一问题上达成共识，我们必须分析大量的经济周期和萧条实例，这样才能找到最优解。

衡量经济周期和萧条的常用指标有就业率、进出口、财政收入、银行信贷、农业生产值、工业生产值、物价指数、消费总额、铁路运输量、企业破产数量等统计数据。

第一节　就业率
(The Employment of Labour)

就业率是最有价值的经济周期和萧条指标。如果寻找工作的人很快就能就业，就意味着资本没有闲置。**劳动者也是消费者的主体，充分就业意味着商品有足够的消费市场，这样可以避免库存被动累积。库存被动增加往往是萧条的特征之一。**通常而言，就业率高意味着产量高，同时消费能力也强。

如果货币供给和收益率曲线是经济的先行指标，那么就业率往往是经济的滞后指标。就业率是一个确认指标，而不是预判提醒指标。

就业率往往在危机和萧条爆发之前见到峰值，在快要走出萧条时见到谷底。 从经济统计数据来看，在经济正式步入萧条之前的一年时间当中，就业率处于高位，这表明危机和萧条爆发之前的一段时间里经济处于最为繁荣的阶段。

同样明显的特征是在萧条阶段，产值和就业率的下跌幅度是不同的。萧条阶段，生产方式在革新，这就是所谓的破坏性创新，新的技术和设备被采用，就业率因此会下降。同样的劳动力规模和工作强度可以生产出更多的产品，这些都是有足够事实支持的。

对统计数据的严谨分析可以看出就业率对经济周期的指示作用。不过由于统计数据并不全面，因此无法进行不同时期的对比分析，所以就业率在宏观经济分析中还未得到广泛应用。不过从目前的就业率统计数据来看，它能够较好地反映出商业和制造业的景气程度。

"二战"之后，就业率和失业率数据的统计工作得到了前所未有的重视，因此现在这类数据非常完备。

乔治·H. 伍德（George H. Wood）在《皇家统计学会杂志（1899 年）》（*Journal of the Royal Statistical Society for* 1899）[1] 上发表了英国 40 年来的失业率变动数据，这些统计数据源自《工会年度统计表和报告》（*Annual Statistical Tables and Report on Trade Unions*）和《年度劳动统计概要》（*Annual Abstract of Labour Statistics*）。他非常重视年度失业率的变化，上述统计数据只涵盖了部分工会的失业率变化情况，比如工匠联合工会、工程师工会、裁缝工会、造船业工会和钢铁行业工会等。不过这些行业都属于当时的主导产业，与经济周期关系密切，因此他给出的这些失业率数据能够准确地反映经济的波动周期。

图 5-1 是根据伍德先生提供的统计数据以及《年度劳动统计概要》绘制的，反映了 1860 年到 1900 年的英国就业率变化。这张走势图以及 1860 年的就业报告表明，1856 年、1865 年、1872 年、1882 年、1890 年以及 1899 年的就业率处于高

---

① 《皇家统计学会杂志（1899 年）》第 62 卷，第 639-666 页。

点。高点之后不久就出现了危机和萧条，比如 1857 年、1866 年、1873 年、1883 年和 1891 年。我们还进一步发现，1900 年就业率低于 1899 年，因此 1900 年是经济下行的开端，1901 年经济是否继续走软还有待观察。

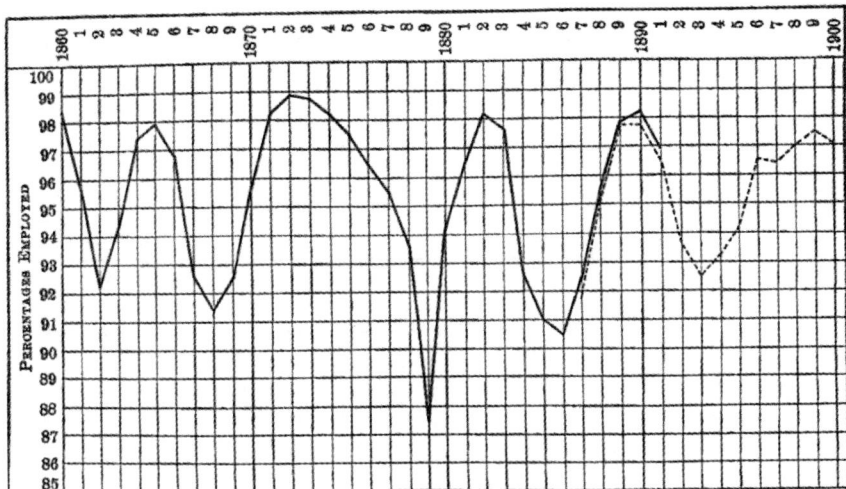

Employment statistics, United Kingdom. (See page 139, footnote.)

图 5-1 英国就业率变化（1860~1900 年）

从上述数据还可以看出，1858 年、1868 年、1879 年、1886 年和 1893 年就业率见到低点。这几年经济处于萧条低谷，其中 1879 年萧条最为严重，当年几乎所有行业的失业率都达到了高点。甚至可以认为 1879 年是 1870 年到 1880 年期间经济最差的一年，因此被称为"英国工人悲惨年"（Annus Pessimus of English Labour）。

到目前为止，美国都缺乏全国失业率统计数据，只有几个州有地方统计数据。这些报告提供的统计数据提供的是就业人数而不是就业率。但是某一行业的就业数据不能反映整体经济就业状况的变化，因为总人口会增加，部门行业间也存在劳动力流动。因此，很难从单个行业就业率变化推断整个经济的就业率变化。

不过，宾夕法尼亚州统计了处于不同行业中的 354 家企业的就业数据（见表 5-1 和图 5-2），时间跨度为 1892 年到 1899 年。这些企业位于钢铁行业、玻璃行业、轮船制造行业、铁路行业以及纺织服装行业等。这些数据表明过去十年当中，1894 年是经济最差的一年，制造业在见底后于 1895 年率先复苏，不过很快在 1896 年二次探底。

表 5-1　宾夕法尼亚州就业情况统计[1]

年份	样本企业数量	样本企业的总就业人数
1892		136882
1893		122278
1894		109383
1895	354	127361
1896		118092
1897		121281
1898		137985
1899		154422

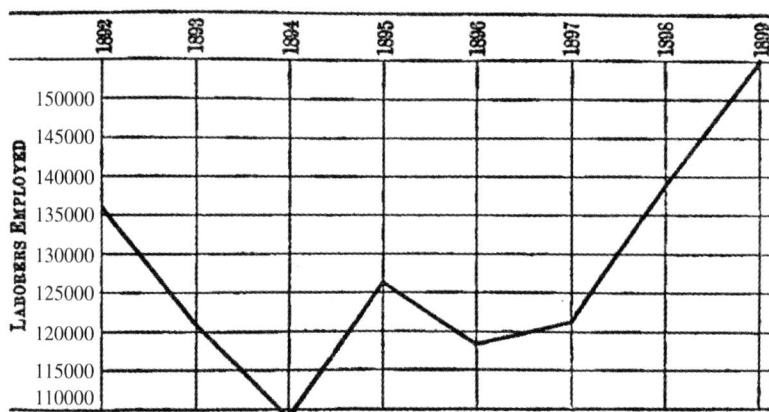

Employment statistics in Pennsylvania.

图 5-2　宾夕法尼亚州就业情况统计（1892~1899 年）

第二节　对外贸易

（Foreign Trade）

在国际贸易的统计数据中，进出口总额的增长和减少，以及进出口比例的变化体现了经济的景气程度。进出口总额的增长说明进口或者出口的贸易量非常大，或者是两个数据都非常大。

---

[1]《内政部长年报（1899 年）》（*Annual Report of the Secretary of Internal Affairs（1899）*）第 3 部分，第 258 页。纽约州、马萨诸塞和威斯康辛州的就业率数据参考附录。

19 世纪 60 年代，英国人均进出口额在 1866 年攀至高峰。到了 1873 年达到最大值。从 1867 年到 1873 年，英国人均进出口额持续增长，特别是 1871 年和 1872 年。1873 年达到历史高点之后，人均进出口额则拐头向下，步入持续下跌通道。到了 1879 年，这个数据跌到了低点，在这期间在 1877 年出现了反弹。

19 世纪 80 年代，英国人均进出口额在 1882 年和 1883 年见到高点，此后下跌，跌到 1886 年才见底。此后转而上升，直到 1890 年。之后又下跌，跌到 1894 年底。接下来从 1894 年上涨到了 1900 年底。[①]

我们再来看美国外贸数据。19 世纪 70 年代，美国的人均进出口额在 1873 年达到高点，1876 年见到低点。从 1868 年开始逐步攀升，持续上涨到了 1873 年末，此后转而下跌。从 19 世纪 80 年代开始，美国人均进出口额在 1881 年见到年代高点，在 1886 年见到年代低点。外贸数据在 1880 年、1882 年和 1883 年都处于较高水平。19 世纪 90 年代，人均进出口数据在 1892 年见到年代最高，1895 年见到年代最低。此后，主要因为出口额增长，人均进出口数据开始上扬。

对于当时的美国而言，由于其外贸占比较小，远远逊色于英国、荷兰、比利时、法国和德国，因此其进出口额的变化与经济景气程度的关系并不显著。

通常的观点是进出口数量比进出口额更能反映经济景气程度。进出口数量涉及不同进出口商品的数量，而进出口额则体现了进出口的金额，后者同时体现了价格与数量。对于美国而言，进口原材料比进口制成品更能体现工业和经济的发展水平。

我的观点是进出口额比进出口数量更能体现经济的景气程度。原因如下：第一，每年进出口的商品种类并不一致，因此数量很难进行；第二，随着经济的发展，本来昂贵的产

实际上，作者在这里探讨的不仅是贸易余额，还谈到了经常项目余额。

---

① 相关的详细平均数据请参考附录。

品变得便宜，在经济中的地位也在下降，因此按照金额来统计更符合这一事实，如果按照数量来统计的话则没有考虑到经济发展的现实。进出口数量忽略价格这一因素，而进出口额与就业率和贸易利润的关系更为密切。如果我们能够对连续数年的进出口额数据进行分析就能更好地把握宏观经济的景气程度。

限于篇幅，我不会在本书详细讨论进口和出口之间的关系，不过可以扼要地从贸易余额（Balance of Trade）或者是净出口的角度来解读两者的关系和一般规律。主要经济体的贸易差额都值得我们跟踪与研究。

现在的主要债权大国有英国、荷兰、法国、比利时和德国。一些国家也通过海运或者转口贸易创收。英国是这些国家当中海外创收最多的国家。1899 年，根据吉芬先生的测算，英国海外投资的年收入为 9000 万英镑，贸易收入为 1800 万英镑，海运收入超过了 7000 万英镑，共计 17800 万英镑。[1] 挪威也从转口贸易中创收。不过，贸易赤字并不能表明经济不景气。

贸易余额的计算口径并未统一，单从这一点也可以看出这一数据并不能如实地反映一国经济是否景气。不同国家对贸易余额的计算标准存在差别，甚至同一个国家在不同时期对贸易余额、进口额测算标准也不同。

以美国为代表的一些国家按照出口地自己算本国进口额，以出口国开具的票据为基础；另外一些国家则由经过专门训练的人士根据进口地来统计；还有一些国家的进口额并不包括货运费，而出口额也不包括货运费。除了计算地点存在不同外，计算时间也存在不同的标准。

不同国家对进出口货物的分类标准存在差异。德国、法国和瑞士主要分为食品、原材料和制成品。其他一些国家则采用详细和复杂的分类标准。甚至有些国家的分类标准在本

---

① 《皇家统计学会杂志》（*Journal of the Royal Statistical Society*）第 65 卷，第 8~12 页、第 35 页。

国也不统一，这就给统计学者、经济学家带来了更大的挑战。

由于大多数国家对于关税有着较为严格的管理，因此进口数据也更为准确一些。一般倾向于按照实际价值认真仔细地计算进口数据。而出口则根据外贸商人和承运人的数据来计算，并未认真核查。[①]

因此，上述诸多因素使得任何国家得出的贸易余额都不能反映实际的进出口额。

关于美国最近数年的贸易余额，大众普遍认为实际情况要更大。爱德华·阿特金森（Edward Atkinson）先生根据截止到 1901 年 4 月的数据提供了更多的统计结果，从而证实了美国官方公布的贸易余额数据小于实际情形。他给出了美国官方公布的美国与欧洲 1898 年和 1899 年贸易余额，每个财年以 6 月 30 日界限划分。同时以欧洲公布的同一时期的贸易余额数据进行对比。阿特金森认真分析后发现，美国官方公布的进口额大于欧洲公布的出口额，幅度为 16.2%；欧洲公布的进口额高于美国公布的出口额，幅度为 37.5%（见表 5-2）。

> 现在的国际贸易数据统计已经有了很大的进步。

表 5-2　欧美进出口额统计差异

单位：美元

	出口额	进口额
1898 年欧洲公布数据	1279617183	265046080
1898 年美国公布数据	930175318	307990327
欧洲数据超出美国数据的差额	349441865	
超出幅度（%）	37.5	
美国数据超出欧洲数据的差额		42944247
超出幅度（%）		16.2

虽然上述方法已经是目前能够采取的最优分析方式了，但是仍旧无法给出最为准确的结论，为什么呢？第一，欧洲国家以自然年度为统计时间，而美国则以每年 6 月 30 日为财

---

① 见贝特曼（A. E. Bateman）所著的《各国贸易统计的可比性》（*The Comparability of Trade Statistics of Various Countries*）一书。

年界限；第二，美国的统计口径并未包括货运费，而欧洲部分国家则将货运费统计在列；第三，海运时间存在差异，如 1898 年下半年一国发货的一批货物会被美国计算为 1899 年的进口货物。另外，进口国和出口国在计算同一货物上所采用的价格口径也有差异。

美国财政部统计局（Bureau of Statistics of the Treasury Department）发布的 12 月的《商业与金融月度总结》（*Monthly Summary of Commerce and Finance*）消除了上述第一个原因带来的差异。这份月报上的数据均以各国自然年度为基础。我们可以将财政部提供的这份数据与各国的贸易数据进行比较。本书附录给出了 1896 年到 1899 年四个年度美国与英德法的贸易余额数据。

这些数据的比较无法定量地给出美国实际贸易顺差是多少，但却可以定性地证明美国实际贸易顺差大于财政部公布的数据。美国对英国的出口额方面，美国公布的数据要小于英国公布的数据。比如 1896 年，法国与英国的计算结果相差 9.2%，1899 年两者相差 14.4%。为什么会有这些差异呢？因为计算英国进口额的时候包括了货运费。

另外，在涉及英国对美国出口额时，英国公布的数据要大于美国公布的数据。1896 年两者相差 15.8%，1898 年两者相差 24.7%。

在涉及美法之间的贸易数据时，在统计美国对法国的出口额时，法国公布的数据大于美国公布的数据。而美国公布的对法国出口额则要高于对方公布的数据。

德国和美国对两国之间的贸易数据统计结果非常接近。德国会按照较高的价格计算从美国进口的商品，同样美国也如此计算从德国进口的商品。1897 年，美国计算的对德出口额比德国计算的从美进口额高出 3.6%，其他三年两国数据的相差幅度都低于这一水平。1899 年德国计算结果大于美国计算结果的 0.2%。在这 4 年中，美国对这些国家的出口总额数据与这些国家计算的从美进口数据相比，这些国家公布的数据比美国公布的数据高出 15.7；在进口额方面，美国公布的数据则要低 1.9%。

如果将全部国家的进出口总额进行比较，就会发现每年进口额都显著大于出口额。纽曼·斯巴拉特（Neumann Spallart）指出从 1880 年开始的数据表明连续几年美国都出现了巨大的贸易顺差。过去十年，每年进口额的计算结果都比实际值高出 1000 万美元。哈里斯（C. A. Harris）先生经过认真计算给出了 1890 年的贸易数据比较：欧洲各国的进口总额比实际结果高出 2.09 亿美元，亚洲的进口总额比实际结果高出 100 万美元，澳大利亚高出 200 万美元，美洲高出 700 万美元，非洲高出 200 万美元。这些国家和地区在 1890 年的进口总额比实际高出 2.17 亿美元。

从目前的数据来看，贸易余额的计算差异主要是由转口贸易、汇率口径以及承运

成本口径差异造成的。至于是否真的是这些原因，还需要进一步考察。重要的是，**我们在用贸易数据来分析景气程度和经济周期的时候必须结合其他经济数据，不能只通过贸易数据来判断。**

第三节 出口和进口的比例变化
(The Varying Proportion between Exports and Imports)

出口和进口的比例变化是否能够反映经济盛衰周期呢？这个问题与贸易余额能否反映经济景气变化基本上是一个问题。

如果进口增长，那么一国的购买能力是提高了，这种观点当然是正确的。购买能力提高可能是因为整个国家的财富增长了，进而增强了消费其他国家商品的能力。当然也可能是因为消费杠杆上升了和奢靡之风盛行。如果是第一种情况则表明经济积极发展，如果是第二种情况则意味着经济的健康状况堪忧。

进出口是否能够反映实际的经济景气程度，取决于该国的具体情况。需要考虑到：这个国家是债权国还是债务国？是发达国家还是发展中国家？这些区别都非常重要。

新兴国家和发展中国家的进出口比例变化是一个非常重要的经济景气程度衡量指标。这类国家在萧条出现之前，其进口会出现异常的大幅增长。在萧条期间，这类国家的出口与进口的比例会显著超出正常水平。认真考察后，我们会发现背后的规律并不复杂。

当经济处于繁荣阶段时，铁路等基建的活跃会增加进口原材料，繁荣阶段过去后，进口就会下降。因此，进口显著增加是新兴国家经济繁荣的标志。不过，如果基建规模过大，投资过度，则会导致经济步入严重的萧条。

当新技术和新行业兴起时，投资总是倾向于过度。长期来看，这类技术泡沫其实对经济发展是有益的，有助于未来产能扩张，但是在投资过程中却容易出现短期过度的情况。

以美国这段时间的进口情况为例可以发现其经济发展迅猛，同时也是一个债务国。虽然美国的债务负担大大下降了，但是大规模建设需要的资本和原材料还是需要进口。

就债务国和发展中国家而言。首先，危机后，当经济步入萧条时，出口相对进口的比例会上升，一方面内需下降，另一方面为了偿还外债。其次，像美国这样的新兴崛起国家，为了扩张产能而吸收了大量国外资本，产能提高后，产量也提高了，自然

会增加出口。危机后的出口增长主要为了国际收支再平衡，而产能扩张后的出口增长则促进了国际生产和贸易的分工发展。

美国的情况比较特殊，因此其出口和进口的比例变化相对其他国家而言更缺乏规律性。为什么会这样呢？一种观点是因为美国正处于从农业国转向工业国的历史巨变之中。

投机行为也会影响进口比例的急剧变化，影响贸易余额变化。在机会遍地的发展中国家，人们的需求变化和升级会促成新的行业和产能形成，而这些新的产能一旦投入，则商品产量会显著上升，进而推动出口。在过去，出口占比升至最高时也是经济最为景气的时候，不过在当前繁荣阶段，进口比例却在上升，而出口比例却在下降。

与 1899 年到 1900 年的宏观经济形势比较起来，1898 年的景气程度更高，因为后面两年的出口占比在下降。

1873 年危机之后，出口与进口的比值在 1879 年 6 月 30 日这个财年达到最高点，此后的三年经济进一步复苏。

1884 年危机之后，出口在 1885 年达到高点，这种出口景气一直持续到 1892 年农产品出口创出新高。在这期间的 1887 年和 1892 年出口也比较活跃。

最后，我再以 1890 年前后阿根廷共和国的外贸情况为例分析萧条前后进出口比例的变化（见表 5-3）。1891 年的变化最为显著，进出口总额波动剧烈，特别是钢铁、制

表 5-3　阿根廷共和国的进出口数据（1886~1894 年）[①]

年份	1 出口额	2 进口额	3 出口占进口百分比	4 出口占均值百分比	5 进口占均值百分比	6 钢铁及其制品的进口额	7 钢铁及其制品进口额占均值百分比	8 铁路原材料的进口额	9 铁路原材料进口额占均值百分比
1886	69835	95409	73.1	70.5	86.2	12292	91.6	5102	40.7
1887	84422	117352	71.9	85.3	106.0	14359	107.0	5039	40.2
1888	100112	128412	77.9	101.1	116.0	17643	131.5	15472	123.5
1889	122815	164570	74.6	124.1	148.7	24727	184.3	24173	193.1
1890	100819	142241	70.8	101.9	128.5	9566	71.3	36273	289.7
1891	103219	67208	153.5	104.3	60.7	4508	33.6	17869	142.7
1892	113370	91481	123.9	114.5	82.6	10399	77.0	3545	28.3
1893	94090	96224	97.7	95.1	86.9	13057	97.3	3279	26.1
1894	101688	92789	109.5	102.7	83.8	14251	106.2	1913	15.2

① 单位为 1000 比索。

造品的进口数据显著波动，而铁路和电报所需要原材料的进口额波动是最大的。我们发现 1890 年的进口额是 1891 年的 5 倍以上，1890 年铁路基建所需要的原材料进口几乎是 1894 年的 20 倍，虽然 1894 年的总出口金额更高。图 5-3 展示了表 5-3 中第 1、第 2、第 6、第 8 个项目的走势。

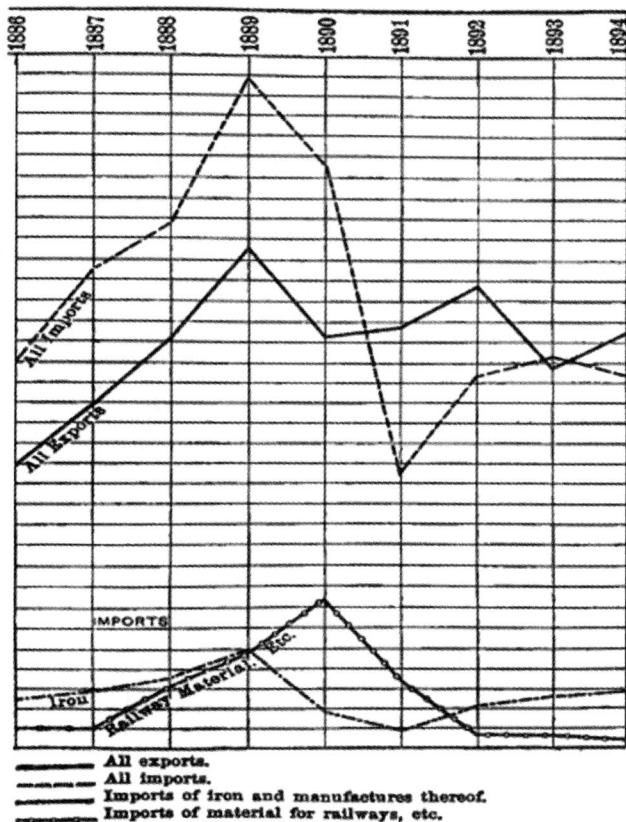

All exports.
All imports.
Imports of iron and manufactures thereof.
Imports of material for railways, etc.
parison of exports and imports in the Argentine Republic.

图 5-3　阿根廷进出口总额比较

接着，我们来看债权国和发达国家在经济景气循环中的进出口比例变化情况。经济繁荣时，债权国出口大于进口。经济衰退和萧条时，债权国的进口大于出口。这一观点也得到了大量数据的支持。整体上，债权国的出口大于进口，除了发放大量贷款之外，还会进行大量投资。

债权国相对而言生产出了更多的商品，不仅提供必需品也提供奢侈品，新兴国家的富裕阶层会花费大量财富购买发

在美元信用本位下，这里的一些观点就值得商榷了。

达国家提供的奢侈品和艺术藏品。发展中国家的进口增长必然伴随着发达国家的出口增长。

当经济活力下降后，债权国也就是发达国家的进口比重会上升。发达国家在萧条阶段会缩减信贷规模，减少或者暂停投资项目，加上折旧的影响，产能会下降，产量也就随着下降，出口也就减少了。同时，萧条阶段商品价格会下跌。债权国手里拥有大量的财富，物价下跌的时候他们会大量进口。

从贸易统计数据可以发现，在经济活跃的时候，债权国对债务国的出口比例会上升，也就是说发达国家对发展中国家的出口比例会上升。1873 年为经济发生之前的繁荣阶段，英国出口大幅增长就说明了这一点。不过，除了经济周期的影响之外，普法战争（Franco Prussian War）也促进英国出口的猛增。这场战争使得交战双方的需求增长，另外也使它们退出了国际贸易的竞争舞台，从而为其他国家腾出了空间。

本章有几个关键点需要明晰一下。第一，债权国也就是发达国家的贸易波动小于发展中国家。欧洲债权国的出口增长大部分源自欧洲各国之间的贸易增长。比如，1889 年法国的出口额创出 30 年的历史新高，增长了 5.05 亿法郎，而其中的 2.53 亿法郎，也就是超过一半的增长来自于对英国、比利时和瑞士三个欧洲国家的出口。

第二，债权国之间的贸易增长或者下降基本也是同时发生的。[①]

第三，所有债务国对债权国的商品需求不会同时增长，因为它们可以用来交换的资源有限。部分债务国主要出口农产品和初级原材料，而农产品容易受地理和气象条件限制。1889 年，英国对加拿大、古巴以及多数拉美国家的出口出现了增长，对澳大利亚、中国和日本的出口却下降了。与 1872年相比，英国在 1873 年的出口结构性变化更大，对部分国家

国际贸易周期看航运，特别是 BDI 指数；国际资本流动周期看美联储，特别是美元指数。

①《商业十年报告（1887~1896 年）》（*Tableau Décennal Du Commerce*）第 146~147 页。

的出口维持不变，但对另外一些国家的出口却大幅下降了。

总之，经济增长给发展中国家带来了繁荣，购买力上升，它们的进口增加了；经济增长给发达国家也带来了繁荣，它们的出口增加了。

第四节　所得税和消费税
(Income Taxes，Excise or Internal Revenue Taxes)

所得税是以收入为税基的，理论上是针对收入丰厚的群体征税。由于税率多次下调，英国所得税总额逐年下降。在税率相同的数年当中，只有三年的税收是下降的：1867 年 4 月 5 日截止的那一个财年当中，所得税的税率是 4%；在 1876 年 4 月 5 日截止的那一个财年当中，所得税的税率是 2%；在 1893 年 4 月 5 日截止的那一个财年当中，所得税的税率是 6%。在这三年中，税率有增减，但是总税收是下降的。

从所得税数据中进一步分析可以发现，1870~1874 年英国经济处于繁荣阶段；1880~1883 年、1889~1890 年，以及 1897 年之后几年，经济都处于衰退阶段。

对啤酒、烟草、酒精等的收税占消费税比例较高，另外奢侈品也占有较高的比例。消费税额的变化体现了社会生产力的变化，进而折射出了经济的繁荣程度。

以德国的啤酒消费为例，从 1884 年到 1898 年，只有 1885~1886 年和 1894~1895年的啤酒消费量是下降的，其他年份的啤酒消费量则是上升的。啤酒消费上升的年份对应着经济繁荣阶段，啤酒消费下降的年份对应着经济萧条阶段。

不过，我们很难从美国的消费税变化中得出任何经得起推敲的结论。从 1873 年 6 月 30 日到 1879 年 6 月 30 日的 6 年时间当中，烟草和酒精的人均征税额处于低位，1879 年财年进一步跌至谷底。

从 1879 年 6 月 30 日到 1883 年 6 月 30 日的 4 年时间当中，征税额非常高。

从 1883 年 6 月 30 日到 1887 年 6 月 30 日的 4 年时间当中，征税总额处于低位，且呈现逐年下降趋势。其中，1884 年 6 月 30 日到 1885 年 6 月 30 日这一财年，消费税征收总额跌至最低点。接下来的 6 年时间，消费税征收额整体回升。

从 1893 年 6 月 30 日开始的 4 个财年，消费税征收额走低。直到 1897 年 6 月 30 日，税收才开始显著上涨，持续到 1901 年。

需要缴纳消费税的发酵酒在 1873~1901 年这段时期中的产量也很大。不过，在这期间也有下跌，具体而言是 1874 年、1875 年、1877 年、1894 年、1897 年以及 1899

年。其中，从 1898 年 6 月 30 日到 1899 年 6 月 30 日的这一财年当中，发酵酒产量下降主要是由提高消费税率造成的。

与进口关税额相比，消费税额更容易受到经济景气程度的影响。如果预测到未来的总需求会下降，那么进口商品数量就会下降。进口订单主要是由基于过去一段时间情况的直线预期决定的。即便有突发的危机出现，这些订单大多数还是需要执行。而国内消费能够更快地根据经济景气状况进行调整，相应的税收额也比关税额更快地反映经济周期。

即便国内消费可以根据经济状况进行及时调整，国内产品的生产却不能迅速调整。也就是说，消费比生产更具弹性。即便如此，消费仍旧滞后于经济调整，只是滞后时间远远短于生产而已。[1]

> 消费支出是现代美国经济的先行指标。

第五节　有价证券结算额
(Bank Clearances)

有价证券和票据相关的银行大额结算反映了交易量的显著变化。证券和票据市场的交易量可以通过结算额来观察。当证券或者期货合约的价格上涨时，成交量以及银行结算额往往会跟随上涨，这表明交投活跃，市场流动性充足。由于银行参与结算的程度不同，因此在不同时期反映交投活跃程度的准确度也有差异。在某些时候，以银行结算作为成交量大小的度量指标也并不可靠。

> 国内证券市场主要看中国证券登记结算有限公司的结算数据。

纽约证券结算所（New York Clearing House）成立后的七年时间，也就是从 1854 年到 1860 年中，1857 年结算额达到高点，在 1858 年见到低点。再往后的数十年时间当中，结算额分别在 1869 年、1873 年、1880 年、1881 年和 1899 年达到高点；在 1861 年、1876 年、1885 年和 1894 年跌至低点。

---

① 美国税收统计数据请参考附录。

我们并不能简单地从纽约证券结算所的数据中找出其与经济周期的显著关系。不过，还是有三个比较明显的特征：

第一，**在经济最为繁荣的阶段**，比如从 1870 年到 1873 年、从 1878 年到 1881 年，以及从 1897 年到 1899 年，**证券结算额持续上扬**。

第二，**在金融危机发生后的一段时间，证券结算额都显著下降**，比如 1858 年、1874 年、1885 年和 1894 年。结算额的下降幅度体现了危机的严重程度，比如 1857 年到 1858 年结算额跌幅最大，而 1884 年到 1885 年结算额跌幅较小。

第三，**结算额在经济复苏之前就开始上升了**。1895 年结算额逐步上涨，经济随后开始复苏。

伦敦银行家结算所（London Bankers' Clearing House）的证券结算额变化更具有规律性，在经济复苏之前其结算额就会显著上升。从 1868 年到 1900 年，结算额在 1873 年、1881 年、1890 年、1899 年见到高点，在 1879 年、1885 年和 1894 年见到低点。无论上涨还是下跌，都具有明显的趋势特征。

图 5-4 显示了 1854 年到 1900 年纽约证券结算所的结算数据，以及 1868 年到 1900 年伦敦银行家结算所的结算数据。这些结算数据显示了证券交易量，进而体现了经济周期。其

成交量和结算额是一个较好的中长期市场情绪指标。天量为什么容易见天价，地量为什么容易见地价？

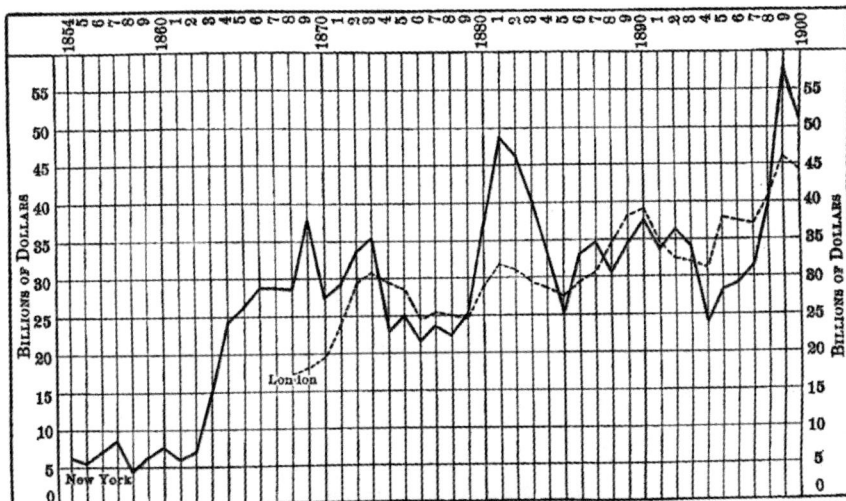

Bank clearances, New York and London.

图 5-4　纽约和伦敦的证券结算量

中 1881 年、1882 年、1889 年和 1900 年，纽约证券交易所的成交量非常大，过去二十年当中成交量最小的一年是 1894 年。

第六节　重要商品的生产和价格
(Production and Prices of Certain Staple Commodities)

根据生产条件和经济特征的不同，商品可以分为两大类：**第一类是农产品，受天气影响较大，供给端对其有重大影响；第二类是工业品，受经济影响较大，需求端对其有重大影响。**

商品期货的驱动分析，农产品主要看供给端，工业品主要看需求端。

我们先来看第一大类的农产品。正如我们在前面章节提到的那样，农产品的产量和价格会对宏观经济的通胀水平产生重大影响。虽然农产品的供给和需求在短期内都有刚性，但是农产品价格上涨往往是因为产量下降造成的，因此这个时候种植者并不会从价格上涨中获得太多好处。

农业国，特别是经济结构单一的农业国，容易受到主要农产品供求和价格变化的显著影响。对于经济结构复杂、产业完备的发达经济体而言，农产品的影响要比预期的小很多。国际贸易可以调节过剩和短缺，因为一国过剩，则往往有他国短缺，反之亦然。随着交通成本下降和国际贸易繁荣，农产品带来的冲击越来越小。

我们可以将大量小麦从普吉湾（Puget Sound）运输到利物浦（Liverpool）和汉堡（Hamburg），将冻肉从新西兰运输到伦敦。即便如此，农产品供求不均衡还是会带来短期价格的剧烈波动。虽然情况较此前有所改变，但是每年小麦价格的波动还是剧烈的。正如图克等提出的相关定律，边际产品决定了全部产品的定价，供给稍微下降一点，价格就会上涨很多。除了自然灾害之外，战争对农产品价格的影响也非常大。

第二类商品主要是钢铁产品。钢铁的产量、消费量和价格比其他商品的相关数据更能体现经济的景气程度。钢铁相

关数据反映了一个国家的基建规模。

此前我们已经发现了物价水平见顶之后一段时间危机才会爆发。物价高点和危机爆发的间隔时间越来越长。

我们以钢铁为例说明工业品产量和价格与经济周期的大致关系。通常而言，钢铁价格的下跌先于产量的下降。钢铁企业一直会保持较高的产量直到萧条出现，甚至持续更长的时间。

在经济繁荣时期，铁路基建和工厂建设需要大量的钢铁，钢铁的价格随之上涨。这些项目需要大量资本，到了后来资本变得越来越稀缺，以至于新增项目越来越少，对钢铁的需求下降了，而钢铁的产量并未下降，这就导致钢铁价格下跌。即便钢铁价格下跌，钢铁厂商也无法迅速缩减产能和产量。他们寄希望于钢铁价格回升，或者是同行退出。

需求的下降比产量缩减提前出现了。同样，需求的上升也比产量增加提前出现。在萧条末期，需求先行复苏，进而带动物价上涨。

在对过去数年的钢铁行业相关数据进行分析之后，我们很容易发现这个行业兴衰与经济周期高度同步。生铁产量可以作为钢铁贸易的最佳风向标。1872年到1873年，美国、英国、德国、比利时、奥匈帝国（Austria–Hungary）、俄罗斯和瑞典的生铁产量都见到历史高点。此后的1882年到1884年，以及1889年到1890年也出现了生铁产量的高点。1890年见到产量高点之后的4年，都处于下滑态势。

1876年，德国和美国的生铁产量见到低点。

1874年和1879年，英国的生铁产量见到低点。

1877年，法国和奥匈帝国的生铁产量见到低点。

1879年，比利时的生铁产量见到低点。

世界生铁总产量的走势如图5-5所示。

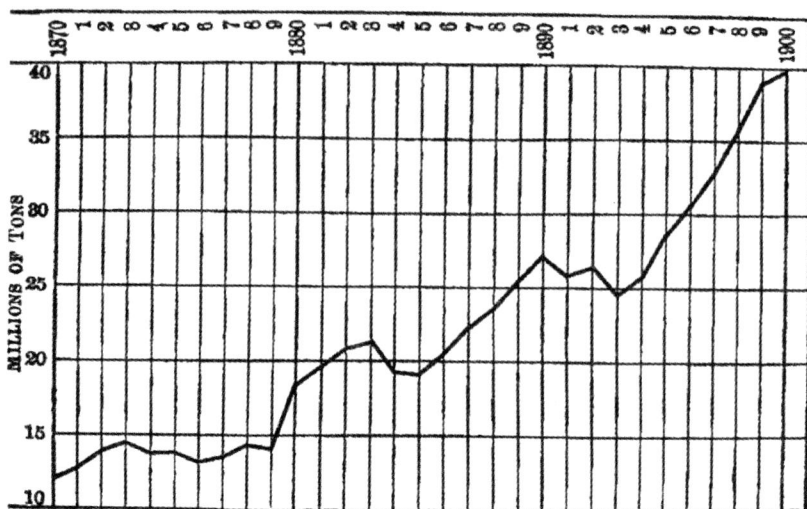

The world's production of pig-iron.

图 5-5　世界生铁产量变化

第七节　铁路运量和收益
(Railway Tonnage and Earnings)

分析中国经济的时候也会用到铁路运输量，这一数据构成了"克强指数"(Li Keqiang Index)。它是英国著名政经杂志《经济学人》在 2010 年推出的用于评估中国 GDP 增长量的指标。源于李克强总理 2007 年任职辽宁省委书记时，喜欢通过耗电量、铁路货运量和贷款发放量三个指标分析当时辽宁省经济状况。该指数是三种经济指标：工业用电量新增、铁路货运量新增和银行中长期贷款新增的结合。自推出后，受到花旗银行在内的众多国际机构认可。

铁路运输量每年都在稳步地增长，比生产和消费的增长更加稳定和显著。在人口增长和个人消费支出增长的同时，人均货运量和运输距离也大幅增长。无论是铁路运输，还是航运都处于长期的扩张态势，货物量在增加，但是运费并未显著上涨。诸多迹象表明整个美国的运输条件在持续改善和提高。

不仅铁路的运输量和铁路行业的收益会受到商业景气程度的影响，铁路行业也会反过来影响整个经济的景气程度。因为铁路投资是资本配置的重要领域，占比很大。

比较美国与英国的交通设施就可以发现两者的一些有趣差别。美国与英国的人口密度不同，水文地理条件不同，资源禀赋不同。美国的自然资源丰厚，需要运输大量的农产品和矿产，1899 年美国铁路的客运收入占比为 22.16%，而英国的铁路运输中客运收入占比超过 40%。

在过去的20年当中，英国的铁路客运高速发展，而美国
铁路运输的主要收益来自货运。就铁路运输成本而言，美国
比英国更便宜。现在，美国的铁路运输成本只有20年前的
60%，这是运输效率提高的特征。

英国铁路运输收益下降的年份还有1858年、1878年、
1879年、1884年、1885年、1886年、1893年。其中1893年
的收益下降幅度最大，其次是1879年，主要是客运量下降引
起的。

英国的货运量数据只能找到1870年之后的，其货运量在
1874年、1878年、1884年、1885年、1886年、1892年和
1893年都出现了下跌。[1]

美国铁路收益从1871年才有统计数据，其货运量和客运
量数据从1882年开始才有正式统计数据。

美国铁路总运输量的减少出现在1884年和1894年，客
运量在1883年、1894年、1895年和1897年出现了下降。总
收益在1874年、1875年、1876年、1877年、1884年、1885
年和1894年出现了下降。

铁路运输量与经济周期的关系是比较特殊的：**运量在萧
条发生很久之后才会下降，在经济复苏之前就已经上升了。**
为什么会这样呢？第一，工农业产量不会因为经济走弱而立
即降低。第二，产能和产量的刚性远远强于运输量。比如，
农业生产和工业生产都需要很长的周期，很难预计到价格下
跌和经济调整，等到生产出来时经济已经疲软了，他还是必
须卖出。在经济失调完全发生之后，萧条来临，农产品过剩
的问题才会得到解决。第三，在经济真正复苏之前，虽然总
体物价水平比较低，但是大量的商品已经运往市场准备销售，
铁路货运会从中获益。

如同上面介绍的那样，1878年的铁路运输量低于1879
年，而后者经济已出现了回落。1891年和1892年的铁路运输

股市通常是经济的先行指
标，国债收益率曲线通常也是
经济的先行指标。就业率和通
胀率通常是经济的滞后指标。

①《惠特柯年鉴（1901年）》（*Whitaker's Almanac for* 1901）第732页。

量高于 1890 年，但实际上 1890 年经济相对要好一些。1893 年危机爆发时，美国铁路运输量高于 1892 年。到了 1885 年，美国铁路运输量开始显著增长，而经济复苏此后才到来。[①]

第八节　破　产

（Bankruptcies）

破产倒闭潮依次在 1857 年、1861 年、1873 年、1878 年、1884 年、1893 年和 1896 年在美国出现。其中，1893 年是企业破产最为严重的一年。1893 年、1857 年、1873 年和 1884 年都发生了金融危机。

1861 年美国内战开始，引发了金融和经济动荡。1878 年和 1896 年，金融和经济也出现了危机。这些现象表明金融和经济危机发生的时候，当年往往出现倒闭潮，但接下来数年破产数量会显著下降，如同 1857 年的情况一样。

不过，**如果危机之后经济萧条接踵而至，那么破产潮会持续数年**时间。当萧条步入最严重阶段的时候，破产数目也会出现高潮。比如 1873 年危机后的 1878 年，或者是 1893 年危机之后的 1896 年。

通常情况下，危机与此后发生的破产高潮之间存在时间间隔，其长短是萧条持续时间的衡量指标。比如 1873 年危机之后，破产在 1878 年出现高潮，间隔了 5 年时间；1893 年危机之后，破产在 1896 年出现了高潮，间隔了 3 年时间。由此可见，前者的萧条程度更为严重，持续时间更长。1857~1900 年美国企业的破产数目如图 5-6 所示。

---

① 经济学者和大众已经开始意识到了铁路基建对经济活跃程度的影响，参考第四章的相关内容。

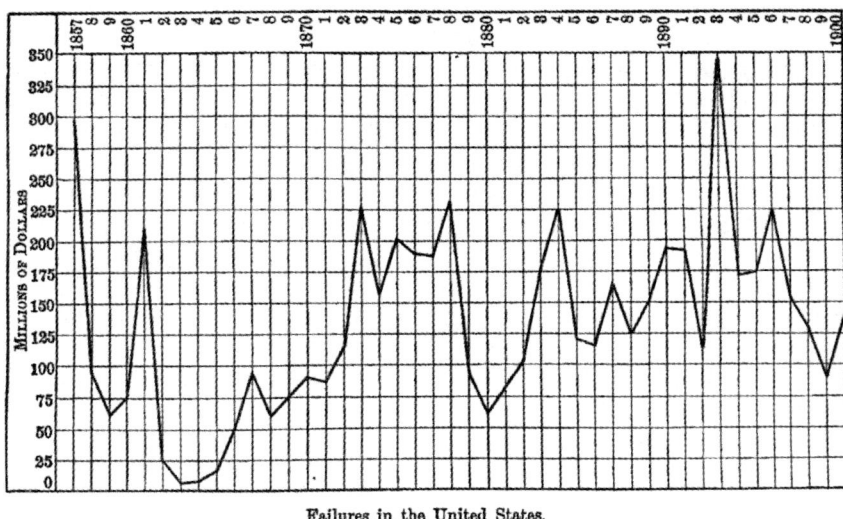

Failures in the United States.

图 5-6　美国企业破产数（1857~1900 年）

第九节　社会统计

(Social Statistics)

一些社会统计数据也能反映经济的周期波动。本小节将讨论各类社会统计数据，比如贫困率、死亡率、出生率以及婚姻统计等。

由于食品供给越来越充裕，加上法制进步和慈善事业的扩大，社会对贫困群体的支持和帮助越来越大，贫困率出现了大幅下降。救助政策变化迅速，收容所内外的救助措施变化最为明显。这些措施的采取显著降低了贫困的统计数字。当战争、饥荒以及瘟疫爆发且时间较长的时候，死亡率会上升，而出生率则会下降。在其他情况下，利用上述统计数据来分析经济周期的可靠性有待进一步验证。事实上，婚姻统计数据与经济盛衰的关系更为密切。

在本小节讨论的社会统计数据中，在经济分析上的价值一直饱受批评。谨慎地讲，**只有在经济处于极端繁荣或者极端萧条的时候，贫困率、出生率和死亡率等指标才能作为经济的可靠分析指标。**

婚姻统计数据在某些国家存在严重水分，因此这个指标并非在所有国家都值得信赖。显然，婚姻统计数据在巴黎要比法国乡村更准确，更能体现经济环境的重大变化。

还有一些社会统计指标值得我们去了解。比如邮政部门处理的邮件数量以及储蓄

银行的存款统计。这两个数据都处于长期的增长趋势之中。随着经济的发展和人们受教育程度的提高，邮件数量也在不断增长。大众订阅报纸杂志的数量也在猛增。

储蓄银行的存款数量通常只有在经济非常疲软的时候才会下降，存款数量的变化与物价水平的变化具有一定的联系。储蓄银行的存款大部分来自工薪阶层。如果经济处于萧条阶段的时候，存款增加了，则表明工薪阶层的状况并不逊于此前的繁荣阶段。萧条阶段，物价下跌了，日常生活所需要的货币数量下降了，银行存款增加了。当然，物价下跌并非储蓄增加的唯一原因。**萧条阶段，投资机会有限，大众悲观，这也会使储蓄额上升。如果经济繁荣，大众乐观，投资机会丰富，那么储蓄就会下降。**

邮政处理量和储蓄存款折射出了当时的经济发展情况。通过分析这些数据，进行纵向和横向的比较，我们就会判断出经济所处的阶段。

当然，如果能够结合产量的变化，比如农产品的供给变化，以及一些政治动荡因素，那么就可以做出更加准确的经济分析和预测。

在经济分析中，我们不能只研究某一个统计数据，因为某些扰动因素会使选定的统计数据失真。比如，罢工会增加失业率，这个时候失业率指标就不完全可靠了。不过，虽然单一统计数据存在失真的可能，但是将许多统计指标综合起来分析则可以窥测到全貌。在附录当中，我给出了一些有用的统计数据，将它们综合起来分析可以得出有价值的信息。

不过，目前在许多重要的经济部门和领域都缺乏准确有效的统计指标。最近的一些经济趋势值得我们在利用统计指标时给予应有的重视：

（1）经济繁荣和衰退的间隔时间。

（2）这一间隔时间越来越长。

（3）工商业发达的法国和英国，其经济波动的规律性更强。

（4）美国这类新兴国家的经济更加波动，规律性不强。新机会不断涌现，因此新的行业会吸引更多的资本，进而引发新的动荡。

（5）在经济萧条之前无论是否出现金融危机，物价都会出现显著的下跌，经济活动也会萎缩，但是幅度可能不会太大。经济步入萧条之后，物价和经济增长会跌入谷底，生产也会缩减。在最近的一次萧条中，经济在萧条初期仍旧保持一定的获利，此前并未出现危机。

（6）通常而言，**就业率基本在物价达到高点的时候见到高点。**

（7）在债务国，进口与出口的比率先于经济增长见到高点。这表明在这类国家经济活动的高点往往与消费高点同时出现。

第六章

繁荣与萧条的预测指标
(Indications of the Approach of a Crisis or Depression)

> 如果纸币发行数量过多，那么通货膨胀和投机泡沫就不可避免。

危机的导火索往往是某个经济和金融突发事件，比如大型企业或者金融机构倒闭。不过现在还没有找到任何有关的客观规律，因此也就没有人能够预测这类突发事件爆发的准确时间。

突发事件仅仅是危机爆发的标志，而往往不是危机爆发的根本原因。 除非金融和经济的基本面已经恶化，否则不会造成持续的严重后果，也就是说萧条不会紧随而至。

大型企业和金融机构的倒闭，会动摇公众对金融和经济的信心，进而导致恐慌。危机并不必然导致萧条，但是危机本身是有一些指标可以预判的，这些指标可以分为三大类：

第一大类：与银行等金融机构相关的指标，比如利率、货币供应量和信贷状况。

第二大类：进出口和汇率，包括商品的进出口和国际资本的进出。

第三大类：物价水平和经济增长率。

下面我会逐一对上述三类指标进行介绍和分析。

第一节　银行和银行业
(Banks and Banking)

与经济形势研判较为相关的银行统计数据有未偿贷款（Loan Outstanding）、存款、流通中的票据以及流通纸币、利率等。无论这些票据和纸币是银行发行的，还是政府

相关部门发行的，都在我们的分析范畴之内。

如果单独分析上述任何一个指标，都无法有效预判经济形势，那么我们应该从至少两个指标入手来把握，通过比较和综合分析来预判经济走势。

贷款是我们要注意的第一个指标。通常情况下，贷款额和贴现额的增加是经济增长的特征。不过，如果商业突然迅猛扩张，导致显著通缩或者货币匮乏，进而使贴现率大幅走高，这就是危机的征兆了。

存款是我们要注意的第二个指标。存款在预判危机方面的重要性被高估了。一般情况下，存款在危机之前会小幅下降，在危机爆发之后存款会显著降低，到了萧条阶段存款又会增加。

一些经济学者呼吁公众应该重视存款减少在有效预测危机方面的作用。比如，朱格拉先生就在其著作中提到了一些实例，用来证明存款减少是危机征兆的观点。D. W. 汤姆（D. W. Thom）在翻译朱格拉先生的这本专著时，在前言中指出：

"实际上，存款的增减体现了商业信心究竟是乐观还是悲观。"①

不过，朱格拉本人并不认为存款增减是大众信心变化的体现。

布洛克（M. Block）先生在其经济学辞典类专著涉及危机的篇章中也就此给出了自己的看法：

"为什么我们要在这些实例上较真呢？因为一些权威的经济学家宣称危机是因为储户挤兑银行造成的。挤兑导致了银行储备金大幅下降，进而危及了整个金融体系。不过，事实却是相反的。不是存款减少导致了危机，而是危机导致了存款减少。"

在任何国家银行业发展的最初阶段，其存款总额与货币总量之间都保持着特定的比例关系。危机爆发之前，流通的

> 追逐流动性是危机爆发后的群体行为，谁拥有流动性谁就能占据主动，并能把握随之而来的抄底机会。刘銮雄就精于此道，一方面零售物业出租带来了稳定的现金流，另一方面他在繁荣后期会降低杠杆，储备现金，此外他能够利用自己的商业信用和物业抵押获得足够的授信。当危机和萧条爆发后，他利用充足的流动性大肆抄底。

①《美国恐慌简史》（*A Brief History of Panics in the United States*）第 18 页。

铸币会减少，这往往是由外国对本国铸币的需求旺盛造成的。

危机爆发之前，为什么纸币会减少呢？第一，由于大众对经济的信心下降，使得投资和消费行为变得谨慎，因此开始囤积现金；第二，大众急于变现资产，对货币的需求增加了。银行存款由于没有担保因此也无法让公众放心，挤兑现象自然出现，银行存款下降。

当然，银行存款存在季节性规律，这是经济习惯决定的，与经济周期没有关系。许多企业都会在特定的时候发放工资，农作物收获的季节性也会导致相应的资金储蓄波动。

部分存款保证金制度的发展使得实际存入银行的资金与存款数额的关系发生了变化。在部分保证金制度下，大部分存款实际上是通过贷款或者其他方面获得的，然后以存款的方式再度存入银行。这类存款根据存款人的指令进行划转，则会使广义的货币供给增加。这类存款在危机爆发之前有所增加，因为贷款量增加了。

在国家有关银行业的报告中，存款总额与贷款总额基本保持一致。存款总额的波动更加频繁，与贷款总额的波动方向基本一致。

一些存款是交易完成后存入的，这些是商品销售或者服务的收入。另外一些存款则是贷款或者贴现后得到的款项，计入借款人的账户中。上述两类存款的区别非常重要。**每一轮危机爆发之前，以贷款为来源的存款倾向于在总存款中占到异常高的比例。**如果能够在银行财务报表中对上述两种性质的存款进行区分，那么其数额变化将更具研判价值。[①]

第三个指标是流通中的纸币或者铸币数量。经济学者和大众已经开始重视这类统计数据了。纸币发行制度赋予了纸币流通数量的重要性，纸币是为了满足社会经济发展的需要，也是为了满足国家的财政需要。美国现在并存好几种纸币发行制度，这些制度依据不同的观点而建立起来。

第一种货币制度是"不可兑换货币"（Irredeemable）。在这一制度下，银行或者政府发行了纸币，发行方并无义务用黄金赎回纸币。这就是法定货币，现在几乎所有的国家都在采用这一货币制度。在美国，大部分殖民地在独立之前，都采取过类似的货币制度。独立战争时期，大陆会议（Continental Congress）授权相关机构实施了这样的货币制度。在南北战争时期，北方联邦政府和南方邦联政府也采用了类似的货币制度。

现在，意大利和南美洲部分国家也在采用这种制度。当然，发行方也许有意愿在

---

① 《1897 年货币审计报告》（*Report of the Comptroller of Currency for* 1897）。

未来用铸币赎回自己发行的纸币，那么这就会导致流通的纸币数量减少，进而引发混乱和失调。**如果纸币发行数量过多，那么通货膨胀和投机泡沫就不可避免。**如果纸币数量减少，那么通缩将降临，债务人的负担将加重。

第二种货币制度则建立在"所谓的货币理论"（So-Called Currency Theory）上。在这种货币制度下，发行纸币需要同等数量的黄金作为担保。储备黄金的增加决定了纸币数量的增加。危机之前，储备黄金的数量会下降，自然引发纸币数量的缩减。

第三种货币制度则建立在"所谓的银行理论"（So-Called Banking Theory）上，法兰西银行（Bank of France）就采用了这样的货币制度。在该制度下，纸币发行的数量与银行储备的铸币数量并未有可靠的关系。不过纸币可以兑换成铸币。在危机爆发之前，由于贷款需求增加，因此纸币数量也增加了。不过，这会导致贴现率和利率上升，进而限制贷款需求的膨胀。

法兰西银行发行的纸币数量，以及采用第二种货币制度的英格兰银行所发行的纸币数量，在最近数年的波动幅度已经非常有限了，加上其他因素的干扰使得单从纸币流通数量上几乎看不出危机的征兆。

不过，显而易见的是在第三种货币制度下，如果发行纸币的数量大幅超过了赎回纸币的铸币数量，则容易导致危机爆发。这正是美国南北战争之前的情况。如果铸币的数量远远小于待赎回纸币的数量，且持续较长一段时间，那么银行系统就处于高风险的境地。

第四种货币制度则以美国现在的货币制度为代表。美国政府发行了纸币，也就是美钞，其数量是固定的，并且保持这一数量不变。在危机爆发前夕，流通中的纸币数量几乎不变，直到危机即将来临时，流通中的纸币数量会出现显著下降。

无论在何种货币制度下，危机即将爆发之前，都会出现显著的征兆。这一征兆就是相当数量的货币退出了流通领域，

危机之前，货币乘数将显著下降。

而这种情况往往会引发最广泛的关注和最激烈的讨论。

第四个指标是利率。只要法规并未限制利率的浮动，那么利率会在危机和恐慌临近时升高，而且这种升高会持续较长一段时间。贷款需求剧增叠加金融机构惜贷加剧了流动性紧张的态势。短期利率飙升就是一种危机的提醒信号。如果法律设置了利率的上限，那么获得贷款的难度将大增，这也是一种危机的提醒信号。

铸币数量与信贷额之间的关系也可能用来预判危机。信贷和贴现金额显著增加，而铸币数量却在下降，这是危机即将来临的信号。两者的差值可能在数月甚至数年时间内持续扩大。如果差值突然变大，或者流通中的铸币数量显著下降，则是危机即将来临的显著征兆。

铸币是一国真正拥有的资本，可以用来支付外债的资本。当一国拥有的铸币数量下降时，如果能够限制支出，那么可以抑制危机的爆发。战争和饥荒会导致铸币不足，战争会导致政府大量开支，而饥荒导致进口大增。除了战争和饥荒两种情况，如果铸币数量仍旧在下降，同时信贷却在激增，则表明工商业的扩张缺乏坚实的经济基础，坏账风险在不断累积。比如 1825 年、1837 年、1847 年和 1857 年的情况，银行统计数据表明在这些危机年份里，信贷和贴现金额达到峰值，同时银行持有的铸币储备却见到了最低值。信贷见到最大值和铸币见到最小值之前，经济已经繁荣了相当长一段时间，风险是长时间积累起来的。

此后的一段时间里，同样的特征也出现在危机爆发的年份当中，只不过没有此前那么明显罢了。英格兰银行提供的统计数据是这一规律的最好实例，这些统计数据体现了危机的本质，足以表明其严重程度。

表 6-1 显示了 1825 年 12 月危机前后每个季度的信贷和贴现数据。[①] 表 6-2 显示了 1837 年危机前后的相关统计数据。

短期收益率上升，长期收益率下降，这就形成了收益率曲线的倒置。为什么短期收益率曲线会上升呢？恶性通胀是一个可能的原因，还有一个原因就是流动性紧张。为什么长期收益率曲线会下降呢？增长预期悲观。

---

① 参考英格兰银行特许委员会（Committee on Bank of England Charter）1831 年公布的报告。"贷款贴现额"并不包含公债和长期贷款。

表 6-3 显示了 1847 年危机前后的相关统计数据。表 6-4 则显示了 1857 年危机前后的相关统计数据。

表 6-1　1825 年 12 月危机前后的英国信贷数据

单位：千英镑

日期	铸币额	时间	贷款贴现额	铸币额与贷款贴现额的比值
1824 年 11 月 26 日	11448	1824 年第四季度	2248	5.09
1825 年 2 月 26 日	8857	1825 年第一季度	2466	3.59
1825 年 5 月 26 日	6546	1825 年第二季度	3973	1.62
1825 年 8 月 26 日	3683	1825 年第三季度	5486	0.67
1825 年 11 月 26 日	3012	1825 年第四季度	7839	0.38
1825 年 12 月 31 日	1260	危机爆发时		0.16
1826 年 2 月 26 日	2309	1826 年第一季度	9586	0.24
1826 年 5 月 26 日	4383	1826 年第二季度	5037	0.87
1826 年 8 月 26 日	6645	1826 年第三季度	2950	2.25
1826 年 11 月 26 日	8998	1826 年第四季度	2614	4.15

表 6-2　1837 年危机前后的英国信贷数据

单位：千英镑

日期	铸币额	阶段	贷款贴现额	铸币额与贷款贴现额的比值
1833 年 7 月 2 日	11391		990	11.5
1834 年 7 月 1 日	8885		2337	3.8
1835 年 7 月 7 日	6536		3387	1.92
1836 年 7 月 5 日	6714	危机前阶段	3497	1.91
1836 年 9 月 6 日	5161		4527	1.14
1836 年 11 月 1 日	4700		6700	0.7
1936 年 12 月 6 日	3908		9691	0.4
1937 年 1 月 3 日	4221		11398	0.37
1937 年 2 月 7 日	3381		11425	0.33
1937 年 3 月 7 日	4118	危机阶段	11217	0.36
1937 年 4 月 4 日	4380		11664	0.37
1937 年 5 月 2 日	4427		10401	0.42
1937 年 6 月 6 日	5133	危机后阶段	7737	0.66
1937 年 9 月 5 日	6862		4990	1.37

表 6-3　1847 年危机前后的英国信贷数据①

单位：千英镑

日期	铸币额	阶段	贷款贴现额	铸币额与贷款贴现额的比值
1844 年 12 月 28 日	9755		3029	3.22
1845 年 6 月 28 日	10271		4274	2.4
1845 年 12 月 27 日	7469		9499	0.78
1846 年 2 月 28 日	7754	危机前阶段	13137	59
1846 年 6 月 27 日	10406		9975	1.04
1846 年 10 月 10 日	8809		6571	1.34
1847 年 1 月 9 日	7471		7490	0.99
1847 年 3 月 13 日	6217		9978	0.62
1847 年 4 月 3 日	4391		11146	0.39
1847 年 4 月 17 日	3087		10655	0.28
1847 年 7 月 17 日	4754	危机阶段	9089	0.52
1847 年 8 月 14 日	4630		9369	0.49
1847 年 10 月 2 日	3852		10399	0.37
1847 年 10 月 23 日	1994		12492	0.15
1847 年 12 月 14 日	8413	危机后阶段	8541	0.98
1847 年 3 月 25 日	11713		4780	2.45

表 6-4　1857 年危机前后的英国信贷数据

单位：千英镑

日期	铸币额	阶段	贷款贴现额	铸币额与贷款贴现额的比值
1856 年 6 月 28 日	8033		4236	1.89
1856 年 9 月 27 日	6019		6520	0.92
1856 年 10 月 25 日	3639		9011	0.4
1856 年 12 月 27 日	6048		6393	0.94
1857 年 1 月 31 日	5441	危机前阶段	8263	0.65
1857 年 4 月 25 日	4241		8500	0.49
1857 年 6 月 27 日	6710		7985	0.84
1857 年 10 月 17 日	3816		9661	0.39
1857 年 10 月 31 日	2834		11105	0.25
1857 年 11 月 4 日	2705		11439	0.23

①《银行法专责委员会报告》（*Report from the Select Committee on the Bank Acts*），1856~1857 年。

续表

日期	铸币额	阶段	贷款贴现额	铸币额与贷款贴现额的比值
1857 年 11 月 11 日	1462	危机阶段	13233	0.11
1857 年 11 月 18 日	1552	危机后阶段	16003	0.09
1857 年 12 月 30 日	6614		15158	0.43

这些数据表明：

第一，从 1824 年第四季度到 1825 年 12 月，铸币额与贷款贴现额的比值从 5.09 暴跌到了 0.16。

第二，从 1833 年 7 月 2 日到 1837 年 2 月 7 日，铸币额与贷款贴现额的比值从 11.5 暴跌到了 0.33。

第三，从 1844 年 12 月 28 日到 1847 年 10 月 23 日，铸币额与贷款贴现额的比值从 3.22 暴跌到了 0.15；另外，从 1847 年开始，季节性因素开始显著。

第四，从 1856 年 6 月 28 日到 1857 年 11 月 18 日，铸币额与贷款贴额的比值从 1.89 暴跌到了 0.09。

上述统计数据表明，**在每次危机之前，信贷数据都给出了显著的警告信号。**

1866 年的危机与此前历次危机相比有了一些变化，铸币额与信贷贴现额的比值没有以前那么极端了。在这次危机当中，破产倒闭潮在丝毫没有征兆的情况下爆发了，对经济和社会造成了严重的冲击。

1866 年之后的 30 年间，在工商业等领域出现了一些显著的变化，财政走出了困境，铸币额和信贷额的失调关系得到了缓解。这些变化不仅在英国出现了，在其他国家也出现了。具体的变化如下：

第一，通信技术长足发展，国际金融市场大力发展，这些便利了货币和黄金的跨国流动，各个银行和金融结构之间的交易量有了巨大的发展。

第二，各国能够采用主权货币之外的货币来结算和偿还债务，减轻了通缩的压力。货币供应更加多元化，在经济快速发展的大背景下货币供应的压力缓解了。

第三，更加充足的资本流入了银行业，股份银行和其他金融机构的数量猛增，经济和社会发展的信贷需要得到了充分的满足。以前只有英格兰银行能够发放贷款，现在有众多的金融机构可以满足大众的信贷需要。

第四，银行存款大幅增加，显著提升了银行的放贷能力。

第五，银行确定了一个贴现率操作习惯，当黄金储备减少时，就相应地提高贴现率。

第六，在经历了数次危机之后，银行金融家们的风险防范能力得到了极大的提高，更加谨慎和干练。铸币流出本国总是容易引发银行金融家们的担忧，事实上我们不能将症状当作疾病本身。当铸币流出且信贷增加时，银行的董事们就会召开紧急会议，提高贴现率。之所以这样做主要是为了防止严重的危机爆发。不过这样做却可能加大萧条的风险。

实际上，我们可以认真研究和分析 1825 年、1837 年、1847 年和 1857 年的危机，从历次危机的统计数据当中我们能够找到一些规律，并且从中得出阻止危机的措施。

虽然美国铸币储备规模并不大，但在 1837 年和 1857 年的经济危机前后，其铸币额与贷款贴现额的比值变化规律与英国的特征一致，见表 6-5。

表 6-5　1837 年和 1857 危机前后的美国信贷数据

单位：千英镑

年份	铸币额	贷款贴现额	铸币额与贷款贴现额的比值
1835	43937	365163	0.12
1836	40019	457506	0.087
1837	37915	525115	0.072
1838	35184	485631	0.072
1854	59410	557397	0.106
1855	53944	576144	0.093
1856	59314	634183	0.093
1857	58300	684456	0.085
1858	74412	583165	0.127

对比法兰西银行（Bank of France）的相关数据也可以发现相同的规律：在危机爆发之前，铸币额同样会减少，信贷额则会增加，如同英格兰银行的数据一样了。法兰西银行的数据表明，早期铸币额和信贷额之间基本是同向变动的。法兰西银行提供了法国大部分的信贷和贴现。不断增加的货币需求，加上对信贷和铸币衍生品的严格限制，维持了铸币和信贷贴现之间的紧密关系。

第二节　可用现金、信贷和贴现之间的关系
（Relation between Available Cash，Loans and Discounts）

铸币与信贷以及贴现之间的关系对于理解和分析经济危机非常重要，同样重要的

是银行持有的可用现金与信贷以及贴现之间的关系。只要银行不被强制要求以铸币赎回纸币，则可用现金的比例与此前一节提到的铸币比率一样非常重要。

那些在美国的银行就是这样的情况，它们并不会被强制要求用黄金来赎回其发行的纸币。这些银行即将爆发危机的一个重要特征就是可用现金与贷款贴现额的比值在持续下降。银行存在一种倾向，那就是它们想要借出所有的可用现金，仅仅将自己的储备额保持在稍微高于法定要求的水平上。

对此，当然会存在不同的观点，这些观点认为无论是贷款贴现额还是可用现金，以及铸币都是银行的资产，**从资产负债表的角度可以得出更为可靠的分析结论**。银行机构持有的可用现金或者是铸币数额折射出了金融市场的健康稳健程度。而贷款和贴现数额则折射出了依赖于信贷的企业的健康程度。**整个金融体现的稳健程度则取决于可用现金以及铸币额与贷款贴现额之间的恰当比值。**

如果贷款贴现额在急剧增加的同时，伴随着可用现金或者铸币额的减少，那么通常是危机即将来临的标志。

银行的存款准备金（Bank Reserves）与负债的比值体现了银行的资产负债结构。存款准备金更多地体现了银行的运营稳健程度，而银行的资产负债结构则折射出了银行客户的经营状况。当货币和信贷紧缩，或者是危机即将爆发的时候，银行的存款准备金将显著下降到正常水平之下。法定的存款准备金要求只考虑了正常前景下的情形，因此并不足以应对非常时期。存款准备金比率不仅体现了银行的情况，也体现了商业和经济的整体情况，它既体现了经济和信贷需求的前景，也体现了应对未来风险的能力。存款准备金和可用现金的大幅减少，增加了我们对未来金融和经济稳定运行的担心。[①]

第三节　外贸和汇率方面的指标
(Indications Pertaining to Foreign Trade or Exchange，
Exports and Imports of Merchandise and Specie)

此类指标可以细分为三个子类：一是商品的进出口指标；二是黄金等铸币的进出

---

① 英格里斯·帕尔格雷夫（R. H. Inglis Palgrave）所著的《1844 年到 1878 年英法德的银行利率》（*Bank Rate in England，France and Germany from* 1844 *to* 1878）。

口指标；三是汇率。

首先，我们介绍商品的进出口指标。我在前面的章节已经提到了一点，那就是大量进口并不一定就是不利于金融和经济健康发展的特征，具体性质要与整体经济形势和国家发展阶段结合起来剖析。

债权国或者是发达国家与债务国或发展中国家的情况是截然不同的。在两种情况下，危机爆发的概率显著提高了：第一种情况是债务国的进口量持续大幅增长，且长时间超过进口量；第二种情况是进出口比例严重失调，无论是对债务国还是债权国都是危险的。入不敷出的奢靡消费以及过度投资都会榨干经济发展的动力。

奥匈帝国（Austria-Hungary）1873 年 5 月爆发危机之前就出现了上述特征，也就是进口量持续大幅增加，显著超过了出口量。具体来讲，从 1860 年开始直到 1870 年的十年时间当中，奥匈帝国的出口量都大幅超过了进口量，两者的差值在 1866 年见到最大值。此后，出口与进口的比值开始逐步降低，1870 年的时候，进口量多年来首次超过了出口量，直到 1873 年 5 月奥匈帝国的经济爆发严重的危机（见表6-6）。

表6-6 奥匈帝国的进出口统计数据（1866~1876 年）[①]

单位：百万基尔德

年份	出口额	进口额	出口与进口的比值
1866	329	218	1.509
1867	407	294	1.384
1868	429	387	1.108
1869	438	419	1.045
1870	395	431	0.916
1871	467	540	0.865
1872	388	613	0.632
1873	423	583	0.725
1874	449	568	0.79
1875	550	549	1.001
1876	595	534	1.114

奥匈帝国在 1873 年 5 月爆发了危机，上述统计数据则涵盖了危机前后的进出口数据，具体而言是从 1866 年到 1876 年。在危机爆发之前，无论是进口数据还是出口数

①英国海外贸易局（British Board of Trade）所著的《大国及其他国家的统计摘要》（*The Statistical Abstracts for the Principal and Other Foreign Countries*）。

据都在持续增长，这些数据非常有价值。

1874 年，进口仍然高于出口，不过差值有所下降。到了 1875 年，进口额已经与出口额非常接近了，后者仅仅高出些许。从 1876 年开始，除了 1898 年之外，每年的出口额都超过了进口额，这与 1870 年之前的情况一致。

我们再来看看美国的情况。在 1837 年、1857 年和 1873 年三次危机之前的几年时间里面，都出现了进口大幅超出出口的异常情况。之所以出现这种情况，主要还是因为强烈的基建投资要求。1873 年之后，进出口额之间的关系出现了新的变化，对于危机的指示意义下降了。

1882 年到 1884 年的萧条发生之前，具体来讲就是从 1876 年到 1881 年的 6 年当中，美国的出口额非常巨大。从 1877 年到 1881 年，年均出口额超过了两亿美元。此后，一方面因为 1881 年农产品大规模歉收，另一方面因为进口增加，美国进行了庞大的基建投资，使 1882 年的贸易顺差突然暴跌至不足 2600 万美元。[①] 这一实例很好地体现了进口比例增加的影响。

1883 年到 1884 年，美国出口量开始恢复，但是仍旧显著低于 1882 年之前数年的出口水平。在 1893 年危机爆发之前，进出口量的比例关系再度发生变化。1893 年之前的 8 年时间当中，出口占比已经显著低于 1884 年之前的水平。

截止到 1887 年 6 月 30 日，出口超过了进口，而 1888 年和 1889 年则出现了进口超过出口。截止到 1892 年 6 月 30 日，出口超过了进口，而 1890 年和 1891 年的出口量却并不大。到了 1892 年，出口额飙升到了 2 亿美元左右。

1893 年之前的十年时间当中，资本外流年均高达 2 亿美元。这些资金包括了外国投资的利息支付、国外旅游开支等。如果这些计算是准确无误，则其数额就超过了 1881 年之后 12 年的年均净出口额。当然，1892 年是例外。因此，在 11 年的时间当中，美国的出口都充满了活力。一方面欧洲农业歉收，另一方面美国农业却获得了大丰收。

1893 年，美国进口超过了出口。在像 1882 年和 1893 年那样出口大幅降低的年份当中，危机很容易爆发，与此前三次危机爆发时出口比例过低的特征类似。

通过外贸指标来追踪危机的爆发需要对进出口数据进行详尽的分析。当国内商品供给充足时，进口额仍在显著增加，这是危机爆发的重要特征之一。为了更好地阐明这一特征，我们假定 A 和 B 两个国家都能制造某些商品，且正常情况下都不会从对方

---

① 本财年于 6 月 30 日结束。

进口这些商品。一旦 A 国从 B 国进口某种商品，则有两种可能：第一种可能是 A 国财富增长速度超过了 B 国；第二种可能则是 B 国在这种商品的生产上具有某种优势，A 国存在过度投资或者消费。反过来，如果 B 国从 A 国进口某种商品，则也有上述两种可能。

进口增加或许是因为对农产品或者生活必需品的进口增加了，欧洲国家经常发生这样的情况，美国在 1837 年也出现了类似情况，也就是因为歉收等自然原因而导致了进口增加。不过，如果进口增加并非这种情况，国内也能够生产具有竞争能力的相同产品，那么这可能是因为过度投资或者消费引发的。

与其他国家相比，快速发展中的国家可能因为投资活跃而出现通胀，对国外投资品的需求大增，即便国内存在相同的商品生产能力，也会导致进口增加。

另外，我们在分析外贸数据的时候，也需要重视奢侈品的进口统计和分析。当奢侈品的进口大幅增加时，往往是一个危机的征兆。当然，奢侈品的进口也具有季节性规律。奢侈品进口对国家经济的健康发展是不利的，因此行政当局往往会采取严厉的监管措施，比如在古罗马，奢侈品的进口曾引发了罗马元老院（Roman Senate）的紧张，以至于最终通过了严厉的进口禁令。一些欧洲的经济学家曾经在专著中剖析了美国不同时期的奢侈品进口状况。在他们看来，**如果奢侈品进口与经济增长的速度匹配，那么就不是经济畸形发展的标志。**

艺术品投资和奢侈品消费是流动性过剩的特征。

第四节　黄金的进出口
（Export or Import of Gold）

黄金的出口并不意味着危机一定会降临，但是从黄金出口和进口的统计数据当中，可以推导出一些有价值的结论。

通常而言，黄金在一国的货币供给中占有重要地位。黄金将所有国家的货币供给连接在了一起，黄金储备就好比"水池"，所有"水池"的水面高度倾向于一致。每个国家在全球货币供给中占有的份额主要取决于其黄金储备和财富水平。铸币或者说金属货币是财富的一种具体形式，每个国家都会持有一定数量的铸币，确保铸币与其他财富形式之间的稳定比例。不过，这种努力会受到各种因素的冲击，比如国际贸易、传统等，特别是本国的货币制度。

一个国家的货币制度会从根本上影响国家的铸币制度，当然也会影响黄金储备和货币供给。当纸币替代了黄金的部分职能之后，部分黄金退出了流通领域。最初纸币的发行需要以黄金作为担保，有些货币制度下纸币能够兑换黄金，而在另外一些货币制度下纸币则不能兑换黄金。

商业体制的变化也会影响黄金相关的货币制度。如果商业往来以票据的方式结算，那么对货币或者黄金的需求就会减少。在这一点上，英法两国存在重大差异。具体来讲，在法国商业票据的使用较少，因此更加依赖于金银等铸币进行结算，特别是白银。

传统或者说国民习惯也会影响货币体系以及黄金作为货币的职能。普法战争之后，法国的小农们已经囤积了大量的黄金。法国战败之后，这些黄金被政府清缴了，用来支付对普鲁士的战争赔款。

再以印度的传统为例，印度人喜欢储藏黄金，当贵族去世时通常已经累积了大量的黄金，大多数以金饰品的方式囤积。这些黄金基本上已经退出了流通领域，印度人囤积黄金的习俗增加了对黄金的需求，无论是农民还是贵族都有这种偏好，这使货币呈现紧缩状态，抑制了资本形成和扩大投资。如果危机爆发或者流动性短缺，则囤积黄金的行为会导致商业和经济萎缩。

保罗·里罗伊·比尤利（Paul Leroy Beaulieu）先生给出一些有意思的相关数据。1885 年，法国人均铸币流通额是 215 法郎，英国的人均铸币流通额是 86 法郎，而美国的人均铸币流通额是 68 法郎。[①] 如果按照购买力来计算，则法国人最富裕，英国人次之，美国人最低。

在全球黄金储备中拥有的份额体现了这个国家的经济发展程度，如果拥有的黄金份额低于其相对经济实力，那么这个国家的黄金就会流出。显然像澳大利亚和南非这样的国家其开采出来的黄金大部分都用来出口了。

---

① 《政治经济学的特征》（*Traité d'Economie Politique*）第 190~191 页。

如果某个国家拥有的黄金数量超过了经济规模，那么就应该将多余的黄金出口给其他国家。可以通过境外投资的方式，也可以采用进口商品的方式，还可以用黄金来偿还国际债务。如果将多余的黄金用来投资外国企业，这说明国内资本过剩得到了缓解，这是有利的做法。如果将多余的黄金用来采购国外的低价商品，是效用更大的做法，也属于有利的做法。如果将多余的黄金用来采购国外的高价商品，则是有害的做法，这时候的黄金流出就是危险信号。因此，黄金流出性质需要具体情况具体分析。

每一次金融危机和经济紊乱爆发之前，铸币的进出口数据都会给出清晰的信号。不过只要我们能够区分正常与异常状况才能正确地解读这些信号。

下面我们来看一下美国黄金进出口的整体情况。过去50年的美国黄金进出口数据都存在有据可查的统计资料。从1891年到1899年，世界黄金总产值为1846232200美元，其中美国的黄金总产值为434207000美元。据此估算，在这段时期内美国的黄金总产值占了全球总产值的23.5%。

其中，1891年和1896年，美国黄金总产值超过了世界黄金总产值的25%。其中一部分总产值实际上是美国公民在英国属地上开采后运回美国国内的。当时美国的经济总值并未超过世界总值的25%，由此可以看出美国的黄金供给量已经超出了正常的货币需求。因此，美国自然而然地成了黄金出口国，如同出口小麦或者棉花等过剩的农产品一样。

如果认真分析，会发现在不同的历史时期，**美国的黄金产量与货币供给存在不同的特征**。基于这些特征的差异，可以划分为五个阶段。

第一个阶段是非生产阶段（Non-producing Era），从1892年美国铸币局成立（The Foundation of Mint）到加利福尼亚黄金开采之前的一年，具体来讲就是1847年。

在这一阶段，美国的黄金开采量总值不超过2500万美元，白银的产量则更少，只有少得可怜的40万美元。在这个

从事金融交易，不能不成为货币和信贷分析的高手，否则很难捕捉到重大行情。当然，商品的供求分析也很重要，但不能因此而忽略宏观流动性的分析。

阶段中，美国持续 56 年都是一个贵金属的净进口国。

尽管贵金属的产量和价格波动与金融业政策密切相关，但这一阶段的核心特征仍旧是国内贵金属的供应严重不足，依赖于进口。从 1825 年到 1847 年，美国黄金净进口总值高达 4000 万美元；从 1821 年到 1847 年，美国白银净进口总值稍稍超过了 4000 万美元。因此，在这段时期金银净进口总值实际上超过了 8000 万美元。

1837 年美国爆发了金融危机，在此之前四年进口了大量的黄金和白银，总值高达 36105256 美元。为什么会出现这种异常情况呢？原因有如下五点：

第一个原因是美国从欧洲大量举债，这些借款以黄金的形式流入美国。其中，单是美国银行（Bank of United States）就借入了 2000 万美元。

第二个原因是全球黄金和白银的开采量，特别是俄罗斯的黄金开采量和墨西哥的白银开采量剧增。这从整体上增加了全球的金银供给量。

第三个原因是美国的棉花等农产品出口增加，同时出口价格也上涨了。这种情况持续到了 1837 年。

第四个原因是安德鲁·杰克逊（Andrew Jackson）总统颁布了《铸币流通法令》（*Specie Circular Act*），规定在买卖公共土地时，必须以金银铸币为支付手段。

第五个原因是大部分州都通过了禁止纸币用于小额交易的法令，这就进一步增加了对铸币的需求。

我之所以在这里提到 1837 年危机之前数年的铸币数据，主要是为了表明过剩的资本或者货币供给会导致孕育危机和萧条。即便这些过剩的流动性是因为国际资本流入或者是金银进口导致的也是一样的。

第二个阶段则是从 1848 年加利福尼亚发现并开采金矿之后，这个阶段一直持续到了 1862 年。这一年，美国各州被允许指定银行发行纸币。

在这个阶段中，美国每年都大量出口黄金，除了 1849 年以及 1861 年之外。1861 年美国因为农业大丰收，因此出口大增，赚取了不少黄金。

在这段时期当中，美国的黄金总产值超过了 7 亿美元，而黄金出口总值则超过了 4 亿美元，剩下的 3 亿美元则可以被看作是美国在全球黄金增量中所占的份额。

第三个阶段是停止铸币支付导致的贵金属出口时期，具体来讲是 1862 年到 1877 年。这一阶段持续了 15 年时间，在这期间除了支付关税和国债利息之外，黄金被当作一般商品买卖，因此被大量出口。在这期间黄金出口总价值超过了 6.3 亿美元。当时美国国内的黄金产值基本上等于其黄金出口总值，也就是说美国国内开采出来的全部黄金都用来出口了。到了 1877 年，黄金出口开始显著下降，直到 1879 年 1 月 1 日才彻

底终结了这一局面，美国再度开始净进口黄金。

第四个阶段开始于 1877 年，持续了 11 年时间。美国从 1877 年 6 月 30 日开始进口黄金，持续到了 1888 年 6 月 30 日。这个阶段，美国的货币体系健康地运行，并未出现此前的纸币滥发问题，也没有出现此后的白银暴贬问题。除了 1884 年和 1886 年之外，这一阶段美国大量进口黄金，总价值在 2.2 亿美元。同时期美国境内开采的所有黄金都留在了国内。

1880 年和 1881 年，美国的黄金进口量巨大。其中，1881 年黄金进口总值高达 97466127 美元，是当时美国进口黄金总值最大的一年。随后，美国黄金进口总值在 1882 年跌至 1789174 美元。到了次年，也就是 1883 年黄金进口总值又回升到了 6133261 美元。1884 年，美国出口了总值 18250640 美元的黄金。

回过头来看，1882 年黄金的进出口比例出现了显著的表现，这一特征其实就预示着危机即将来临。

第五个阶段则是白银贬值和货币本位面临不稳定前景的时期，具体而言是从 1888 年到 1896 年。1878 年 2 月《布兰德法案》(Bland Act) 通过，该法案规定美国每个月须将价值超过 200 万美元的白银铸成标准的白银美元 (Silver Dollar)。虽然白银铸币增加了，但是并未缓解这段时期的通货紧缩，因为国家银行券 (National Bank Notes) 从 1882 年到 1888 年逐步退出了流通领域，使得基础货币减少了大约 1.06 亿美元。直到 1888 年，增加了白银铸币才扭转了通货紧缩的局面，转而使得美国基础货币供应量过剩。

由于不断增加对白银铸币的使用，因此国际社会开始担心美国的金本位制度。大量美国发行的有价证券从海外回流，因为国际投资者们担心这些证券的价值受损。与此同时，国内大众也开始出现同样的担忧。

1890 年美国通过了《6 月法案》(Act of June)，该法案规定美国政府每月必须购买 450 万盎司的白银作为铸币，这就大大地增加了基础货币供应量，也极大地动摇了大众对于金本位的信心。

直到 1893 年秋，《6 月法案》被废除，大众才重拾了信心。这一时期美国的黄金出口总值高达 3.2 亿美元，其中 1896 年 6 月 30 日截止的那一财年黄金出口总值最高。

1896 年 7 月，美国转为净进口黄金，此后一段时间有一些小波动，如 1897 年 4 月 1 日到 8 月 1 日的 4 个月是净出口。从 1896 年到 1900 年底，美国以进口黄金为主，特别是 1898 年黄金进口总值最大。为什么这段时期美国会进口这么大价值的黄金呢？一方面，美国的经济出现前所未有的繁荣局面；另一方面，美国政府想要将黄金储备恢复到此前的水平。如果不是这两个原因，美国这几年是不太可能进口如此多的黄金。

通过追溯美国黄金进出口的历史，可以发现 1851 年以后，由于国内黄金产量巨大，使得美国黄金出口总值大增。不过，淘金热尽管促进了企业投资，同时也吹大了投机泡沫，最终成了 1857 年恐慌的导火索。

1862 年财年之后，由于放弃铸币制度，美国的黄金出口大增。这种情形持续到了 1877 年财年。在这期间，南北战争爆发和战后重建使得美国财政开支剧增，黄金流出。

从 1877 年财年开始，美国又开始进口黄金。1877 年美国商品出口剧增，黄金流入。不过，这种势头很快就被逆转了，1878 年 2 月，《布兰德法案》通过，白银铸币大幅增加，这导致了黄金出口。接下来的 1890 年又通过了《6 月法案》，这两部法案动摇了大众对黄金本位制的信心。同时，各种货币流通工具泛滥，劣币驱逐良币行为变得普遍，比如黄金等更好的货币被人们输出到了国外，而劣质货币则被留在了国内。

从美国黄金的进出口历史可以发现，1861 年、1880 年、1881 年和 1898 年四个财年，经济繁荣解释了美国大量进口黄金的行为。同时，欧洲在这四年当中出现了歉收，因此对美国农产品有着巨大的进口需求，特别是 1898 年。

美国黄金进出口的上述历史表明黄金过度出口（Excess of Exports of Gold）往往预示着金融和经济危机将要降临。美国黄金过度出口是一种现象，如果这个现象具备下列特征，那么其预判危机的可靠性将显著增加。

第一，国外以较高的价格从美国大量进口黄金，从而导致美国国内黄金价格显著上涨。如果美国大量出口黄金以便从国外购买自己能够生产的商品，则预示危机的意味更浓。这种情况不用持续太长时间就会导致金融失调和经济紊乱，危机很快就会爆发，萧条也会接着出现。黄金出口和商品进口是一枚硬币的两面，这两个信号可以相互参照。

不过，如果出口黄金进而以较低的价格从国外购买商品则并非是一种危机征兆，这是经济和国际贸易健康发展的特征。

美国南北战争从 1861 年 4 月 12 日持续到了 1865 年 4 月 9 日。

国际商品引发的国际资本大规模流动对资本市场而言是一个重大的信号。能否准确及时地解读这一信号，关系着能否抓住重大行情。

第二，如果黄金出口导致利率和贴现率显著上涨，基础货币匮乏，则危机的可能性就会显著增加。当黄金供给下降，或者是贴现率上涨后，信贷资金就会减少，流动性容易出现，这是危机的征兆。至于危机什么时候降临，这是另外一个问题。

第三，黄金出口的情况持续了很长一段时间，而且国内并不存在黄金生产过剩的问题，也不存在突然大规模放弃金本位的行为，则这是危机大概率出现的特征之一。

需要强调的是金融市场对黄金出口非常敏感，即便是正常的出口也会引发金融市场的一些担忧，甚至变成大众的恐慌。

另外，**如果不可兑换纸币取代了黄金充当流通和支付手段，那么信贷就是基于一个虚幻的基础，最终纸币数量会不断膨胀，信贷扩张也会失控，进而导致危机。**

在金本位下，黄金进出口总值与商品进出口总值应该是匹配的，它们是一个过程的两个方面，应该是同时出现的。不过，在本质上，两者还是有区别的，其中一项区别是由黄金产量决定的。比如澳大利亚和南非，黄金开采是它们的主导产业，黄金出口自然是商品出口的一种，出口黄金对于这类国家是有利的。但是，对于英国和法国这类国家而言，它们国内并不生产黄金，但是却需要大量的黄金来铸造货币，因此进口黄金对于这类国家是有利的。

黄金进出口和商品进出口还有一些区别，比如一个国家流通中的黄金减少了，但是这些黄金并没有被其他国家获得，为什么会这样呢？因为退出国内流通的黄金是被囤积起来了，或者是进入了非货币用途的领域。要知道，影响黄金流通的因素与影响纸币流通的因素并不一致。国际资本流动和商品贸易往往会导致一国在大举进口黄金的同时，也大举进口商品。同样，如果某国的利率高企，则意味着对资金有强烈的需求，而这往往会导致黄金净进口。

第五节 汇 率
（Rate of Exchange）

事实上，汇率比黄金和商品的进出口更能预示危机的来临，至少在许多方面是这样的。汇率更能有效准确地折射出金融和经济领域存在的问题。汇率贬值表明该国贸易逆差扩大或者债务扩大，随着汇率贬值持续，一国的进口会受到抑制，而出口会增加。当汇率贬值到某一点后，该国的黄金将流出以便消除贸易逆差。

通常情况下，汇率贬值与黄金出口会同时出现，可以认为是黄金流出导致了汇率

贬值，但真相并不是这样的。如果一国在出口黄金的同时汇率坚挺，那么表明该国将国内过剩的资本用来进行了经济上明智的商品购买和国外投资。

同理，如果一个国家在汇率升值的时候大规模进口商品，则表明这个国家资本雄厚，能够扩大进口。

事实上，商品净出口、黄金净出口和汇率变动都与贸易条件变化有关，也就是与国内外商品的相对价格变化有关。比如，某国在生产成本上有显著优势，或者是因为国内消费不振，导致国内商品价格暴跌，形成了有利的贸易条件，商品出口就会增加，黄金就会流入，最终会导致汇率上升。出口增加，会逐渐提升国内商品的价格，直到贸易优势消失。

相对价格变化是重要的，不过对于经济学家和金融学家而言，更为重要的是知道价格上涨或者下跌的根本驱动因素。价格上涨是因为经济活动过度亢奋吗？固定投资活跃导致了投资品，进而导致了消费品价格上涨吗？一般而言，出口商品是为了获得进口商品的支付能力，那么进口商品价格与出口商品价格之间的比例关系是否失衡了呢？要想成功地预判危机和萧条，则观察分析者就必须对上述问题给出具体有效的答案，而不是糊弄过去。

危机具有共性，也具有个性，有些统计指标体现了危机的共性，因此能够作为大部分危机的预判工具，而另外一些统计指标则不能作为有效的危机风向标。**利率飙升、流动性紧张和信贷需求高涨几乎在所有危机爆发之前都出现过，所有国家在爆发危机之前都出现了流动性紧张的症状。**危机的国际传导也离不开流动性紧张这根链条。相对于贸易失衡而言，国际资本流动的突然逆转更能预示危机的到来。金融指标更加敏感，它变化一段时间之后工商业指标才会出现不利信号。

第六节　价格水平和整体商业环境
(Prices and General Business Conditions)

只有当企业秉持谨慎的开放态度时，其财务和运营才是稳健的。换而言之，只有稳健地进行贸易和商业扩张，才能铸就可持续的繁荣。显著超出稳健态势的变化总是会引发担忧，即便这种变化在短期内助推了增长。

商人们并不惧怕新事物和变革，他们倾向于创新和进取。**破坏性创新从长远的角度来看，有利于经济的增长，但却不可避免地蕴藏着过度投机的风险。**生产和贸易上

的重大变革很少会在利润曲线平稳增长的情况下完成。萧条往往在工商业快速增长的态势中酝酿，新技术的快速应用往往就是萧条滋生的温床。

危机和萧条并非只在特定的某国出现。因此，如果你想要准确预判危机和萧条就必须对所有国家的情况进行全面而深入的研究。重要农产品歉收或者是其他重大自然灾害会沉重地打击所在国的经济，进而影响到整个世界。当然，某国的能源和支柱产业遭受负面冲击也会蔓延到其他国家。另外，当投机风潮或者主要产业的过度投资出现时，危机往往紧随其后。

危机最为重要的标志便是破产倒闭潮出现，企业的负债总额显著增加。如果分析者能够较为及时和准确地对不同企业的破产情况进行跟踪，那么就能很好地把握危机的出现。**破产倒闭潮的根源是宏观层面的，与管理者专业水平和道德素质并无直接关系，因此分析者需要避免将破产倒闭潮归结为微观因素。**过度投资导致的激烈竞争，是破产倒闭潮出现的根本原因。分析者需要注意这一点。

在每一轮危机出现之前，几乎都会出现破产倒闭潮，也就是破产倒闭企业的数量和负债总额显著增加。破产倒闭潮出现之前，往往也是投机潮泛滥的时候，各种投机行为涌现，商业活动呈现整体投机化的倾向。**在整个经济当中，投机的比例越高，则此后发生危机的概率越高。**反之，如果投机行为在整个商业活动中所占的比例越低，则危机发生的概率也就越低。

就工商人士而言，如何避免现金流断裂导致的破产呢？恪守谨慎的资本使用原则，在资本并不充裕的情况下不要开展新项目，在盈利预期较低的情况下不要大量投入资本尝试，这样才能保证稳健永续的经营。

正如白芝浩（Bagehot）先生指出的那样：**"引发每一次狂热和投机潮的主要原因之一是无法说服大众将业务限制在他们的能力范围之内。"**

经济学家熊彼特对于创新的见解即便是放到今天仍有很大的启发意义。人们在开始的时候总是高估了创新的价值，因此会引发投资，甚至投机泡沫；在结尾的时候，则总是倾向于低估创新的价值，进而错过成长性投资的机会。

如何衡量投机的程度呢？金融财务杠杆水平是一个可以用来衡量的尺度。除此之外，就是项目预期收益与资金成本的比较。

沃尔特·白芝浩（Walter Bagehot）是英国最著名的经济学家、政治社会学家和公法学家之一。最后贷款人（lender of last resort）的经典概念就是他提出的。

美国人的显著特点之一是容易冲动鲁莽地投入一项业务之中。我们更加看重的是创新和行为弹性，毕竟有许多因为大胆投入新事业而成功的先例。不过如果我们冷静地分析历史数据就会发现，在新领域中失败的人数远远超过了成功的人数。

竞争存在于人类参与的所有领域，我们不能侥幸地认为在未经专业训练的情况下能够战胜那些准备良好的对手。 业余选手战胜专业选手是小概率事件，我们不能将这种小概率事件当作事业努力的方向。

我们似乎有一点漏掉了。不过，这里的话用在危机的预防上也是恰当的。在每一次危机爆发之前，资本的直接管理者们往往忽略了自己的能力范围，没有机构对他们的能力进行审查。在繁荣时期，资本的投资者们过度自信，进而忽略了这种审查。在整个社会只有热情和希望的情况下，一大批毫无盈利能力的企业得以建立和存在，商业欺诈自然也层出不穷。

第七节　商品价格
（Prices of Commodities）

在危机爆发之前，商品价格会显著上涨。商品价格的上涨开始于上一轮经济见底之后。大众已经注意到了一个规律——在繁荣阶段，不同商品的价格上涨幅度并不一致。各种钢铁产品和其他建筑材料，以及新型消费品在繁荣阶段的上涨幅度最大。到了衰退阶段，这些商品的价格跌幅最大。而其他商品在衰退阶段的下跌幅度不会如此大，也不会如此早就开始下跌。

当新一轮繁荣启动时，这些周期敏感度不那么强的商品也不会出现较大幅度的上涨，它们产量和价格的变化对经济周期的波动不会造成太大的影响。在危机爆发之前的繁荣阶

周期性较强的行业比如航运行业往往给了某些善于逆周期操作的人以巨大的机会。香港航运业最为辉煌的时候，也见证了高明周期利用者们娴熟的资本运作手腕。

段，经济对木材和煤炭的需求强劲，提升了两者的价格，但是这两种建材价格的上涨幅度远远小于钢铁价格的上涨幅度。为什么会这样呢？简而言之，**木材和煤炭的供给更具有弹性**。新开一个矿坑就能快速增加煤炭的产量，木材的供应量也能够迅速增加。相比之下，要提高钢铁的产量却存在极大的难度。

在本书第三章中，我已经指出了钢铁价格会在危机爆发之前见到最高点，然后开始下跌。即便意料之外的企业破产倒闭加速了危机的降临，钢铁价格往往也会在危机爆发之前见顶。

我们来看美国钢铁价格在危机爆发前后的表现。1873 年 9 月 18 日爆发危机之前的 1871 年 1 月，美国国内各等级的钢铁价格水平都处于较低水平，接着价格持续暴涨，最终在 1872 年 10 月到 11 月期间见到最高点。以费城（Philadelphia）的轧制条钢（Rolled Bar Iron）为例，其价格在 1872 年 10 月到 11 月见到最高点 118.72 美元。高位小幅盘整之后开始下跌，最终在 1873 年 9 月跌至低点 80.64 美元。再以标准铁轨组件（Standard Sections of Iron Rail）的厂商报价为例，其报价从 1872 年 11 月的最高点 88.75 美元跌至 1873 年 9 月的低点 75 美元。

钢轨（Steel Rail）价格在危机爆发之前的价格跌幅并不大，其在 1873 年 3 月见到最高点 122.5 美元，当年 9 月跌至低点 118 美元。

方钉（Cut Nail）报价在 1872 年 10 月和 11 月为 6 美元/百磅，到了 1873 年 9 月跌至 4.75 美元/百磅。

无烟煤铸造生铁（Anthracite Foundry Pig-iron）报价在 1872 年 9 月见到高点 53.87 美元，到了 1873 年 9 月已经跌到了 45.5 美元。[1]

> 在选择操作标的的时候，投机者应该选择供给刚性最强的资产。生猪和鸡蛋，谁的供给刚性更强？小盘股和大盘股，谁的供给刚性更强？普洱茶为什么能够作为一种资产进行炒作？郁金香的炒作周期为什么很短？

> 观察主导行业的变化趋势，就能搞清楚一个国家的兴衰沉浮。

---

[1] 詹姆斯·M. 史万克（James M. Swank）所著的《美国钢铁协会统计摘要》（*The Statistical Abstracts of the American Iron and Steel Association*）。

为什么钢轨价格的下跌幅度并不大呢？第一，生产钢轨的企业较少，因此容易控制市场价格；第二，生产钢轨的企业普遍习惯于根据订单数量来安排生产。也可以按照类似的思路来分析铁轨的价格变化特征。

1873年危机之后，萧条接踵而至。各种钢铁产品的价格基本上都在1878年下半年跌至最低点，具体来讲钢轨和铁轨的报价在1878年12月跌至最低点。而无烟煤铸造生铁的报价在1878年11月跌至低点16.4美元/吨，不及1872年9月报价的1/3。

再来看1884年危机爆发前后的商品价格变化。1878年之后美国经济步入新一轮扩张周期，钢铁价格在1880年第一季度见到最高点。钢铁报价在高位只维持了很短一段时间。

无烟煤铸造生铁的报价在1878年11月的时候跌到了16.5美元，到了1880年2月时回升到了41美元。轧制条钢的报价也在2月回升到了85.12美元，钢轨的报价则在当月回升到了85美元，方钉的报价在3月恢复到了5.25美元。

1880年3月之后，上述钢铁制品的价格再度受到多重利空的影响，进入第二波加速下跌中。这波下跌持续到了1885年夏季才见到最低点。

1884年5月危机爆发，不过对钢铁市场的影响已经比较有限了。无烟煤铸造生铁的价格在1885年夏季的时候跌至17.75美元，然后反弹。轧制条钢的价格在1885年5月跌至40.3美元，当年剩下的时间里，报价在40.63美元附近徘徊。钢轨报价则于1885年4月跌至26美元低点。

我们再来看1893年5月危机前后的商品价格波动。钢铁价格在1885年跌至低点之后恢复上涨，此轮上涨持续到了1887年第一季度。大多数钢铁产品的价格在1887年2月到3月见到顶部，然后拐头下跌。绝大多数钢铁产品的价格在1889年5月到6月见到低点，接下去钢铁产品价格止跌企稳，开始回升，并于1890年1月见到高点。

总体而言，1880年钢铁价格见到顶部之后的20年时间里，其趋势变动特征与此前10年存在显著差异。具体来讲就是1880年之后，钢铁价格的波动更加频繁了。1880年之后的18年时间当中，钢铁价格的总体趋势是下行的。大趋势向下，不过在这期间价格还是出现过短暂的反弹，具体来讲是1882年、1886年、1887年、1890年和1895年出现过短期上涨。这几年的上涨虽然不符合钢铁需求上涨的实际情况，但也并不离谱，还是在能够接受的幅度之内。1887年，美国钢铁价格的上涨幅度要高于其他国家，可能是因为1887年美国的钢铁需要强劲。当时美国大地兴起了铁路基建的热潮，加上经济出现短期复苏，钢铁的供需出现了缺口。同时，危机的严重程度也大大减轻了。

1890 年钢铁价格见到高点之后，恢复下跌趋势，这轮下跌持续到了 1897 年 7 月。与 1880 年和 1887 年的价格下跌相比，这波下跌更加显著，在这期间只在 1895 年出现了短暂反弹，持续时间很短，大概半年时间（见表 6-7）。

表 6-7　美国钢铁价格变化（1889~1897 年）

单位：美元/吨

时间	费城旧式 T 型铁轨	费城 1 号无烟煤铸造生铁	费城锻造生铁	匹兹堡锻造生铁	匹兹堡贝氏生铁	宾夕法尼亚钢轨	费城高等级铁条	匹兹堡钢坯
1889 年 12 月	27.25	19.25	17.25	18.25	23.75	35.00	2.15	—
1890 年 1 月	27.50	19.90	17.90	18.00	23.60	35.25	2.20	—
1893 年 5 月	17.50	14.85	13.00	12.25	13.51	29.00	1.75	21.69
1897 年 7 月	11.50	11.75	10.19	8.36	9.39	18.00	1.25	14.00

从更大的时间框架来看，从 1880 年到 1897 年这段时间内，大势是下跌，虽然跌势很曲折，但直到 1898 年下跌趋势才结束。

美国钢铁的价格从 1897 年 7 月开始上涨，直到 1899 年才开始显著上涨，飙升持续到了年底。

在回顾了钢铁价格变动之后，可以看出危机前后价格水平变化的五个趋势特征。

第一，钢铁价格高点与危机爆发的时间间隔越来越长了。1825 年和 1837 年两次危机之前几个月价格就见到高点。1873 年危机之前一年价格见到高点。1884 年和 1893 年危机之前数年价格见到高点。

为什么钢铁价格高点与危机爆发的时间间隔越来越长了呢？第一个原因是**学习效应导致预期改变了**；第二个原因是投机活动的规模更大了；第三个原因是市场规模扩大了，能够更好地消化产品。

第二，价格波动频率提高了。价格下跌趋势中的上涨更加频繁、显著了。美国大规模铁路基建背后有雄厚的资金支持，钢铁价格略微下降就会激发需求增加，进而缓解了下跌态势。

金融市场为什么会进化得更加聪明？因为参与群体具有学习能力。学习导致预期改变，进而影响了市场的发展轨迹。

123

高点降低，从技术面来讲可以得出怎样的结论？

第三，从1873年开始的每轮周期的最高价基本都低于上一轮的最高价。一方面是因为技术发明创造大幅降低了制造成本，另一方面则是因为交通运输的效率提高了，运输成本降低了。整个经济的运行成本和商品制造成本呈现趋势性下降的特征，这是时代进步的表现，也是每一轮萧条的基本规律。

第四，价格持续上涨的时间要显著短于价格持续下跌的时间。在钢铁价格于1872年10月到11月见到最高点之前，价格上涨仅仅持续了21个月，不过此后价格下跌却持续到了1878年11月，共计73个月。

接下来，价格见底上涨，这轮上涨持续到了1880年2月，也就是15个月。见顶后，价格继续下跌，一直下跌到了66个月，跌至1885年夏天才见底。

然后，价格开始回升，涨至1890年1月，涨势持续了54个月，在这期间价格上涨在1888年到1889年出现了回调。不过，需要注意的是1885年夏天之后的一年时间内，大多数钢铁产品的价格上涨幅度是轻微的。

1890年1月见顶之后，钢铁价格持续下跌了90个月，于1897年7月见底。接下来的一年时间当中，钢铁价格在低位窄幅整理。此后，价格出现了回升，持续到了1899年底，这次上涨持续了不到18个月时间。

其中，1870年到1900年的钢铁平均价格变化请参考附录，图6-1是1870年到1900年无烟煤生铁价格的变化，以及从1886年到1900年贝氏生铁价格的变化。

第五，在见到最高价之前，价格飙升持续的时间几乎未能超过一年时间。倘若将无烟煤生铁和贝氏生铁作为观察对象，那么可以看到当无烟煤生铁在1872年9月见到53.87美元这个高点时，其价格是从1872年1月的37美元低点开始上涨的。这波上涨仅仅持续了8个月时间。

1880年2月无烟煤生铁的价格见到高点41美元，其价格是从1879年8月的27.75美元低点开始上涨的。这波上涨仅仅持续了6个月时间。

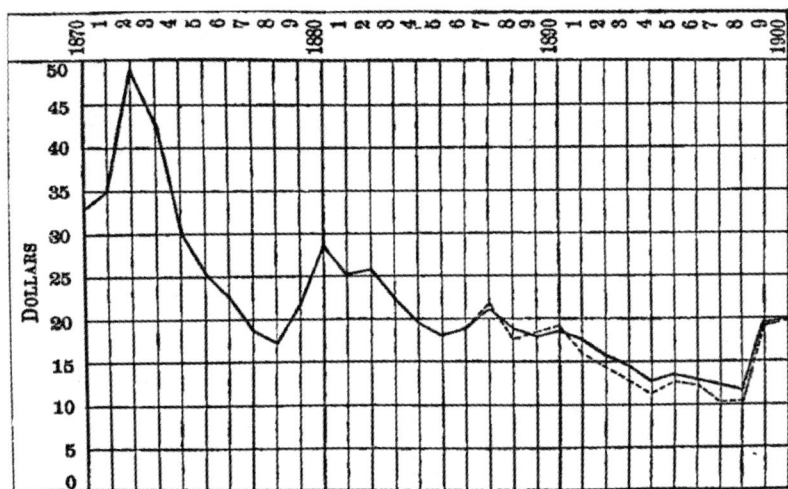

Average prices of anthracite and Bessemer pig-iron.
Solid line, anthracite. Dotted line, Bessemer.

图 6-1 无烟煤生铁和贝氏生铁价格的历史变化

1890 年 1 月，无烟煤生铁的价格见到了高点 19.9 美元，这波上涨是从 1889 年 5 月的 17 美元开始的。这波上涨仅仅持续了 8 个月时间。

贝氏生铁于 1899 年 12 月见到高点 25 美元，这波上涨是从 1899 年 1 月开始的，起点为 11 美元，仅仅持续了 11 个月时间。

综合各方面因素，**1899 年钢铁价格的涨势是最值得我们去剖析的。**这波大涨之前的数年时间里，钢铁制造商们一直认为产能足以满足需求的增长，不过出乎意料的需求飙升打乱了他们的预期。

> 基本面在预期之外的重大变动，最能引发大行情。

第八节 证券价格
（Prices of Securities）

要想正确地理解证券价格在经济周期中的指示意义，我们必须首先弄清楚证券资产的性质和特征。

证券具体可以分为两大类：第一大类是债券，也就是固

> 如果证券市场体现了国民经济主导产业的权重，那么证券市场往往是经济周期的先行指标。为什么有时候股市并非经济晴雨表？对于这个问题，你现在应该可以切中要害了。

定收益证券，这类资产承诺在一个确定的时间期限内给予确定的收益，比如国债、州政府债券、市政债券以及可转换债券等；第二大类是股票，其收益来自于企业利润，比如铁路股票和工业股票等。这类收益并不确定，取决于公司经营情况。

简单来讲，证券的价格取决于两个因素：其一是未来收益贴现；其二是收益的确定程度，或者说潜在风险。

股票价格的影响因素要比债券价格的影响因素更为复杂，想要构建股票价格波动的因素模型非常困难。不过，如果你朝着"趋势"这个方向去分析，那么就可以少走不少弯路。

股市的大势具有一些显著的规律，下面我就扼要介绍一下。

第一，在经济见底回升之前，证券的价格就开始早于大多数商品价格开始上涨了。在危机或者萧条发生之前，证券价格又是更早下跌的。对股票而言，价格上涨或者下跌的幅度往往大于商品价格上涨或者下跌的幅度。

第二，在经济见底复苏之前，题材股和绩差股的上涨比较靠后。衰退之前，题材股和绩差股下跌得更早，跌幅也更大。

第三，股票较商品的价格波动率更高，无论是从长期来看还是从短期来看都是如此。

第四，与债券和商品相比，股票更容易遭受投机泡沫。**各种题材纷至沓来会显著地改变风险偏好，从而为投机炒作创造极大的便利。**

为什么在经济见底回升之前，证券的价格会更早上涨呢？主要原因是证券比其他资产更容易受到货币市场的影响。**在萧条或者衰退阶段末期，大量的资金聚集在银行或者金融机构，等待投资盈利的机会。**工业领域的竞争非常激烈，因此资金刚开始的时候对新兴领域比较谨慎。在实业机会有限的情况下，过剩资金或者说流动性会进入证券市场寻找机会。在这种情况下，证券市场就会出现巨大的波动。

竞争优势是绝大多数高效价值投资者用来确定股价趋势的基准；那么，技术交易者又是根据什么来确定"趋势"的呢？

垃圾股大涨往往是牛市赶顶的特征。

另外，还有第二个因素使得证券价格在经济回升之前更早上涨，那就是利率变动的敏感性。萧条或者衰退阶段，利率会下降或者下调。**利率与债券的价格呈显著反比关系，利率下跌则债券价格上涨。利率下降，则公司未来收益流的贴现值会增加，这会提振股票的价格。**

比如，一只债券的市场价格是 100 美元，当时的市场利率是 6%。当利率下降到 4% 的时候，债券的市场价格会上涨到 150 美元。

在大多数情况下，商品的价格主要受到供求关系的影响，而证券则会受到利率和风险偏好变化的影响。衰退末期，经济即将步入复苏，低利率加上公司收益预期上行，使股票价格持续上涨。

作为股票交易者而言，必须谨慎对待公开消息给出的财务报告，公众容易受到误导，因此我们需要独立而有效的思考从而做出自己的判断，**借助个人预期与大众预期的差值来赚取超额利润。**

在萧条和衰退到来之前，由于利率上涨同时增长见到高点，因此股票的价格会见顶下跌。由于融资成本上市，一些公司会将投入股票上的资金撤回用来维持实业经营的现金流，而这会导致股票市场的资金大规模流出，加剧股市的下跌。

除此之外，整个金融市场的资产抛售潮蔓延开来，当资产管理机构和投资个人面临资产跳水时，他们只能卖出那些流动性更好的资产来应对，这个时候优质股票的价格也开始跳水。

利率显著下降对股市上涨起了助推作用，而利率显著上涨则对股市下跌起到推波助澜的作用。**在不同的经济周期阶段，股市的大势是不同的**，因此我们在操作股票之前需要搞清楚所处的阶段。在萧条和衰退末期，利率显著降低，流动性充裕，但是实体经济还是没有复苏的迹象，但是这个时候股市已经开始筑底回升。在经济繁荣发展的阶段，股市也处于持续上涨的乐观阶段，资金不断入市。

如何捕捉股票市场的大势呢？经济周期和宏观流动性是两个重要的入手点。第一个入手点可以参考本书附录的《经济周期与股市的关系》一文以便全面了解和进一步落地运用。

接着讲题材股和绩差股为什么在萧条和衰退期之前下跌得更早，幅度也更大。在萧条和衰退期降临之前，这类股票对流动性更加敏感。实体企业现金流紧张导致从资本市场大规模回笼资金，加上风险厌恶情绪上升，这就使得题材股和绩差股里面的投机资金大幅流出。

股市上谋取利润的资金容易受到风险偏好的影响，一旦风险厌恶情绪上升，则缺乏业绩支持的股票首先遭到抛售。投机盛宴的狂欢结束了，"流动性的酒杯"一旦被拿走，则垃圾股和题材股的价格便无法继续攀升了，它们纷纷拐头暴跌。垃圾股往往是一轮牛市中最后一波上涨的板块。当风险厌恶情绪上升，叠加流动性紧缩，则所有证券的价格都会下跌，垃圾股首当其冲。

我们再来讲第三个规律，那就是股票价格的波动率无论是在短期还是在长期都显著大于商品。股票价格的影响因素众多，不仅宏观流动性可以影响股价，股票市场内的资金流动也会影响股价。财务报表可以影响股价，财政部的政策也会影响股价，大型金融机构的动向对股价也会有显著的影响。在两周之内，甚至在一周之内，股价都能出现剧变。交易行为直接影响股价，融资比例显著地对股价波动造成冲击。**毕竟，股市是一个融资总额巨大的资本市场，因此不能不重视融资的影响。**

A股市场的融资融券额应该怎么分析呢？你可以总结出哪些规律？

第四个规律涉及题材和投机泡沫对股价的影响。股价分拆会引发投机行为，每天的报纸会给出各种消息，它们为股市炒作提供了题材。股价的显著波动也成了投机介入的原因之一。**许多投机者会紧盯热门股，试图从中分一杯羹。**一些金融机构专门从事股票交易或者经纪业务，他们的行为也加大了股价的波动。

与大宗商品相关的股票会因为这些商品价格的变化出现投机行为。龙头股的大幅上涨或者下跌会影响到其他个股，以及整个板块或者股市的波动。资产的并购重组事件也会成为重要的题材或者驱动事件。比如，某家铁路公司想要通

"题材投机"是股市的最耀眼的盈利方法，你了解多少。"价值投资"是闷声发财之道，你又了解多少？

过并购来提升自己公司的市值。

在所有这些规律当中，最为重要的一点是股市作为经济晴雨表和危机风向标的巨大价值。例如，英国于 1847 年 4 月到 10 月爆发危机，而其股市早在 1845 年就已经见顶了。

美国于 1857 年 8 月爆发危机，但其股市早在 1956 年 12 月就见顶了。1857 年 1 月之后，美国股市暴跌。纽约中央铁路公司（New York Central）的股价在 1856 年 12 月涨至 94 美元，在 1857 年 2 月跌至 90 美元，到了 6 月继续下跌到了 84 美元，直到 8 月才见到最终底部的 53 美元。

题材投机股与价值投资股相比较而言，在下跌的时候幅度更大。我们来看一些具体的例子。纽约—伊利铁路公司（New York & Erie）的股价在 1856 年 12 月的时候还在 62 美元，到了 1857 年 9 月已经跌到了 9 美元。

伊利诺伊中央铁路公司（Illinois Central）是当时投机氛围最浓的一只活跃股，其股价在 1856 年 12 月见到高点 122 美元，到了 1857 年 10 月已经跌到了 75 美元。从这两个热门铁路投机股的价格数据来看，它们几乎被"腰斩"了。这两只股票还算有些价值基础的，相比之下一些投机性质更加严重的股票，其股价下跌了差不多 5/6。

1879 年是英国非常萧条的一年，也可以说是这个十年当中经济最为低迷的一年。不过，股票市场却是另外一番景象。主要铁路股的股价都比 1878 年更高。**股市在经济复苏之前已经筑底回升了，股票的价格比商品的价格更早上涨。**英国铁路股票板块带动了整个股市从 1878 年到 1879 年的上涨，其中优质铁路公司的股票表现最好。

再来看一个实例。1873 年英国金融和经济危机爆发之前，17 只上市股票当中有 14 只在 1872 年见到高点，也就是说它们在 1872 年的价格高于 1873 年。剩下的 3 只股票则相反，也就是说它们在 1873 年的价格更高一些。往再远一点看，其中 11 只股票在 1871 年的价格高于 1872 年。

1884 年美国经济和金融危机爆发，在此之前股市就见顶了。以纽约证券交易所（New York Stock Exchange）的 13 只指标股为例，其中 2 只在 1880 年见到最高价，7 只在 1881 年见到最高价，剩下 4 只在 1882 年见到最高价。

再看 1893 年 5 月美国经济和金融危机爆发前的股市表现。事实上，股市早在 1892 年就开始筑顶下跌了。当时的 17 只指标股里，5 只在 1892 年 1 月见到最高点，3 只在同年 2 月见到最高点，4 只在同年 3 月见到最高点，而湖畔铁路公司（Lake Shore）和密歇根中央铁路公司（Michigan Central Railroad）的股价则在同年 4 月见到最高点。

一些优质股见顶的时候要更往后一些，如芝加哥—西北铁路公司（Chicago &

Northwestern）的优先股在 1892 年 5 月见顶，而普通股则要早一些，在 2 月见顶。芝加哥—奥顿铁路公司（Chicago & Alton）的股价在当年 7 月见顶。纽约—纽黑文—哈特福特铁路公司（New York，New Haven & Hartford）的股价在 1893 年 1 月见顶。

从中总结出一条规律：**股息越高越稳定的公司，或者说业绩越优良的公司，其股价在牛市末期见顶的时间越晚。**

影响股价上涨或者下跌的因素众多，参与者的资金实力越强，则股价波动越大。除了参与者的资金实力之外，消息传播的效率和频率也会影响价格波动。比如，与棉花或者原油相关的股票因为每天都有许多相关信息公布而波幅更加剧烈。获得消息的数量和频率决定了价格的波动率，统计数据的收集和通信设施的建设最终决定了这一切。过去人们只能获得有限几个农作物相关的数据，比如 19 世纪初，有关棉花的统计数据非常有限，而且主要依靠轮船来传递这类信息，接收到数据的日期并不确定。现在每天有大量有关股票和上市公司的统计数据，这就加大了股票的波动率。在附录中有一个表格列出了在 33 年当中，特定股票在特定月份出现高点或者低点的次数。

根据直觉，我们可能认为银行信贷比较宽松的月份股价容易涨至高点，但实际情况并非如此，每年的 1 月和 12 月是股价出现高点和低点频率最高的两个月份，而股价高点和低点出现频率最低的两个月份是 7 月和 8 月，这两个月也是年内交易量最小的月份。由此可见，成交量的极大值往往与股价的极端值同时出现。成交活跃是股价活跃的重要决定因素，如表 6-8 所示。

表 6-8　美国主要股票高低点的月度分布[①]

月度	高点出现次数	低点出现次数
1 月	61	89
2 月	42	25
3 月	32	35
4 月	26	37
5 月	28	25
6 月	40	26
7 月	13	27
8 月	14	22
9 月	40	22

---

① 如果出现一次双顶，一个高点在 1 月，另一个高点在 12 月，则在 1 月和 12 月分别计入一次高点。

续表

月度	高点出现次数	低点出现次数
10 月	36	31
11 月	47	36
12 月	66	60

如果股票价格持续稳步下跌，则危机可能就要来临了。不过单凭这一点不能认为危机一定会来临，因为繁荣程度下降也会导致股价下跌。关键是股价下跌持续了多长时间。市场出现大规模抛售会打压股价，不过这并不一定是金融或者经济危机即将来临的特征，更可能是过度上涨后的正常回调。

相对股票而言，债券的波动率要低很多。公债是大众最喜欢的投资标的之一。影响公债价格的因素要清晰简单得多。国家发行货币需要以公债为基础，同时央行会通过买卖公债来影响基础货币量。通常而言，政府债券价格的下跌会出现在危机之前很长一段时间内。公债价格不仅受到流动性的影响，而且还受到交易者们情绪变化的影响。

在危机之后的萧条阶段中，公债价格会率先上涨，此后会一直维持在较高的水平。 公债价格的最低点通常不会低于上一轮行情的最低点。而其价格的最高点往往会突破此前的高点。

除了公债之外，还有其他一些类型的债券，投资者的偏好往往会对债券的价格产生显著的影响。重要金融中心附近地区发行的市政债券或者抵押债券受到投资者们的青睐。1890 年的金融数据表明，房地产抵押债券的利率往往存在如下规律：房地产所在地与金融中心的距离越近，则其发行的抵押债券利率越低。马萨诸塞州（Massachusetts）的抵押债券利率为 5.44%，纽约州（New York）的抵押债券利率为 5.49%，俄亥俄州（Ohio）的抵押债券利率为 6.56%，爱荷华州（Iowa）的抵押债券利率为 7.63%，堪萨斯州（Kansas）的抵押债券利率为 8.68%，蒙大拿州（Montana）的抵押债券利率为 10.61%。

危机会从一个国家传染到另外一个国家。因此，当重要国家发生危机时，其购买力将显著下降，这会影响其他国家的出口。如果发生危机的国家是资本输出国，则危机发生时其影响全球资本市场的流动性，进而影响其他国家的资本市场。尽管局部战争或者饥荒会短暂地促进其他国家发展，但从中长期来看所有国家的财富和增长都会受到影响，最终全部国家的繁荣局面都会受到冲击。

第七章

危机的防治
（Preventives and Remedies）

> 商业银行于各行各业的经营活动都有直接的联系，对于需求和生产的变化了如指掌，因此它们更善于根据供求变化来及时调节货币供给。

危机的预防可以从三个方面入手：一是制定法律，通过立法和行政来预防危机。二是提高银行的治理水平和资本充裕度。三是妥善引导和处置个人投机行为。

第一节　立　法
（Established Laws）

在美国，通过立法约束和规范联邦财政部（Federal Treasury）的某些行为可以显著地抑制危机的酝酿和爆发。比如，立法禁止联邦财政部直接发行货币或者吸收公众存款。

到目前为止，美国政府没有停止发行纸币的职能。因为美国政府并不愿意改变治理模式，也未意识到保证维持货币独立性的重要价值。为什么会这样呢？从政府的偏好和对银行的偏见中可以看出端倪。从好的方面来说，**政府担心普通银行不正当地利用货币权力**。同时，政府如果拥有发钞权的话就能够获取巨大的利益，比如铸币税。在南北战争时期，

帝国为什么要降低货币成色或者滥发纸币呢？是因为财政赤字被迫如此吗？

通过发行大量纸币来解决财政压力的做法其实用不着我们花费过多的口舌去探讨。事实上，**几乎所有文明国家都发行过纸币，开始的时候政府往往承诺会用黄金兑换这些纸币**。不过后来这种尝试都失败了，大多数政府最终不得不放弃纸币发行，只保留了铸造金属货币的职能。

危机和恐慌未必表明一个国家的工商业体系有缺陷，不健全。危机和恐慌可能是因为供过于求或者供不应求造成的。货币发行过量会间接地促成危机，因为货币滥发会刺激过度投资和投机行为，奢靡消费和无效投资因此泛滥开来。而货币的紧缩在很多情况下则会直接引爆泡沫，从而触发危机。不过货币短缺与资本短缺并不等价。

总之，纸币发行制度必须因应现实需要而变化，这样才算得上合理。当货币过剩的时候，需要紧缩；当货币短缺的时候，需要扩张。这就是所谓货币政策的弹性和灵活性。经济各行业对资金的需要并非一成不变，利率的变化也会反过来影响货币需求。**企业家的信心和季节性都会影响货币需求。**为什么会存在资金需求的季节性呢？农作物的收割和销售就存在季节性，这是其中一个原因。

从上述角度出发就会发现，政府直接发行纸币并不能很好地满足上述要求。图克（Tooke）先生指出商业银行发行纸币和政府发行纸币两种制度是存在显著差异的。**商业银行发行纸币是基于市场和经济的需求，而政府发行纸币往往是因为自己的需求。政府满足了自己开支的需求，在任何时候当它存在开支需求时，它就会印钱。**[①]

倘若政府控制了纸币发行，那么其发行量必须遵循一个固定规则或者是在立法机构的授权下对货币发行量进行控制。如果货币发行量完全保持不变，那么就无法适应流通领域快速发展的客观需求。如果贷款需求低迷，在货币供给不变的情况下，则货币流通容易过剩；如果贷款需求旺盛，在货币供给不变的情况下，则货币流通容易紧缩。

如果靠立法来控制货币发行，则调整货币供给的时效性就显著降低。**如果直接授予货币发行权给行政部门，则很容易，几乎是必然导致滥用。**由于不同的行政部门存在狭隘视角，因此容易出现严重偏颇的决策。无论是立法部门还是行政部门控制货币发行，无论他们多么廉洁自律，都没有直接参与到经济中的各个领域，因此存在大量的信息缺失，很难做出客观有效的决策。显然，能够自动收集全面信息并且及时做出恰当的决策的体制才是最佳的货币发行体制。

如果一国发行可兑换为铸币的纸币，那就意味着政府必须保持足够多的铸币储备，

---

① 《价格史》（*History of Prices*）。

以便满足兑换的需求。在这种货币体制下，大众会高度关注铸币储备的变化，它是衡量信贷稳健程度和经济健康程度的"晴雨表"。如果铸币储备减少，则负责兑换纸币的金融机构需要立即提高贴现率避免铸币流出。

在可兑换纸币制度下，美国行政部必须满足前来兑换纸币的需求，但是财政部能够采取的措施有限。显然，现在许多国家已经放弃了可兑换纸币制度，它们在拓展或者收缩信贷上更具效率，能够满足非常时期的需要，也能够更加有效地控制铸币供给。英国和法国率先放弃了金本位制度，能够自如地控制自己的货币和汇率，而这正是这两国在此后比美国更早摆脱危机的重要原因之一。

在本书我并不愿意建议美国以一个全新的货币制度来代替先行的制度。不过在经过认真的思考之后，我还是想要对两种相互矛盾的货币制度和理论进行一番扼要的剖析。

第一个理论是"货币理论"（Currency Theory），这一理论和制度强调纸币的发行不应该由商业银行控制，纸币是黄金等铸币的替代品，应该由立法或者行政机构来确定。英国政府通过了一个《1844 年法案》（*Act of 1844*）确定了英格兰银行的货币发行量，这一理论颇为流行。

第二个理论是"银行理论"（Banking Theory），这一理论和制度认为商业银行可以发行纸币，只要确保纸币可以得到足够的黄金兑换即可。这一理论认为纸币的发行量可以超过黄金储备量。

某些学者站在第一种理论的立场上批判和攻击第二种理论。他们认为如果纸币发行量远远超过了黄金储备量，则会抬高物价，推动黄金出口，激发投机行为。站在第二种理论立场上的学者则会反驳道：商品的价格并不完全取决于流通纸币的数量，货币流通速度也是一个关键变量。很多时候货币流通速度增加发生在商品价格上涨和投机兴起之后，而不是在此之前。另外，只要确保纸币能够随时兑换成黄金，就可以确保金融秩序。这两种理论在商业银行自主发行纸币上存在截然不同的观点。美国当前的货币制度并不属于上述任何一种，因此既不能控制黄金出口，也无法做到货币供给的弹性。

我个人认为政府为了维持纸币的可兑换性而维持充足黄金储备的做法存在不利的影响。为了维持足够的黄金储备，政府就需要调整财政收支，这会影响该国的商业和贸易发展。"黄金镣铐"就是对这一情况的形象称呼。如果没有这一制度，那么财政收支对商业和贸易的影响过程就是有限的。

如果包括政府在内的一切主体都非常关注黄金储备，那么一旦其出现下降，则会削弱大众的信心。财政赤字会造成黄金储备显著下降，这会引爆或者加剧危机。而一些原本影响不大的事件也会因为涉及黄金储备的变化而干扰整个金融体系,甚至整个经济的健康运行。

不过,美国政府已经意识到了这一点,《1900 年金融法案》(*Financial Bill of* 1900)的颁布在一定程度上缓解了上述问题。不过,这一法案并未根本解决掉问题。虽然财政部设立了一个独立的机构负责管理兑换纸币的黄金储备,但是并未完全取消这一储备制度,因此黄金储备的变化仍旧会对整个金融和经济体系产生影响。

上述优势与"货币理论"有关,而"银行理论"也有其固有的优势。商业银行机构发行纸币的优势是不难发现的。**商业银行与各行各业的经营活动都有直接的联系,对于需求和生产的变化了如指掌,因此它们更善于根据供求变化来及时调节货币供给。**如果纸币的供给相对需求过剩,则他们利用手中的黄金兑换纸币;如果纸币的供给相对需求短缺,则它们会增加纸币的发行,换取大众手中的黄金。

两种货币理论其实是弗里德曼的货币主义与奥地利学派货币理论的交锋。

美国国会在 1862 年通过了《法币法案》(*Legal Tender Act*),当时发行美钞只是权宜之计。林肯总统在 1862 年 12 月 1 日的演讲中指出发行纸币是一种可能存在问题的短期做法,他说道:

"货币供给量的大幅波动肯定是有害的,平缓这样的波动肯定是理性立法的首要目标。**大众普遍认为能够及时将纸币兑换成铸币或者贵金属是最稳健的货币制度,是金融和经济体系的可靠保证。大众非常担心纸币是否能够一直流通下去。**

因此,是否存在一种优于纸币的货币体系,能够更好地满足经济和国家发展的需要,同时又能够减少危机和捍卫金融市场的可信度?也就是说,是否存在一种统一而可靠的货币体系?

不过,我认为这样一种完美的货币体系是不存在的。任何货币体系都无法给出上述美妙的承诺,也无法让所有人满意。如同在《国会法案》(*Act of Congress*)下成立的银行业协会组织(Organization of Banking Associations),通过恪守法案

对这个组织的规定，政府可能能够保证货币流动性充足，同时确保财政部发行的美国国债的安全。在有关人员的监督下，统一且随时可兑换的纸币可以保护普通劳动者免受痛苦和损失，同时促进整个商业的发展和繁荣。"①

货币供给需要弹性，在思考这个问题时需要考虑到银行机构的存款出现大幅波动的情况。当今主流的纸币发行理论认为除了用于国际结算的纸币之外，国内市场上流通的纸币有一部分被存入了银行等金融机构，其月度或者年度存款基本上是大致相同的。这部分存款会转换成贷款，或者是用来进行贸易结算。根据这一假设，银行需要在任何时刻都能够提供同样数额的纸币来满足贷款和商业活动。

不过这一理论忽略了两个关键事实：**第一，商业和经济虽然稳健发展，但是季节性变化还是很显著的，而这会扰动整个货币供应体系。第二，恐慌阶段，经济和社会动荡，挤兑潮容易出现，人们也会囤积现金，这也会极大地冲击货币供应体系和整个金融系统。**

国家审计官员（Comptroller）诺克斯（Knox）在 1873 年的报告给出的一些数据表明，大众在非常时期确实会大量囤积现金。1873 年 10 月 13 日，国民银行发行的货币、法定纸币以及辅币的总额是 756315135 美元。同一日，美国财政部和各大银行持有的货币总额是 116496138 美元。而当日，纽约市国民银行（National Banks of New York City）持有的法定货币总额为 6517250 美元。大约一个月前的 9 月 12 日，纽约市国民银行持有的法定货币总额却高达 32278530 美元。②

显然，很少有货币理论会考虑到上述两种情况，因此也就极少考虑到相应的货币制度安排了。一旦忽略了上述情况，那么这样的货币制度必然存在严重的缺陷。比如发行临时票据来缓解流动性紧张无疑是杯水车薪，最多起到短期的效果。

> 流动性危机对于手握大量现金和可借贷头寸的人而言是巨大的抄底良机。

---

① 《总统发言和文件汇编》（*Messages and Papers of the Presidents*）第 6 卷，第 129~130 页。

② 《1873 年货币审计报告》（*Report of the Comptroller of the Currency for* 1873）第 31 页。

不过，即便在危机阶段增发纸币也无法亡羊补牢，既不能挽回浪费的资源，也不能杜绝萧条的降临。但是有一点是确定无疑的，那就是如果币值稳定，大众还未对经济和金融失去信心，则及时增发货币会起到稳定局势，避免局势恶化的效果。及时稳定流动性，可以避免企业出现破产潮，防止大众陷入恐慌和非理性。

从历史来看，美国货币制度与危机的爆发具有千丝万缕的联系，这点非常显著，也令人扼腕叹息。贸易和商业的繁荣增加了货币需求，但是相应的货币发行量却没能跟上，这就引发了严重的通货紧缩和流动性危机。货币流通量满足不了经济发展的要求。甚至出现了劣币驱逐良币的现象，只能是更好的货币流失到了国外或者是被囤积了起来。

为了完善货币制度，美国也进行了一些改革尝试。这些改革围绕着抑制恶性通胀和通缩而展开。1878 年和 1890 年制定了白银铸币和购买白银的法案都是这种改革的一部分。我认为更为重要的是随着经济和社会财富总额的增长，货币数量也应该同步增长。同时，如果经济萎缩，新企业创立数量下降，则货币需求就会下降，这个时候就容易出现流动性过剩现象，货币供应也需要相应的调整。毫无疑问的是，我们的货币制度应该根据商业和工业的需要调整，这样才能减少危机的发生，减轻危机的冲击，否则就会造成严重的困境。

不过，现实是上述调整是很难在现行体制下实现的。现在美国仅有一条法规对国民银行的纸币发行和流通做出了限制，不过仅仅对增加纸币发行量做出了规定，并未规定减少货币量，而后者其实是同等重要的。不过，这个方面只能在将来逐渐完善了。未对减少货币供应量进行明确规定，这是落后时代发展要求的。

财政子库制度（Subtreasury System）是财政部扮演存款银行职能的机构。如果能够废除这个制度，或者进行根本性的变革，则可以抑制和削弱金融危机的爆发。政府的资金应该存入财政部，而不是银行，这样做的理由非常明显。一旦银行等金融机构破产倒闭，则政府的资金也会遭到巨大的损害，而这会危及整个经济和社会，以及金融体系的稳定。政府在危机和恐慌中无法调动资金，财政的信用将大幅降低。另外还有一项财政管理法规需要审视，那就是政府的收入和支出必须采用铸币形式，这也限制了财政在应对危机中的能力。

第一部对财政子库制度做出规定的法规是 1840 年通过的。次年这一法规就被废止了，到了 1846 年这一法规以大致类似的内容被复活。第一次颁行时间很短，因此那些负面的预判并没有机会应验；第二次颁行后的几年，这些预判也没有应验。不过那时候的财政收入相比半个世纪后的现在规模上要小很多，那时候的纳税人占人口比例也

小很多。

对目前财政制度最大的反对之声源自财政收支过程的不合理，导致货币流通和金融市场的大幅波动，容易导致通货急剧紧缩，或者是通货急剧膨胀从而大大刺激了投机泡沫的产生。

事实上，财政子库制度使货币供应缺乏足够的弹性，使货币供给和需求远离了平衡。不过具体的影响取决于是过度紧缩还是过度放松银根。这一制度阻碍了货币供求实现平衡，无法灵活而及时地实现纸币发行量的增加或者减少。简而言之，财政子库制度引发了货币供应量的大幅不合理波动。

货币供应量的这些大幅波动可能与商业的货币需求量变化南辕北辙。在财政子库制度下，应该保持货币供应量大于货币需求量，这样才能适应财政收支带来的紧缩效应。美国财政部发布的人均货币量统计数据中，应该区分存放在财政部的部分和公共流通中的部分，这样就能证实货币供应量大于货币需求量的必要性。

当存在负面的外部冲击时，在现有制度下财政部只能通过购买债券等临时手段来增加货币供应量。不过这种做法的效果远远比不上商业银行直接放贷。财政部购买债券支付的货币可能流到了并不需要资金的人手里。这些人可能将现金囤积起来，并不流通。如果是商业银行直接放贷，则资金更可能流向需要的人，无论是需要偿还债务人的还是需要资金维持商业运作的人。

在现行法律架构下，政府能够将国内税收存入银行，不过并不包括关税收入。在大多数州，都有一个类似于财政子库的制度。这些州每年或者每半年征收一次税，并将这些税收收入存放在各州管理的财政子库中，用于各州自己的财政支出项目。这项制度被严格遵循着，任何违反这项制度和相关规定的行为都会遭受严厉的处罚。这项制度当然也造成了严重的负面冲击。每逢征税季节，大量的资金退出流通领域，这会造成严重的流动性紧缩。

不过，现在部分州已经着手解决了这一问题。但是，要想在全国范围内解决这一问题还存在很大的阻碍，不过并不是不可克服的。应该对财政存款的管理进行全社会招标，这样可以避免徇私舞弊和贪污行为。财政部可以管理一定数额的税收收入，只要能够满足一定时期的财政开支需求即可，剩下的部分则应该交由那些恪守利率和存款保障法规的合格银行代为管理。当前将税收存入银行的做法恰好符合这一指导意见。

更为彻底的做法是完全取消财政子库制度，当然也可以采取其他完备的措施杜绝货币流通量出现急剧的波动。在货币需求大增的非常时期，反而可能因为现有的财政制度而出现减少货币供给的情况，这必然造成货币和金融市场，乃至整个经济体系的地震。

有一种观点认为应该让国民银行组织作为财政委托管理者，以此作为解决问题的一种办法。不过，在进行大量重复宣传之后，相关法案仍旧未能最终通过，这表明民众仍旧反对这种做法。

接着，我们讨论铸币支付和价值标准的确定性（Certainty as to Specie Payments and the Standard of Value）。在防止危机的各项措施当中，最为有效的做法就是将国家发行的货币建立在完全确定的基础上。需要在平等的基础上维持纸币的正常流通秩序，而且需要与世界上重要国家认可的标准相符。

与世界上主要国家比较起来，在危机中美国无法保证纸币兑换成黄金，这种赎回上的不确定性动摇了整个金融体系的信心。**当货币内在价值受到严重侵蚀和威胁的时候，也会带来巨大的危机。**

比如 1814 年、1818 年、1837 年和 1873 年四次危机中，由于暂停铸币支付或纸币的赎回，使得危机加重。在这四次危机中，资本遭受巨大的亏损，而工商业也遭受了重创。1893 年，美国大众担忧美元放弃金本位，转向银本位，这也使得恐慌和危机的阴影笼罩。

许多专家学者已经对不可兑换纸币的危害进行了长篇累牍的论述。无可辩驳的是**纸币的不可兑换性将导致过度投机和消费的行为，谨慎稳健投资的行为将被鲁莽赌博的行为所替代和淹没。在泡沫投机中，遭受最严重亏损的往往是那些融资杠杆水平较高的玩家。**

如果消除美元价值中存在的不确定性，则大大有利于抑制此后危机的爆发。为此，我们应该避免金融和经济政策上的频繁变动，这样才能消除不确定性对金融稳定和信心的负面冲击。美国在这方面遭受的损失大于任何一个国家。

无论是经济政策还是财政政策，在几乎任何重大事项上，美国都善变，伴随而来的是持续的动荡和信心的丧失。虽然在其他国家也会在重大事项上存在意见的巨大分歧，不过大

罗马帝国和元帝国后期都出现过币值减损的现象，这动摇了整个帝国的秩序。如果你要解构帝国兴衰，应该从什么要素入手呢？

众会在讨论阶段充分表达自己的观点，一旦达成一致就很少改变。没有任何一个国家像美国一样在财政和金融政策问题上变动如此频繁。频繁的变动助长了保守主义情绪，这使得美国在政策上形成混乱的妥协。

无论是美国，还是其他国家，维持经济和财政政策的延续性和渐进性都是有益的。任何政策都应该让公众先行了解，然后再循序渐进实行。只有这样才能稳定工商界的预期，减轻不确定性对投资活动的抑制。

萨克斯在苏联经济改革上所犯的错误就在于激进主义。

为了抑制危机的爆发，必须重视统计数据的全面和准确性。在任何严重的危机和萧条发生之前，统计数据都有清晰的警告信号。一方面，我们不应该讳疾忌医，忽略这些信号。另一方面，我们则应该重视统计数据的全面性和准确性。虽然我们的统计机构在过去数年有了极大的进步，不过大多数统计数据仍旧存在诸多问题，比如不准确，或者是不系统。

官方或者私人机构出版的统计资料提供了许多有价值的数据，比如银行存款额和贷款额、铸币流通量、进出口额、铁路货运额、批发价格指数，以及农作物生长和收成情况等。这些数据都存在一些重要的缺陷，具体来讲就是缺乏历史数据可以对比，以及统计口径并不统一。只有可供比较的统计数据才能帮助我们确定经济的运行趋势和周期，在价格水平过高或者实业投资过度的时候发出警告。

另外一个需要我们注意的问题是，不能忽略其他国家经济商业行为的统计数据。现在美国的国际贸易规模持续扩张，国际商业行为日益密切。其他国家经济波动也会影响美国经济的发展。

还有一些经济统计数据，本来具有非常大的分析价值，但是却不够准确或者存在缺陷，比如劳动力就业率、新企业资本支出、新屋开工量、工业产量以及国民银行等金融储蓄机构的相关统计数据等。既然统计数据不足，那么就必须重视已有的统计数据。

在预判和防治危机方面，各州与公司的关系也值得我们

关注。具体而言，州政府与企业之间的互动也是非常重要的。相比于其他国家，美国给予了企业更多权利，整体上采取了自由放任的态度和政策。换而言之，政府在监管企业方面也存在极大的疏忽。

州政府应该对企业保持恰当的监督，保护股权人和债权人的合法权益，避免他们遭到商业欺诈。不过，现实却是他们的合法权益并未得到应有的保护。事实上，只有做一些简单的检查就可以暴露出相关的问题，但由于不存在任何形式的监管制度，因此包括银行在内违规行为在大庭广众之下存在了数年仍旧得不到有效纠正。

公共企业尤其应该受到更为严格的监管。政府在批准公共服务行业的特许经营权时忽略了城市扩张的可能性，未能意识到这些获得特许经营权的企业会有机会获得超额利润。

其中一个特别值得改正的问题是企业与股东之间的关系应该受到更加规范和全面的监督。小股东的权益应该得到明确的保护。在现存的监管法规下，股东、债权人和企业管理者之间的关系存在漏洞，管理者的行为存在道德风险，他们有机会进行欺诈和投机，这些都会导致危机爆发。

另外，信息披露也存在一些问题。许多重要行业的关键企业并不公开其财务和交易信息，它们刻意隐瞒实际情况，使公众处于信息不对称的危险之中。这就可能使得那些诚实经营的优质企业也无法获得大众的信心，也可能使大众对那些垃圾企业充满盲目的乐观。

当危机来临时，企业倒闭潮会加速大众信心的崩溃。如果能够实施有效的企业监管制度，那么这样的倒闭潮就会得到抑制和缓解。

第二节　银行的管理
(The Management of Banks)

银行和银行家们在一国工商业的发展过程中承担着重大的责任，他们的行为会极大地影响一国金融的稳定和经济的发展。他们需要紧盯时代的潮流，在企业陷入危机的时候恰当而不过度地给予帮助。

企业的盲目投资和过度投机行为，以及社会的过度消费行为，都需要银行恰当地抑制。如果银行家缺乏审慎的信贷态度，那么就会纵容这种非理性行为。当利率整体下行时，银行的审慎态度和行为就更加重要，需要仔细问问和考虑企业的各方面情况，采取保守的做法。

下面我们就此谈五个问题。

第一，关于贷款的规则（Rules as to Lending）。为了抑制泡沫的形成和危机的爆发，必须遵循一系列原则，而白哲浩（Bagehot）先生的意见更为有效：

"首要的是贷款利率必须足够高。**足够高的利率可以抑制不理性的行为，并且将大量缺乏实际需要的借款人挡在门外。**在危机和恐慌爆发之前，要尽早提高利率，这样才能抑制泡沫的形成，因为任何人都不会因为利率很高而盲目地大量借贷，这样可以保证银行储备的稳健。

在繁荣阶段尽早提高利率是一个方面，第二个方面则**可以通过资本市场提高运营良好银行的资本充足率**。银行可以发行证券，只要大众愿意买入就应该尽可能地满足这种要求。这样做可以充实银行的资本，在恐慌中保持足够的流动性应付危机。

允许优质银行发行证券提高资本充足率，可以抑制和缓解危机；相反，如果拒绝优质银行发行证券提高资本充足率，则会加剧恐慌和危机的发生。"

接着，他补充道：

"为了防止恐慌，我们所要采取的必要做法是让大众相信尽管金钱是稀缺的，但还是可以挣到的。要让他们敢于把钱用出去，无论是投资还是消费。"[1]

当然，改革是必须的，尽管进度很慢，但是不可避免。我们需要做的第一步是取消高利率限制法规。继续保留这样的法规是站不住脚的，这些法规与中世纪某些荒谬做法类似，比如规定粮食的价格或者是老百姓鞋子的长度等。

第二，关于银行贴现信贷的局限性。美国爆发危机最重要的原因之一是企业所需要的资金很大一部分来自于银行贴现贷款。企业融资渠道单一，缺乏股权融资，缺乏发行长期

关注在经济繁荣时期，企业的放贷标准和行为，可以预判此后金融泡沫的程度，以及可能爆发金融危机的概率。

---

[1]《伦巴第街》（*Lombard Street*）1896 年，第199 页。

债券的渠道，缺乏获得长期信贷的渠道。

银行贴现贷款属于短期融资，将这种性质的资金用于长期资本支出，比如建立新厂房或者投资新项目，必然出现期限错配问题，最终导致为危机。企业过度依靠短期融资，而非股权或者长期债券融资，这就导致了企业在面临外部负面冲击的时候很容易破产倒闭。**在任何经济体中，如果企业的短期贷款占有过高的比例，那么必然很容易爆发危机。**

第三，关于银行储备。专家学者已经就银行储备与存款发表了无数观点。其中有一点共识是非常重要的，即银行储备的现存政策实际上大大促成了危机的爆发。根据相关法规，在中央储备城市（Central Reserve Cities）的银行数量在 3 个左右，其法定准备金率必须维持在存款的 25%，其他储备城市的银行数量在 28 个以上，其法定准备金率也在 25%，不过其储备的一半可以由在中央储备城市银行的存款组成。剩下类型银行的法定准备金率必须维持在 15%，它们必须将准备金的 3/5 或者银行总存款的 9% 存入官方指定的其他银行，具体来讲就是中央储备城市银行。

在中央储备城市银行，其存款中的相当大比例实际上是其他银行的准备金存款。这些存款也是要求利息收入的，因此接收这些准备金存款的中央储备城市银行需要进行信贷业务赚取收入来支付相应的利息，同时还要应付提取本金的要求。为此，中央储备城市银行倾向于进行活期抵押贷款，这样既可以赚取满意的利息，也可以维持足够的流动性应付提款需求。活期抵押贷款者必须向银行提供铁路证券或者是工业证券，总之是流动性较好的证券作为抵押获得资金。贷款者并不是作为长期投资者持有这些证券，他们通常是想要博取短期价差。因此，他们通过抵押手上的证券获得融资，以便买入更多的证券。通常情况下，这些贷款者可以及时归还贷款，但是在恐慌和危机等流动性紧张的特殊时期则可能出现无法还款的情况。因此，以股票做抵押的活期贷款并不是在任何时候都能应付提款需求。

相比之下，商业信贷比活期抵押贷款更能维持中央储备城市银行的流动性管理要求。以证券为抵押物的活期抵押贷款为投机行为提供了巨额的资金，往往会吹大证券市场的泡沫。信贷资金大量入市，增加了成交量，打乱了证券市场自身的运行规律，助长了价格泡沫形成。如果降低存款利率来维持银行储备，那么就会助长银行和投机者的冒险行为。

1873 年 9 月危机爆发之后，纽约证券清算所下属的一个委员会就建议取消银行存款的利息，特别是其他银行存入中央储备城市银行的准备金的利息。这样做虽然短期内解决了流动性紧张的困境，但却助长了非理性行为和冒险行为，最终危及金融体系。

贷款需求存在季节性变化，如果人为干预的话，就会出现季节性错配。贷款需求疲软之后往往紧跟着需求旺盛的季节。在现行政策下，活期抵押贷款会在信贷需求最小的时候导致银行大举出借，而在信贷需求最大的时候使银行缺乏出借能力。

第四，资本和盈余相对贷款的比例逐渐走低。对国民银行的财务报表进行的检查表明，这一重要比例的数值呈现逐年走低的特征。银行的借贷能力越来越依赖于存款。表 7-1 的数据摘录自《货币审计员报告》（*Report of the Comptroller of the Curreny*）。

表 7-1　资本盈余与贷款

单位：百万美元

时间	资本和盈余 （包括未分配利润）	贷款和贴现	资本和盈余与贷款和贴现 的比率（%）
1865 年 10 月	464	487	95.2
1870 年 10 月	563	716	78.6
1880 年 10 月	624	1041	59.9
1890 年 10 月	961	1986	48.3
1900 年 9 月 5 日	1109	2687	37.9

表 7-1 的数据表明，资本和盈余与贷款的比率在不断下降，换而言之，贷款和贴现额在不断上升。同时期，存款从 1865 年的 5 亿美元上升到了 1900 年的 25.08 亿美元。

一般而言，如果资本和盈余占贷款的比率较高，则银行的经营就更加稳健，风险就更可控。现在这种比率失调似乎是一种大趋势的特征之一。以前，贷款和贴现之外的业务收入占了相当大的部分。随着同行竞争加剧，上述这些收入的比例显著萎缩了，这就要求银行加大贷款业务的收入，信贷投放变得更加激进。

现在，银行存款显著增加了，随着治理更加制度化和规范化，贷款比率也相应地增加了，这样银行就能够以同样数量的存款发放更大比例的贷款。

第五，对州银行的监管问题。对企业加强监管是必要的，但也需要加强对州银行的监管。对国有银行的监管条例也可以用于对州银行的监管，这样做必然带来积极的影响。倘若所有银行都接受严格和定期化的监管，那么企业倒闭潮就可以得到有效抑制，许多银行高管的玩忽职守行为也会尽早被发现，最终避免金融系统的危机和公众信心的动摇。

第三节　投资中的个人行为
（Individual Action）

在关于投资法则的认真思考中，杰文斯教授提出了一个非常实用的法则：

"在进行投资的时候，简单复制他人当时的行为是愚蠢的表现。因为他人的行为往往是大众行为的缩影。当众人高度一致行动时，危险就在其中。"

还有一条法则也存在同样的价值。这条法则是这样说的：**投资一定要从那些已经实现了高额回报的企业中筛选。最终，所有企业的利润将趋于一致。在进行风险溢价调整后，所有投资的回报应该趋于一致。任何某个资产能够实现异乎寻常高的回报，那么最终会导致过度投资和产能过剩。**

如何避免盲从和非理性的投资行为呢？更高程度的诚实要求，以及更好的投资者教育是社会各界普遍认可的解决之道。不过，要让这两种解决之道落地必须在经济领域之外努力。

在我看来，真正可靠的个人应对之道是"耐心的炼金术"（The Alchemy of Patience），这是贝肯斯菲尔德勋爵（Lord Beaconsfield）提出来的。

我们必须承认萧条的存在，敢于直面它。任何忽略和否认萧条的盲目自信行为都会加大问题出现的概率和严重程度。我们不能讳疾忌医，同时也要对未来有信心。不过，我们不

能寄希望于政府。法规和监管是繁荣的基石，但并不能创造繁荣本身。良好的法规和有效的监管可以缓解，甚至抑制萧条。但是，**一切法规和监管，乃至制度的有效运作都有赖于理性的个人行为。**

我们应该牢记一点：预防危机和萧条的最有效措施是保证每年经济活动的平稳运行，防止生产和物价大起大落。

在萧条阶段，增加公共工程的投资，对此已经有不少的建议了。不过，这种做法也容易导致低效率甚至无效率的资本形成，大众会陷入为了工作而工作的陷阱之中。只有产生效用的工作才是有价值的工作。**公共支出增加会挤压私人投资**，一些劳动力从私营部门流出，进入公共部门，在经济复苏后劳动力可能无法或者不愿意回到此前的工作部门，从而导致了有效产能无法及时恢复。

当然，如果公共工程投资出现在有效的领域，那么地方的经济发展将从这些领域受益。这类工程具有长期的经济价值，比如公路基建、管网和街道改造等。

如果一项公共工程能够考虑到长期的经济效益，而不仅仅考虑短期的就业效应，那么在经济和物价低迷的时候开展它就是有利可图的。

聪明的投资者会在经济和物价低迷的时候扩大企业规模，因为他们善于在长期价值上升的资产上进行逆周期投资。

1873 年危机爆发之后的数年时间当中，芝加哥市乐观的资本家们就开始大规模增加对地产的投资。大量的住宅和商业地产项目开建。这些睿智的资本家们深信经济不会更差，一旦复苏经济将爬升到更高水平。

理性投资的教育和有关经济周期的经验能够给个人的理性行为提供有效的指导。我们需要具备足够的耐心，针对经济周期特定阶段的重大问题进行决策。任何国家最好都不要完全依靠政府来解决问题，而应该鼓励个人的理性行为。

正如杰瑞米·边沁（Jeremy Bentham）所说：

"工商业对国家的要求正如第奥根尼斯（Diogenes）对亚历山大大帝所说——不要遮住照耀我的阳光！"

第八章

美国危机和萧条简史
（Brief Account of Crises and Depressions in the United States）

> 导致危机的第一个原因是对外贸易和战时财政政策错误。导致危机的第二个原因是银行数量迅猛增长，流通中的货币量和贷款贴现数额不健康地暴增。

在本章，我不会对美国历史上发生的所有危机和萧条进行详尽的介绍。我只想要刻画出这些危机和萧条的显著特征。这样我们就能更彻底地把握所有危机和萧条的普遍特征。

如果你认真回顾美国在 19 世纪初前后的历史就会发现，当时并未出现类似后来才有的危机和萧条。在早期阶段，也就是建国之前各个殖民地是分隔发展的，都有自成系统的工商业组织和自治的政府。各个殖民地分别与宗主国以及其他国家发展紧密的经济联系，而相互之间却并未有太多的商业往来。这些殖民地的特点类似于新兴经济体，土地资源丰富，银行利率较高，木材等原材料供给丰厚，许多领域都存在开拓性的投资机会。同时，积极进取的谨慎，以及丰富的能源储藏也是这些殖民地的特征。

不过，由于行政和市场分隔，政治缺乏稳定，财产甚至生命都欠缺保障。如果不是从长远发展和社会稳定的角度出发，美国联邦宪法（Federal Constitution）也许永远不会被通过。毕竟，只有一个统一的政体和市场，才能确保工商业的飞速发展。尽管在联邦政府成立后，一些问题仍旧存在，但是有利因素不断聚集和发酵，促使美国工商业迅猛发展，社会财富显著积累起来。

在 19 世纪初，危机的影响要比萧条更大，因此前者受到大众更加广泛的关注。更加紧密同步的经济波动是现代经济的特征。在更加统一和紧密的经济波动中，发展更加迅速，繁荣规模越来越大，水平越来越高，不过投机泡沫也越来越大，危机和崩溃

紧随而来，不可避免。与其他经济体相比，危机阶段的乱象和特征在美国更加突出，经济紊乱的程度更深。之所以如此，不健全的财政政策和银行制度，以及混乱的货币制度是根源。除此之外，频繁变动的关税以及工商业法规的缺陷也是主要原因。

美国社会和大众进行了广泛的经济实验，不过其中一些实验的结果却是灾难性的。正如阿尔伯特·S.波利斯（Albert S. Bolles）先生在谈到 1774 年 9 月首届大陆会议（The First Continental Congress）后 100 年的情况所说的那样：

"在首届大陆会议之后的百年当中，美国金融领域进行了大量大胆的尝试。这些金融尝试和创新极大地促进了金融的发展和大众的反思。没有任何一个国家像美国一样，在建国之后的第一个百年就取得了如此的进步。同样，也没有任何一个国家像美国一样，犯了如此多的错误。在美国金融史上，每次危机来临时都会出现睿智之士，他们善于审时度势。如果他们的意见能够被采纳，则可以避免更大的灾难。不过，那些能力或者品格欠缺的人却往往主导了拯救行动，他们的行为留下了深刻的历史教训。

吸取前人智慧是一项非常有价值的工作，正如莫里斯（Morris）、汉密尔顿（Hamilton）和加勒庭（Gallatin）认真地从事了这项工作，带来了丰硕的成果。当然，也有一些缺欠技巧和可信度的普通成果。"

约翰·亚当斯（John Adams）于 1787 年 8 月 25 日在给托马斯·杰斐逊（Thomas Jefferson）的一封信中写道：

"现在美国经济和社会中出现的一切困惑和混乱，并非是因为宪法或者联邦制度存在根本缺陷，也并非民众缺乏荣誉责任感或个人美德，而是因为对货币和信贷的原理完全不懂。"

不懂货币，不可做交易；
不懂货币，不能齐家治国。

第一节 1814 年危机

(The Crisis of 1814)

1814 年危机被公认为是美国出现的第一次金融和经济危机，这次混乱具有危机的普遍特征。1814 年 8 月 24 日，英军占领了华盛顿，混乱由此开始。费城的银行从 8 月 31 日开始暂停兑付业务；纽约的银行从 9 月 1 日开始暂停兑付业务。全部痛苦似乎在 1814 年爆发，战争其实只是导火索。在对事情的来龙去脉进行条分缕析之后，真正的原因才能被揭示出来。

导致危机的第一个原因是对外贸易和战时财政政策错误。 从 1808 年开始实行的《禁止贸易和通商法案》(*Embargo and Non-Intercourse Acts*) 大大抑制了国际贸易的发展，对外贸易几乎被摧毁。能够为国家带来大量收入的国际航运和贸易因此而停止，美国产品放弃了海外市场。1814 财年的报告显示截至当年 9 月 30 日，美国对外贸易量创出历史最低。进口总额为 12819813 美元，出口总额为 6782272 美元，进出口总额为 19602103 美元。与 1790 财年相比，可以看出当时外贸下滑的形势有多么严重。截至 1790 年 9 月 30 日，进出口总额为 42000000 美元。况且 1790 财年的进出口贸易总额还比此前所有年份都低，由此可见 1814 财年的外贸形势是多么糟糕。因此，外贸的大幅萎缩必然对整个经济造成严重的负面冲击。

除了外贸萎靡不振之外，战争开支也极大地拖累了经济发展。在战争融资方面，美国政府没有重视税收的作用，而是过多依赖于债务融资。美国时任财政部长阿尔伯特·加勒庭 (Albert Gallatin) 比较富有预见性，他预计到美国将会与英国发生冲突，因此建议政府增加税收为战争做准备。遗憾的是这一建议并未得到应有的重视。

财政关系着国家的兴衰存亡。

151

陆海军的庞大开支依靠政府借款来维持，这使私人投资被挤占，大量资本从日常贸易转移到了军事领域。在犹豫不决之后，政府终于在1812年将关税增加了1倍，同时从1813年开始征收直接税和所得税。不过，由于国内商业和经济萎缩，税基大幅减少。在此情况下，为了保持财政稳定和可持续，不得不调整政府的收入和支出比例。而这种财政上的大幅调整不可避免地给经济发展带来负面冲击。

1812年之前的每一个财年，政府收入都超过了支出。在这期间只有1792年例外，此前政府收入通常是支出的两倍，但是当年突然关系逆转——政府支出变成了收入的两倍。

在内战爆发之前，1812年到1814年的财政情况是从未发生过的，具体来讲就是政府支出远远超过了政府收入。两者的关系完全失调了。到了内战时期，美国经济金融状况显著恶化，获得贷款的难度大幅增加了。

导致危机的第二个原因是**银行数量迅猛增长，流通中的货币量和贷款贴现数额不健康地暴增**。创办合众国银行（United States Bank）的特许令到1811年的时候已经过期了。美国各州的州立银行代替了合众国银行的位置，但是在各州范围内组建的许多银行在缺乏足够资本的情况下就开业了。并且，在没有足够支持的情况下就开始发行纸币。

如果我们查看一下1814年之前一段时间的经济和金融发展就会发现，美国在物质条件上更上了一层楼。极度繁荣和过度投资是危机之前的特征。在制造业方面美国有了一些新的进步和增长，除此之外实体经济并无太多新意。大量的信贷开始进入资产市场。

因为《禁止贸易和通商法案》实行，加上战争，外贸大幅萎缩。战争导致了物品奇缺，物价飞涨，畸形的经济环境刺激了制造业的畸形发展。

1814年危机之后，新一轮危机从1818年持续到了1819年。这场危机开始于1818年10月底。在此之前的1814财年，对外贸易额不足2000万美元，到了1815财年对外贸易额大幅飙升，超过了1.52亿美元。到了1816财年，对外贸易额大幅飙升，超过了1.94亿美元。在这三年中，美国的进口货物总值是出口货物总值的两倍。外贸的过度繁荣是造成此后危机的部分原因，当然还有其他原因，那些原因也加重了危机的程度。

1815年，在美国不同地区和不同季节，纸币贬值了20%~50%。纸币供应量有了大幅增加，这样的情况持续到了1817年。显然，纸币供应的显著增加是不合理的，因此政府决定在货币政策上进行方向性改变，货币数量受到突然限制。银行发行的纸币在

1815 年到 1816 年达到了 1.1 亿美元，但是到了 1819 年就下降到了 6500 万美元。[1]

新的合众国银行在 1816 年 4 月 10 日在特别许可令授权下组建起来。新合众国银行开业后立即发行了大量的票据，或者说纸币。此后，为了确保金融安全，新合众国银行立即限制了自己的票据和纸币发行量。**新合众国银行最开始的票据和纸币发行，催生了投机行为，导致资产价格迅速上涨；突然紧随流动性的行为又导致了资产价格的暴跌。**

在整个 19 世纪当中，没有哪个时期像 1818 年到 1819 年一样，商品和地产的价格出现了如此大幅度的下跌。大量的工人处于失业状态，即便保住了工作，工资也微薄得可怜，甚至养活不了自己。

在价格暴跌之前，信贷扩张显著，商业投机行为盛行，奢侈和过度消费行为泛滥。 宾夕法尼亚州参议院下属一个委员会在 1819 年进行了一项研究，回顾了从 1814 年开始的银行业扩张情况。这个委员会在报告中指出：

"过去的繁荣使得许多人不愿意通过劳动来获利，他们更倾向于通过投机来暴富。随着信贷宽松，整个社会的投机倾向越发明显。各类资产在赌博心态盛行的风气下被赋予了一个虚假的价值。铸币被驱逐出了流通领域，任何想要让经济发展恢复自然轨道的观点和做法都被鄙视。"

1814 年的危机和 1818 年的危机有共同的地方，但是两者的差异也比较大。在两轮危机之间存在一个较短的经济繁荣期，但是并未实行长久或者真正意义上的繁荣。

两轮危机的区别非常显著。**在 1814 年之前，美国出现了显著的货币扩张，但是工商业却处于萎缩之中，形成了鲜明背离。** 在 1818 年之前，美国经济先是经历了扩张，接着货币紧随，然后经济再度扩张。

在美国历史上，没有哪个时期能够像这两轮危机一样让

什么时候看竞争优势？什么时候看筹码稀缺度？在价值投资中，重点看竞争优势。在题材投机中，重点看筹码稀缺度。那么，什么时候价值投资的收益更高，什么时候题材投机的收益更高呢？流动性是否过剩是一个甄别标准。

---

[1] 阿尔伯特·S. 鲍利斯（Albert S. Bolles）所著的《美国金融史》(*Financial History of the United States*) 第 329 页。

人如此深刻地意识到财政和货币政策突然转向会导致如此负面的影响。这两轮危机都伴随着国际政治的不稳定。不过，并不能因此认为这两轮危机是因为其他重要经济体的动荡造成的，这种想法并未切中实质。当然，美国这两轮危机因为外部动荡而加重了。这两轮危机具有鲜明的美国特征，这与美国当时存在的问题密不可分。

1815 年，随着冲击整个欧洲的拿破仑战争以及英美战争结束，新的经济范式开启了，以制造业为中心，全世界都受到这股潮流的影响。19 世纪的前 1/4 部分都被战争所覆盖，欧洲大部分地区被卷入其中。欧洲各国在很长一段时间内都相互争斗倾轧。经历了纷争和动荡之后，和平到来了。在和平时期虽然也有一些短暂的冲突，但是无碍大势向好。欧美迎来了一个发展的黄金时期。无论是在美国还是在欧洲，和平给了休生养息的机会，经济上稳步的复苏是从 1819 年开始的。

战争动摇了僵硬的利益结构，战后经济能够甩开包袱显著发展。

第二节　1819 年到 1837 年
(The Period from 1819 to 1837)

从 1819 年到 1837 年这段时期，动荡频繁，不过危机程度要弱于前后各个时期。1824 年，新企业如雨后春笋般建立，一些银行重新开始营业。**欧洲在 1825 年爆发了危机，对美国形成了负面冲击。在危机中，欧洲对美国产品的需求下降了。到了 1826 年，物价水平下降了。**

物价水平变化滞后于增长波动。

从 1828 年秋季到 1831 年，银根紧缩。不过所有这些都仅仅是经济大势向上中的小插曲而已。当时的情况与 1865 年内战结束后，以及 1873 年 9 月危机爆发后的情况在本质上是类似的。

从 1819 年到 1837 年这段时期首次表现出 1873 年危机和 1893 年危机爆发之前的一些特征。这个时期为经济周期的演

变提供了一个很好的实例。经济的周期波动在 1831 年到 1837 年尤为显著。从 1834 年到 1837 年，经济异常活跃。

1837 年危机之前的 18 年时间是美国经济结构显著变化的一个时期。大规模运河基建时代开启了，这些项目的成本远远超过了普通国营和私营公司的承受能力。比如伊利运河从 1817 年 7 月 4 日开工到 1825 年 11 月 4 日通航，全部建设费用高达 7143789 美元。

铁路建设热潮从 1828 年开始。"西进运动"（Movement to the Westward）开发了俄亥俄州及其以西的大片土地，农业生产显著提高。大规模移民加速了美国经济的发展，也有利于美国获得国外贷款。总之，**在这一段时期交通运输设施的大幅增加是最为显著的特征。交通运输行业的发展对一个资源丰富、土地广阔的国家发展是非常重要的。**

在基建发展时期，美国充分利用了大量的外部资金。从 1831 年到 1837 年，美国的进口商品总量超过了出口商品总量。同时，美国的铸币进口量也大大超过了出口量。1834 年，美国的铸币和金条出口总值是 400500 美元，进口总值却高达 16235473 美元。

1837 年，危机爆发了。具体来讲是在 1837 年 5 月，或者是在当年更早的几个月当中。在一轮强劲的工商业大发展临近尾声时，危机的魅影出现了。正如历史一再轮回一样，过度的扩张必然造成浪费和损失。除了运河和铁路为经济腾飞提供了必要条件之外，其他许多企业和项目其实并无太多经济效益。投机活动达到空前猖狂的程度，财政和政治问题也日益恶化，比如合众国银行的经营期被拒绝延长。合众国银行不得不结束经营，公众从中取出存款，转而存入各州的地方银行。这些州立银行面临的监管非常松散，大量获得存款之后开始疯狂放款，大量非理性的投资出现。整个事件证明了一点：**当货币或者信贷流通量急剧增加时，危机的种子就埋下了。在这次危机中，银行过度放贷作为罪魁祸首，与 1814 年和 1818 年两次危机中的情况类似。**

从 1819 年到 1837 年的 18 年时间当中，美国人口和外贸规模都显著增加了，国内商业和社会财富都增长了一倍。造价高达 1 亿美元的运河系统也在这段时间建成了，改变了此前无法将丰富矿产和农产品运出去的局面。当运输条件改善后，这些产品可以在全国范围内运输，也可以便利地出口到国外。家用产品的产量大幅增加了，国内外需求强劲，社会财富大幅增加。芝加哥等超大型城市兴起，此前它们许多还是乏人问津的小地方。中部地区以农业州为代表的地区快速发展，保证了美国作为联邦的稳定性。

任何繁荣都会带来过度的投资和发展，无效产能必然大量堆积。财富增加导致了盲目乐观和投机行为。交通运输便利了内陆与海岸城市的商品和劳动力流动，市场规

模扩大了，同时也导致了内陆的地产投机行为。土地投机疯狂之时，许多人在买进的当天就能以更高的价格卖出。

1837 年危机应该被称为"恐慌"甚至"灾难"。这次危机给个人带来了巨大痛苦，企业大量倒闭。不过，当经济充分调整后，美国在新条件下开启了新一轮的工商业增长。虽然危机带来了痛苦，但是这些过度投资和狂热投机造成的负面冲击仅仅是美国长期发展的小插曲而已，此后就会恢复到快速发展的轨道。

第三节 1837 年到 1857 年
(The Period from 1837 to 1857)

1837 年危机之后，萧条接踵而至。 在萧条阶段，破产清算是必经的步骤，破产倒闭潮出现了。美国政府为了恢复经济采取了一些措施，但是形势反复，破产潮再度出现。

恶性通胀和僵尸企业造成的局势并没有被扭转，以合众国银行为代表的金融机构暂停营业恶化了整个金融和经济体系。在萧条阶段倒闭破产的银行数量超过了 1837 年的危机。

这次萧条一直持续到了 1843 年夏天。1848 年，铸币储备量大幅下降，贴现率飙升到了最高点。不过，却并未像 1837 年和 1857 年那样出现危机。

欧洲在 1847 年爆发了危机，但是并未对美国造成显著影响。欧洲粮食生产与需求之间存在很大的缺口，这拉动了美国的农产品出口。因此，美国面临的反而是整体有利的外部影响。

1846 年到 1848 年，美国与墨西哥开战，这场战争抑制了经济扩张的惯性。1848 年到 1849 年，加州金矿的发现刺激了经济的发展，一个新的矿业投资领域出现了，萧条出现的概率下降了。

从 1854 年到 1855 年，克里米亚战争（The Crimean War）拉动了美国出口的增加。 1857 年之前的几年时间，美国经济蓬勃发展，一片繁荣景象。在这期间，金融领域出现了一些小干扰。大量的资金进入 1837 年之前开工的运河工程中。此后，铁路基建超过了运河建设工程。

1849 年之前，美国的铁路建设长度仅有 800 英里，到了 1856 年美国铁路总里程达到了 3642 英里。移民和人口增速与 1837 年之前的水平差不多。与此前相比，不完备的货币体制和银行业对经济的破坏程度有所下降。在这期间，银行持有的铸币与贷款比例仍然很低，即便在管理上采取保守态度仍旧存在极大的金融风险。

远离战场的第三方，如果拥有一定规模的工农业产能，将获得天赐的发展机会。对于投资者而言，也是介入这些国家股票指数的重大良机。

第四节　1857 年危机
（Crisis of 1857）

与 1857 年危机相比，整个美国工商业在 1857 年危机中遭受的冲击并不大。虽然在 1857 年危机中，金融业的动荡比较显著，不过在此后的萧条阶段，整个经济和金融体系并未受严重的影响。

这次危机的爆发非常突然，这点异于寻常，不同于其他危机。1857 年，整体物价水平下跌。1857 年 8 月，危机爆发时，就连最谨小慎微的金融家都大感意外。这轮危机的导火索是 1857 年 8 月 24 日俄亥俄人寿保险和信托公司（Ohio Life Insurance and Trust Company）破产。

1857 年开始的危机与萧条与此前美国和欧洲发生的危机和萧条存在显著的区别。1857 年之前的危机和萧条频频发生社会动荡，危机之前的繁荣持续时间较短。1857 年的危机和后续的萧条为什么没有此前那么严重呢？主要有以下原因：

第一，相对欧洲而言，美国可用资本数量有限。在欧洲，资本充裕，流动性较强，当价格上涨或者投资预期乐观时，大量资本可供投资。在美国，资本有限加上较高的利率抑制了经济的过度扩张。较高利率抑制了盲目投资和过度消费，同样的情形也发生在 19 世纪早期。在这两个时期，美国的资本基本流入到了最具效益的项目和领域。

第二，大规模移民和国土大幅扩张壮大了美国的国力，提供了许多有利可图的投资机会。加利福尼亚金矿的发现带来了矿业的繁荣。人口增加、国土扩大和矿业繁荣增加了对产品的需求，产能得到了消化。

第三，银行系统的脆弱使金融市场经常出现动荡，大众变得谨慎，降低了工商业过度扩张的可能，限制了风险聚集。

第五节　1857 年到 1873 年
（The Period from 1857 to 1873）

1857 年，美国大量企业破产倒闭。1857 年危机爆发之后，萧条紧随而至，在 1859 年达到高峰。不过，当年也有一个行业出现了复苏，那就是农业。因为此前农业持续歉收。直到 1860 年，整个美国经济状况才有了好转的迹象。

1861 年美国内战爆发，美国企业的海外扩张受阻。**战争促使需求激增，大量男性入伍，一方面产品的需求激增，另一方面生产性活动抑制，通缩的可能性就阻止了。**纸币大量发行，贬值不可避免，债务人的负担大幅减轻了，负债累累的企业得到了喘息机会，破产倒闭潮被阻止了。

1865 年内战结束了。战争消化了大量的资源，战后重建提高了产能利用率。虽然内战催化了大量的社会财富，但也激发了美国国家精神，一个强大的国家崛起了。**强劲的国内需求加上高关税壁垒，带来了美国制造业的空前繁荣。**农业生产快速增长，100 万士兵复原从事生产。在繁荣的经济中，就业率维持在高位。在这期间，美国经济只有在 1867 年和 1869 年出现了些许调整。

这轮繁荣持续到了 1873 年。

1873 年危机爆发了。正如爱德华·科克（Edward Coke）爵士的报告因为特别而引起了广泛的关注，这次危机也因为独特而得到了社会的重视。危机典型的特征都在这一次危机中得到了体现。导致危机的根本原因看起来稀松平常，因此那些少见的特征往往被误认为是危机的真正原因。

过度投资和盲目投机才是危机的根本原因。固定资产投资吸引了大量资本进入。铁路、码头以及工厂为主的基建达到空前的规模。着眼于未来的产能扩张速度让人瞠目结舌。但是，这些固定支出和资产投资并不能很快带来经济收益。

美国西部大开发提供了更多的农耕和畜牧业资源。大片处于内陆的土地本来毫无价值，现在因为新的运输系统与大西洋沿海连接起来。以前，铁路将已有的定居点连接起来，现在则是定居点在新建的铁路沿线形成。

个人财富激增，奢侈消费兴起。投机行为盛行，谨慎稳健的行业准则被弃之不顾。

盲目的国外投资涌现。大量的新发明涌现推动了经济的发展，也为投机提供了美好的标的。

在 1873 年危机爆发之前，并不缺乏相关的警示信号。1871 年秋，美国宏观流动性紧张，利率高涨。1871 年 10 月 2 日，纽约市所有银行的储备金比法定要求高 3666943 美元。1872 年 10 月 3 日，银行储备金甚至出现了 1131436 美元的短缺。1873 年 2 月 28 日，银行储备金再度短缺，直到 6 月才缓解。不过，银行利率持续处在高位，并且剧烈波动。

对于这场危机，许多人认为如果杰伊·库克公司（Jay Cooke & Co.）没有在 1873 年 9 月 18 日宣布破产倒闭，或许危机就不太可能发生了。实际上，这一破产案仅仅是整个危机中的一个事件。危机的爆发是不可避免的趋势叠加，过度投资和消费，加上盲目投机最终导致了危机。

1873 年危机之后的萧条程度非常严重，堪称空前。这一波萧条几乎影响到了所有行业，持续到了 1878 年底。有些行业直到 1879 年仍旧处于萧条之中。

但是，危机总会过去，复苏必然降临。正如 1837 年危机之后的情况一样，1873 年危机之后，美国民众的生活水平再度提高了。1873 年被认为是高消费的行为，到了 1879 年就变得再普通不过了。**此前大规模的铁路基建和厂房投资现在开始实现其经济效益了。**

在危机中，许多铁路被接管，不过这并不妨碍它们在接下来的经济腾飞中发挥巨大的作用。虽然在修建的时候，这些铁路超前于时代，不过对于不久的未来而言，这些铁路却是经济发展的坚实基础。

这些铁路在原材料价格处于高点的时候修建，因此对于投资者而言很难收回成本。不过，这些铁路却促进了整个国家运输系统的发展，经济分工扩大和深化，铁路带给整个社会的经济效益远远超过了最初的经济成本。

次贷危机后的"4 万亿元"投资的正面效益会越来越明显，特别是基建领域。

第六节　1879 年到 1890 年

（The Period from 1879 to 1890）

1877 年，美国经济出现复苏的苗头。

1878 年，部分行业的贸易状况改善。不过，这一年却是 1873 年危机之后破产企业数量最多、金额最大的一年。

1879 年，整个经济呈现繁荣。美国西部和西北部大量的新开垦农地加上更好的运输系统，加上遇上好天气，使得农业出现了难得一见的繁荣。

棉花产量经历了美国内战后十几年的低迷，现在终于呈现了缓慢的增长。到了 1880 年，棉花产量终于超过了 1860 年的水平。当然，1880 年也是这段时期棉花产量的高点。虽然农产品持续丰收，但同时美国国内的需求也在迅猛增长，以至于不得不减少对欧洲的出口来满足内需。

1879 年经济进入新的发展阶段。开始阶段，经济维持健康的发展势头，但是此后不可避免地步入产能过度扩张的窠臼，产品过剩出现了。

1881 年农业产出开始下降，特别是小麦，玉米和棉花的产量。与此同时，这些产品在国外的价格也开始下行。1882 年初，经济的问题开始浮出表面，一些企业倒闭了。同时，负债显著增加。1882 年，法国率先爆发危机。不过，美国经济在当年仍旧有一定的韧性。1882 年，美国的铁路基建规模达到历史最高水平。截止到 1882 年 6 月 30 日的财年，是美国接收移民最多的一年。不过，美国的繁荣仍旧持续到了 1883 年。

1883 年，美国的总债务量仍旧处于上行趋势中。美国的金融和经济危机终于在 1884 年 5 月爆发了，标志是纽约的格兰特—沃德公司（Grant & Ward）宣布破产。与此同时，大都会国民银行（Metropolitan National Bank）等金融机构也相继宣布破产。

经济于 1886 年触及谷底。此后，便是一段繁荣时期。不过这段繁荣期的经济增速不及 1878 年到 1879 年。尽管如此，1886 年后美国经济还是全面处于繁荣之中，这波景气一直持续到了 1890 年。在经历小幅调整之后，经济恢复增长，继续繁荣到 1893 年。

铁路建设在最近十年和之前十年存在重要差别。从 1881 年到 1890 年，铁路建设的里程数要更大一些。新建铁路与既有铁路构成了实质上的竞争关系，比如新建的西岸铁路（West Shore Railway）就与纽约中部—哈德逊河铁路（New York Central & Hudson River）平行，都是从纽约到水牛城（Buffalo），两者存在激烈的竞争关系。而

纽约—芝加哥—圣路易斯铁路（New York，Chicago & St. Louis）则与湖岸—密西根南部铁路（Lake Shore & Michigan Southern）存在竞争关系，都是连接水牛城和芝加哥。这十年的铁路建设规模虽然比前一个十年更大，但是在开拓新边疆过程中的作用已经大为下降了。大众开始怀疑，这十年的铁路建设效益是否能够比得上1870年到1880年的铁路基建。

在这十年中，公路主干线也在不断地连接毗邻区域的支线，当然新的支线也在不断地修建。公路里程数不断增长，所有重要的终点站都被连接到全美公路网络中。

第七节　1890 年到目前
（The Period from 1890 to Date）

欧洲于1890年步入衰退。经济调查表明欧洲的这次衰退是美国经济波动传导引起的。在美国，虽然经济开始放缓，但真正危机爆发是在1893年。为什么美国这次危机在衰退到来之后很久才爆发呢？

第一，1889年和1890年，欧洲的粮食供应出现缺口。而这推动了美国1892财年的粮食出口，避免了衰退和危机在美国过早来临。

第二，**美国每次危机爆发之前基本都会出现国外资本撤离的特征。**1890年之前，国际资本尚无大幅流出美国的迹象。银券（Silver Certificates）的发行缓解了1890年6月开始通缩压力。当时造成通缩的原因主要有两个：一是随着经济繁荣和收入提高，美国家庭的货币需求增加了；二是移民向海外大量汇款。正如此前的纸币膨胀时期一样，**任何货币量的人为增加都可能推迟危机的发生，但是这种短期货币刺激政策只会让泡沫积累得更大，以至于在危机爆发时造成更加严重的后果。**

货币政策治标不治本，甚至会恶化经济的"体质"。

1893 年，外资大举撤离美国，美国企业一下子缺少了国外信贷的支持。这次危机空前严重。美元暴跌，外国投资者担心美元从金本位变成银本位，国际社会一旦失去对美元的信心则资本就开始加速流出了。

这轮危机实际上是在 1893 年 5 月开始爆发的。有一个不可忽视的危机加剧因素是美国在政治层面的大动作。美国政府彻底修改了关税法，经济信心一落千丈。稳定和发展的基石被动摇了，**从根本上改变运行良好的财政和经济政策往往都会引发危机。**

1893 年的危机给美国经济和社会造成的负面影响远胜于 1873 年的危机。1893 年危机之后，美国的进口迅速萎缩，特别是奢侈品进口。银行等金融机构大量倒闭，存款减少，囤积铸币和现金的情况显著，持续了很长时间。不过 1893 年的危机持续的时间要显著短于 1873 年。

1895 年美国经济出现复苏迹象。很快经济二次探底，1896 年总统大选和经济前景的不确定性是造成复苏脆弱性的主要原因。

这次总统大选彻底改变财政和货币政策将动摇大众对未来经济发展的信心。**如果货币的本位制度处于高度不确定中，那么没有一个国家的工商业可以稳健地发展。**1896 年总统大选尘埃落定之后，美国经济短期停滞了一段时间。接下来，1897 年 6 月和 7 月，经济开始强劲复苏，继而进入繁荣。

截止到 1898 财年的 6 月 30 日，美国贸易显示出空前的繁荣景象，出口量远远超过进口量。出口量几乎是进口量的两倍之多。除了 1892 年之外，外贸总额超过历史任何时期。

倘若将 1870 年到 1880 年这段时期称为美国农业繁荣期，那么 1880 年到 1890 年这段时期则可以称为美国工业繁荣期。更进一步地，从 1890 年开始，美国工业和农业双双步入繁荣期，产量持续增加。过去的十年，美国经济成功转型，从工业品进口国变成了工业品出口国。1898 财年，美国工业品出口量第一次超过了进口量。表 8-1 是美国政府 1890 年经济普

> 国民政府时期的"法币改革"也是此处结论的一个很好佐证。

查得出的工农业产量变化数据。

表 8–1　美国工农业产量变化（1839~1889 年）[1]

年份	谷物产量		工业制成品		
	人均蒲式耳	产量同比增长（%）	时期	资本投资同比增长（%）	产量同比增长（%）
1839	36.06	—	1850~1860 年	89.38	84.11
1849	37.40	40.93	1860~1870 年	67.80	63.31
1859	39.41	42.84	1870~1880 年	64.10	40.01
1869	35.98	11.97	1880~1890 年	120.78	106.59
1879	53.78	94.45	—	—	—
1889	56.19	30.44	—	—	—

表中的数据表明从 1870 年到 1880 年，工业制成品产量同比增加了 40.01%，而谷物产量同比增加了 94.45%，后者增幅几乎是前者的两倍。而从 1880 年到 1890 年，工业制成品产量同比增加了 106.59%，同时期谷物产量同比增加了 30.44%，前者几乎是后者的 3 倍。制造业的资本投资增幅则更加显著，从 1880 年到 1890 年同比增加了 120.78%。

在前面的章节，我已经提到了在出口显著高于进口的年份之后，经济便会进入明显的繁荣阶段。不过凡事都有例外，1898 财年之后，美国出口与进口的比值下降了，但是其后经济却更加繁荣了。尽管钢铁产品的价格在 1897 年夏天出现了上涨，但是价格飙升是从 1899 年才开始的。

1897 财年之后的数年，美国经济的景气程度进一步上升了，美国在全球中的贸易份额占据更显著的地位。**当然，大众也非常关注美国经济地位上升能够持续多长时间。**

2020 年的中国就像 1900 年的美国，而不是 1970 年的日本。正如著名经济学者陈平先生所说："1900 年的美国，和中国现在一样，工业产量世界第一，但没有占科学的制高点，当时在德国手里；也没占领经济和军事的制高点，当时在英国。严格来说到 20 世纪 60 年代，美国登月成功以后才全面掌握了科学金融和制造业等全面的制高点。以美为鉴，中国下一步的目标是真正地占领科学的制高点。"

---

① 《农业统计》（*Statistics of Agriculture*）1890 年普查数据，第 6 页。

第八节　展　望

（The Present Outlook）

在这里我并不会试图预测下一次危机或者萧条爆发的时间。不过，通过严谨地检视历史材料和数据，我们可以归纳总结出危机和萧条的原因以及征兆。这样的反思是非常有价值的。

最近一次危机爆发的社经背景与此前那些危机存在实质差别，因为20世纪初的美国经济结构已经出现了重大变化。这就使得基于历史案例的结论不再那么有效，预测也变得困难起来。不过，无论是什么时期发生的危机和萧条，其根本原因之一都是大量的无效或者低效资产形成。这是本书的核心观点之一，已经屡屡被提及了。

关于危机或者萧条的原因和征兆，有如下五种共识，它们对预测美国下一轮危机或者萧条具有很高的参考价值：

第一，投机活动泛滥，达到空前程度。经济处于持续繁荣之中必然会引发投机活动，证券市场往往是投机的主要舞台之一。当投机情绪高涨时，证券的价格会远远超过其内在价值达到数倍之多，波动会加剧。工商业证券的成交额在以前是以百万美元计算的，很快就会变成10亿美元级别。

投机猖獗的时候，股票和债券的市值与价值之间存在巨大的差值，绝大部分企业都无法创造出高价买入证券者期望的回报。任何一家大型上市公司破产都会成为危机爆发的导火索，即便最优秀的企业也难以在危机中独善其身。

第二，尽管大众并未像1873年和1882年到1884年那样狂热地参与投机或者新领域的冒险，但是新企业仍旧遍地开花。在新一轮危机爆发之前，过度投资的情况一定会出现，历史一再轮回是不可避免的。

第三，**钢铁价格此前一直是美国经济的晴雨表**。在最近

主导产业变化，则宏观经济分析的因子就要显著变化。

主导产业的产能和产量，以及产品价格的变化趋势是整个宏观经济的晴雨表。过去20年，中国的主导产业是什么？未来十年，中国的主导产业是什么？

一次危机和萧条到来之前，钢铁价格会达到最高点，然后在危机爆发之前下跌。1899年底这样的情形出现了，因此我们要注意新一轮危机和萧条恐怕要发生了。

对此，我们可以参考一下1873年危机爆发之前的情况，危机之前一年时间钢铁价格就见顶回落了。再看1884年危机，在危机爆发之前四年，钢铁价格就见顶回落了。对于1893年的危机而言，在其爆发之前三年，钢铁价格就见顶回落了。

我们回到现在的情况，1900年的生铁消费要比1899年显著下降，但是生铁的产量却并没有下降。

第四，**不同产品和经济部门之间的比例失衡，这是萧条的序曲**。当前这种特征已经出现了，特别是纺织品行业的不平衡，其产能和产量已经过剩了，纺织品的利润已经显著下降了，**产能利用率持续走低**。

第五，与美国经贸关系密切的其他国家的经济活跃度也在下降，公众的购买能力萎缩明显。美国的繁荣在很大程度上依赖这些国家，特别是一些欧洲国家的经济走弱。比如，1893年美国危机爆发之前两年半，欧洲已经步入显著的衰退之中。

不过，一些抑制危机和萧条过早来临的积极因素也存在：

第一，工业部门的表现与此前危机和萧条阶段存在差别。此前大部分经济活动积聚于新开工建筑业，而现在大部分经济活动聚集于改造和扩建。铁路建设现在停滞了，交通基建聚焦于公路建设。从1873年到1884年，美国新建了上千英里的铁路。1873年之前新建的铁路大多是通过欠发达地区的，而1873年到1884年新建的铁路则往往与既有铁路形成平行竞争关系。

在现成的铁路线上，钢轨正在逐步替代铁轨，重型钢轨正在逐步替代轻型钢轨；钢板车厢正在逐步替代木板车厢；水泥路基正在逐步取代木质路基；钢制桥梁正在逐步取代木质桥梁。

现在的基建是需求在先，而不像此前那样是建成后才带来需求。在矿业方面，投资者更加谨慎和稳健，不会轻易涉足那些经济效益不明的矿藏，而是致力于提高那些已有矿藏的产能和产量。过去的金银矿生产缺乏规划和精细化管理，而现在的经营则更加科学化，经济效益更好了。

此前危机爆发之前的繁荣阶段，资本家倾向于在新的工商业领域冒险，这里面不确定的因素太多，风险难以管理。现在，资本家更多地选择在已经成功的工商业项目上进行稳健的投资，通过改进来提高效率。在大多数情况下，后者更让人放心，回报往往也立竿见影。以前许多企业涉足新领域，现在大多数企业都选择在已经成功的领域努力。

在什么阶段，经济以维持性创新为主？在什么阶段，经济以破坏性创新为主？

第二，**美国现在的财政良好**。虽然最近货币市场遭受了几次动荡，放在以前足以制造一次经济危机。不过这些冲击后金融市场很快就恢复了秩序和稳定。1899 年秋，纽约市的银行储备额一度降至警戒水平，与 1873 年危机爆发前的情形类似。短期贷款占比太高，债务结构恶化。

1901 年 5 月，股民们的损失创出历史新高，许多人破产，工商业的欺诈和腐败行为不断被曝光。不过，这些揭露行为其实是一种社会监督，对经济的健康发展反而是好事。

由于美国全球贸易中的地位上升，与国际金融市场的关系更加紧密，因此即便在国内信贷收缩的情形下，国内企业也能容易地获取国外贷款。同时，美国企业和家庭在海外持有巨额的资产，当国内发生危机时可以收回这些海外资产缓解流动性紧张。

此前半个世纪当中，每当外国资本撤离，美国就会出现危机。现在，这种危机前兆已经不复存在了。美国的海外债务量大幅下降，外资撤离不再是一个动摇信心的因素。美国对外资的依赖已经大幅下降了。

国际资本大规模撤离对什么样的经济体影响最大？

第三，美国现有的货币制度虽然存在许多问题，并不完美，但是并不像 1873 年不可兑换纸币引发恐慌时的情形，也不像 1893 年白银导致的通胀冲击。

第四，大规模并购之后，产量控制更加容易，减产不再是难事，恶性竞争和产能过剩被抑制了。不过并购和垄断也招致了不少反对，比如工作机会减少了，影响了小企业的发展和新企业的建立。不过，这种合并确实有助于防止产能过剩导致的危机。

第五，美国运输业处于繁荣时期，轮船制造业快速发展，铁路运输收入持续增长。各个行业的生产和销售额都有显著的增长。

第六，外贸处于有利状态。每年的进出口都呈现增长，同时进口并未出现连续超过出口的迹象。虽然某些商品的出口有所下降，但是并不显著，不足以达到危机前的下降幅度。

现在美国出口的高速增长已经持续了 4 年，表 8–2 的数据体现了 1893~1901 年这段时期的进出口变化情况。[①]

表 8–2 美国进出口（1893~1901 年）

单位：百万美元，%

年份	出口值	进口值	出口与进口比值
1893	847	866	97.8
1894	892	654	136.3
1895	807	731	110.3
1896	882	779	113.2
1897	1050	764	137.4
1898	1231	616	199.8
1899	1227	697	176.0
1900	1394	849	164.1
1901	1487	822	180.9

从上述数据可以看出，1898 财年到 1900 财年出口对进口的比例持续下降。不过，后来这种趋势中断了。1901 年出口比例显著上升，主要原因是农产品出口大幅增加了。

如果仔细分析进口商品的构成就会发现最近两年当中，美国对工业原材料的进口增加了。从 1895 年开始，美国年度进出口总额持续增加，最近几年更是如此，这对美国经济发展是有利的。

不过，不能被这些利好的数字冲昏了头脑。尽管外贸创出历史新高，但是这种繁荣可能是建立在国内过度投资和消费的基础上的。萧条的种子恰恰是在过度投资和消费的时候埋下的。**财富快速积累容易让大众过度乐观，从而忽略了其可持续性。**

巨大的繁荣之时，难免会有非理性的行为。持续一段时间之后，危机必然来临。一些外部冲击会导致危机提前来临，比如大罢工、农业歉收以及国内外大型企业倒闭等。这些外部冲击可能会打击信心，进而逆转整个经济趋势。现在的情况与 1884 年类似。经济活跃度下降了，不过危机并未出现。当然，也可能像 1873 年和 1893 年两次危机爆发之前一样，工商业是逐步进入衰退的，并未突然减速。

在当前的经济格局下，需要考虑黄金产量的增加。如果不考虑黄金供应量，则任何对经济趋势的考量都是片面的。黄金产量是从 1891 年开始的，其对萧条的影响是复

---

① 《1900 年统计摘要》（*Statistical Abstract for* 1900）第 82 页。《商业和金融月度摘要（1991 年 6 月）》（*Monthly Summary of Commerce and Finance for June*，1991）第 82 页。

对任何经济趋势的分析，都离不开货币这个变量。

杠杆在未达到极致之前有两个作用：第一，延迟危机；第二，继续吹大泡沫。一旦杠杆达到极致，则此前的加杠杆行为的弊端就开始显露了。杠杆的天花板是由什么决定的呢？

量化宽松实施后经济仍旧可能通缩，为什么会这样呢？第一，实业缺乏投资机会；第二，经济主体，特别是企业和家庭债务负担过重。实业缺乏投资机会可能有四个原因：第一，缺乏重要的技术进步；第二，人口结构恶化，人口增长停滞；第三，没有新增资源和国土；第四，在资本自由流动的情况下，国外的投资机会更多。

杂的。

当黄金产量增加时，或者是作为货币的金属产量增加时，会刺激过度投资和消费行为，进而会加速危机和萧条的发生。不过，还有一条作用链则会推迟危机和萧条的发生，因为工商业的债务压力被缓解了，流动性得到了保证。

19 世纪前期，全球商业和贸易迅速发展，铸币完全无法满足这种增长，通货紧缩出现了，货币购买力大大增强了，债务人的负担变重了。

1848 年到 1849 年，加州金矿的发现逆转了通货紧缩趋势，美国经济进入新一轮增长。

1872 年之后，直到 1891 年之前，美国黄金含量逐年下滑。在这期间，主要经济体以单一金本位（Single Gold Standard）代替了复本位（Bimetallic Standard），黄金产量下降导致的通货紧缩趋势进一步强化了。

此后，大众意识到任何货币制度下的单一金本位都无法满足经济快速发展的要求。黄金产量的提高可以推迟危机和萧条的来临，同时在萧条中能够缓解困难程度。当然，以黄金为主的货币供应量增加，也重新对经济利益进行了分配。不过，在大的紧缩趋势中，即便货币供应量增加了，仍旧无法逆转物价水平的下降趋势。

第九章

结 论

(Summary and Conclusion)

> 萧条持续的时间取决于资本重新有效配置和再平衡需要的时间。

在本书前面的章节当中，我已经反复强调了危机和萧条之前的过度投资和盲目投机阶段。**那些发生危机和萧条的国家都不缺乏进取精神，其经济此前往往都经历了迅猛增长。**

投资是经济增长的基础，但却未必一定带来财富。当实业投资的规模不断扩大时，比如大规模铁路基建，船舶和工厂建设等。当这种投资超出正常范围后，部门间的失衡就出现了，繁荣就可能埋下了危机和萧条的种子。

当经济进入新一轮扩张之后，大量的投资会进入新的领域。受到高额利润预期的驱使，在供给与需求已经完全平衡的情况下仍旧不断追加投资，最终导致整个经济的供给显著超过了需求。最终，通缩出现了，大部分商品价格下跌，就业率下降。**萧条持续的时间取决于资本重新有效配置和再平衡需要的时间。** 在萧条期，价格水平处于持续趋势性下降中。产品的供给显著大于产品的需求。

在萧条阶段的尾声阶段，经济会加速调整。经历了调整之后，经济和社会状况要比以前好许多。供给调整了，需求恢复了，对必需品和奢侈品的需求复苏了。破坏性创新出现了，新设备和新技术逐渐取代了旧设备和旧技术的位置。破坏性创新会导致失业增加，劳动力需要重新寻找岗位，资源被配置到效率更高的行业和领域中。

在新技术和新设备进入经济和社会期间，采用新技术和新设备的公司和行业实现了超额利润，这就引发了大量资本进入，过度投资和盲目投机由此蔓延开来，经济和社会进入混沌状态。

这种混沌状态会周期性地在经济中出现。对工商业发展的经济规律进行审视和思

新技术第一波做的是题材投机，市梦率是关键；新技术第二波做的是价值投资，市销率是关键。第一波上涨和第二波上涨时间存在一个盈利模式确立和行业洗牌集中度提高的过渡期，这就是寻找百倍股的"黄金窗口"。

永远要清楚自己的认知和能力范围。平衡目标和资源是人类发展的永恒主题。理想应该尽可能高远，但是目标应该在能力范围之内，至少不应该超过边界。可以增强能力，但是不要让目标超过能力太远。

经济的发展会导致过度投资和资源错配，衰退就是纠错机制。

金融交易者的相互竞争，提高了市场定价的效率。

考之后，会发现这种周期性并非偶然，而是必然的。随着社会和人口的发展，每过一段时间需求就会超过供给，为了填补这种缺口，要么扩大生产，要么提高生产效率。要想提高生产效率，就必须采用新技术和设备。如果填补缺口所需要的时间较长，那么这样的混沌状态就会出现较长时间。这种供求的调整存在时滞，这就使得周期出现。在这种调整中，供给短期内可能超过需求，形成无效供给或者过剩供给，那么泡沫就产生了。

人的认知能力存在明显的局限性，这也是繁荣和衰退交替出现的原因之一。就算知道了这些认知缺陷和局限，我们也很难找出简单有效的防治办法。**不过我们要意识到自己的局限性，这样才能更好地预判未来和处理事务。**

金融和经济循环中周而复始地出现恐慌和危机，它们的分布并不规律，断断续续，除了基本面因素之外还受到群体心理和人性的影响，而心理因素非常不稳定。**心理因素可以加剧金融和经济周期的波动，但是这些周期是客观的，并不依赖于心理因素而存在。**

恐慌和危机是暂时的，大众心理对它们的承受能力逐步在增强，工商业组织在应对恐慌和危机方面的经验越来越丰富，时间是治疗恐慌的最佳药物。

经济周期起起伏伏，有高潮有低谷，这些都是整个经济发展的有机组成部分。因此，低谷并非通常意义上的灾难，它是经济在为下一次增长和繁荣打基础。

同样，我们也不能否定"竞争"的积极意义和正面价值。在经济组织当中，竞争的动机是不可或缺的。**绝对的合作是不可能的，竞争促进了发展，提供了经济繁荣的能力，当然也促成了繁荣和萧条。立法和监管，以及高水准的教育可以限制恶性竞争，但是不能消灭或者代替竞争本身。**

在经历危机和萧条的时候，大众难免会夸大其痛苦和影响，但是在现代市场经济中，悲观者是注定要被淘汰的。正如朱格拉先生指出的那样：

"不经历痛苦和调整，国民财富就不可能持续地增长。危机中似乎一切都停滞倒退了，社会组织似乎陷入了瘫痪，不过这些都只不过是新一轮增长的序曲而已。"

危机发生时，破产倒闭潮席卷整个经济，失业率急剧升高，毁灭性时刻降临了。**新一轮增长需要的资源被释放了出来，从那些错误投资中解放了出来。**资本和劳动力被重新投入新技术和新组织中，新的有效供给形成了。

毫无疑问的是萧条以后还会出现，它只不过是更伟大增长的前奏而已，考验着我们每一个人。我们应该在经济增长中建立并保持一种稳健的节奏，智慧和正直诚实能够将危机的负面冲击降到最低。

重要的经济统计数据

附表 1-1　英国就业统计数据（Employment Statistics，United Kingdom），
就业率（Percentage employed）

年份	1855	1856	1857	1858	1859	1860
钢铁工人就业率（%）	90	91.2	90.9	84.0	95.0	97.2
工程师就业率（%）	96.5	96.8	96.3	90.2	96.6	98.5

附表 1-2　全行业工会（All Trade Unions）就业率数据

年份	就业率（%） （工会数据）	年份	就业率（%） （工会数据）	就业率（%） （劳工部数据）
1860	98.39	1881	96.55	
1861	95.72	1882	98.08	
1862	92.19	1883	97.77	
1863	94.26	1884	92.60	
1864	97.44	1885	91.02	
1865	97.99	1886	90.45	
1866	96.90	1887	92.58	91.8
1867	92.66	1888	95.45	95.1
1868	91.49	1889	97.95	97.9
1869	92.58	1890	98.10	97.9
1870	95.68	1891	96.96	96.5
1871	98.19	1892		93.7
1872	98.94	1893		92.5
1873	98.74	1894		93.1
1874	98.24	1895		94.2

续表

年份	就业率（%）（工会数据）	年份	就业率（%）（工会数据）	就业率（%）（劳工部数据）
1875	97.51	1896		96.6
1876	96.44	1897		96.5
1877	95.56	1898		97.0
1878	93.69	1899		97.6
1879	87.50	1900		97.1
1880	94.07			

附表1-3　马萨诸塞州就业率数据（1889~1893年）

年份	1889	1890	1891	1892	1893
就业率（%）	98.56	97.70	99.09	98.35	91.49

附表1-4　纽约州和宾夕法尼亚州就业率数据

纽约州（基于66家企业）			宾夕法尼亚州（基于354家企业）		
数据统计截止日期	就业人数	就业增长率（%）	统计年份	就业人数	就业增长率（%）
1891年5月31日	18171				
1892年5月31日	19395	6.7	1892	136882	
1893年5月31日	20263	4.5	1893	122278	-10.67
1894年5月31日	15112	-25.4	1894	109383	-10.55
1895年5月31日	17233	14.3	1895	127361	16.44
1896年5月31日	18999	10.2	1896	118092	-7.28
1897年5月31日	17615	-7.3	1897	121281	2.70
1898年5月31日	20797	18.1	1898	137985	13.69
1899年6月30日	25035	20.4	1899	154422	11.99

附表1-5　马萨诸塞州和威斯康辛州制造业就业数据

马萨诸塞州制造业			威斯康辛州制造业		
年份	企业数量	就业人数变化	就业率变化	年份	企业数量	就业人数
1888~1889	1364	1771	0.89	1888	1135	71218
1889~1890	3041	7112	2.70	1889	1272	80504
1890~1891	3745	4966	172	1890	1364	80880
1891~1892	4473	13515	4.53	1891	1336	94089
1892~1893	4397	-13034	-4.26	1892	1331	90936

马萨诸塞州制造业				威斯康辛州制造业		
年份	企业数量	就业人数变化	就业率变化	年份	企业数量	就业人数
1893~1894	4093	−17470	−6.22	1893	1610	96540
1894~1895	3629	22861	9.02	1894	1460	83642
1895~1896	4609	−9044	−2.94	1895	1368	85767
1896~1897	4695	8324	2.72	1896	1499	80051
1897~1898	4701	5891	1.80	1897	1499	87534
1898~1899	4740	22936	10.60	1898	1499	96248

附表 1-6 主要国家人均进出口值

年份	美国（美元）	大不列颠及爱尔兰联合王国（英镑）	法国（法郎）	比利时（比利时法郎）	德国（马克）
1868	16.62	17.13	159	307	
1869	17.74	17.46	169	318	
1870	20.83	17.10	153	317	
1871	23.48	19.11	176	424	
1872	24.35	21.06	203	450	
1873	28.03	21.49	202	491	
1874	26.57	20.11	198	451	
1875	23.33	20.04	202	446	
1876	21.93	19.11	205	471	
1877	22.21	19.69	192	463	
1878	23.51	18.36	198	472	
1879	23.28	17.18	209	491	
1880	28.94	20.41	227	525	127
1881	29.91	19.17	224	525	131
1882	27.61	20.71	223	501	138
1883	28.03	20.13	218	506	142
1884	25.36	19.41	199	478	140
1885	23.26	17.16	188	435	124
1886	22.49	17.01	195	426	125
1887	23.63	17.11	190	447	131
1888	23.28	18.12	192	461	135

续表

年份	美国 (美元)	大不列颠及爱尔兰 联合王国 (英镑)	法国 (法郎)	比利时 (比利时法郎)	德国 (马克)
1889	24.02	19.19	209	494	147
1890	25.85	19.19	211	512	152
1891	27.04	19.14	217	541	147
1892	28.11	18.15	199	469	139
1893	25.71	17.14	185	468	139
1894	22.26	17.11	180	454	134
1895	22.12	17.19	184	478	143
1896	23.10	18.14	187	500	149
1897	25.44	18.14	199	531	155
1898	26.64	19.06	206	575	165
1899	25.42	20.18	223	623	175
1900	28.84	21.90	218	605	185

附表1-7 美国出口的国别数据

	英国	法国	德国
1896年			
从美进口的本币估值	106347349 英镑	313747000 法郎	628304000 法郎
从美进口的美元估值	516846116 美元	60553171 美元	125736352 美元
美国出口的美元估值	473223899 美元	53343571 美元	113145073 美元
两种统计口径差值	43622217 美元	7209600 美元	12691279 美元
两种统计口径差值百分比（%）	9.2	13.5	11.1
1897年			
从美进口的本币估值	113041627 英镑	437540000 法郎	652108000 法郎
从美进口的美元估值	549382307 美元	84445220 美元	155201704 美元
美国出口的美元估值	482695024 美元	73665199 美元	136277886 美元
两种统计口径差值	66687283 美元	10780021 美元	18923818 美元
两种统计口径差值百分比（%）	13.8	14.6	13.8
1898年			
从美进口的本币估值	126062155 英镑	623000000 法郎	876100000 法郎
从美进口的美元估值	612662073 美元	120239000 美元	208511800 美元
美国出口的美元估值	638758027 美元	80154266 美元	163776623 美元

续表

	英国	法国	德国
1898 年			
两种统计口径差值	73904046 美元	40084734 美元	44735177 美元
两种统计口径差值百分比（%）	13.7	49.9	27.3
1899 年			
从美进口的本币估值	120081188 英镑	400000000 法郎	893800000 法郎
从美进口的美元估值	583594673 美元	77200000 美元	212724400 美元
美国出口的美元估值	509926635 美元	70107127 美元	161405852 美元
两种统计口径差值	73668038 美元	7092873 美元	51318548 美元
两种统计口径差值百分比（%）	14.4	10.1	31.7
4 年累计			
从美进口的美元估值	2262485169 美元	342437391 美元	702174256 美元
美国出口的美元估值	2004603585 美元	277270163 美元	574605434 美元
两种统计口径差值	257881584 美元	65167228 美元	127568822 美元
两种统计口径差值百分比（%）	12.8	23.5	22.2

附表 1-8　美国进口的国别数据

	英国	法国	德国
1896 年			
对美出口的本币估值	32035784 英镑	224715000 法郎	385250000 马克
对美出口的美元估值	155693910 美元	43369995 美元	91213500 美元
美国进口的美元估值	134440228 美元	55694541 美元	93749168 美元
两种统计口径差值	21258082 美元	-12324546 美元	-2535668 美元
两种统计口径差值百分比（%）	15.8	-28.4	-2.7
1897 年			
对美出口的本币估值	37933917 英镑	242162000 法郎	397394000 马克
对美出口的美元估值	184358836 美元	46737266 美元	94579772 美元
美国进口的美元估值	159002286 美元	66730631 美元	980012278 美元
两种统计口径差值	25356550 美元	-19993365 美元	-3482506 美元
两种统计口径差值百分比（%）	15.9	-42.7	-3.6
1898 年			
对美出口的本币估值	28534477 英镑	210000000 法郎	322900000 马克
对美出口的美元估值	138679558 美元	40508000 美元	76850200 美元
美国进口的美元估值	111208803 美元	55719002 美元	77679471 美元

续表

	英国	法国	德国
1898 年			
两种统计口径差值	27470755 美元	-15216002 美元	-829271 美元
两种统计口径差值百分比（%）	24.7	37.5	1
1899 年			
对美出口的本币估值	34975472 英镑	236000000 法郎	377500000 马克
对美出口的美元估值	169980793 美元	45548000 美元	89845000 美元
美国进口的美元估值	142327207 美元	70404908 美元	89579339 美元
两种统计口径差值	27658586 美元	-24850908 美元	205661 美元
两种统计口径差值百分比（%）	19.4	-54.5	0.2
4 年累计			
对美出口的美元估值	648713097 美元	176158261 美元	352488472 美元
美国进口的美元估值	546978524 美元	248549082 美元	359070256 美元
两种统计口径差值	101784573 美元	-72390821 美元	-6581784 美元
两种统计口径差值百分比（%）	18.6	-41	-1.8

附表 1-9　美国对英法德的进出口增量（1896~1899 年）

	美对英法德总出口	美从英法德总进口
英法德统计口径的美元估值	3307096816 美元	1177359830 美元
美国统计口径的美元估值	2856479182 美元	1154597862 美元
两种统计口径差值	450617634 美元	22761968 美元
两种统计口径差值百分比（%）	15.7	1.9

附表 1-10　美英国内税收统计数据①

年份	美国			英国	
	人均征税额（美元）	被征税烈性酒数量（千桶）	被征税烈性酒数量的变化值（千桶）	国内税收总值（英镑）	税收总值变化（英镑）
1868	5.17	6146	—	430368971	—
1869	4.19	6342	—	434803957	—
1870	4.79	6574	—	444914228	—
1871	3.62	7740	—	465594366	20680138

---

① 美国财年截止日期为每年 6 月 30 日，英国财年截止日期为每年 4 月 5 日。

年份	美国			英国	
	人均征税额（美元）	被征税烈性酒数量（千桶）	被征税烈性酒数量的变化值（千桶）	国内税收总值（英镑）	税收总值变化（英镑）
1872	3.22	8659	—	482338317	—
1873	2.75	9633	—	513807284	31468967
1874	2.39	9600	−33	543025761	29218477
1875	2.52	9452	−148	571056167	28030406
1876	2.59	9902	—	579297347	—
1877	2.56	9810	−92	570331389	−8965958
1878	2.32	10241	—	578294971	—
1879	2.32	11103	—	578046297	−248674
1880	2.47	13347	2244	576896901	−1149396
1881	2.64	14311	2641	585223890	—
1882	2.79	16952	—	601450977	—
1883	2.69	17757	—	612836058	—
1884	2.21	18998	—	628510199	—
1885	2.00	19185	—	631467132	—
1886	2.03	20710	—	629855622	−1611510
1887	2.02	23121	2411	629397962	−457660
1888	2.07	24680	—	636154693	—
1889	2.13	25119	—	645158689	—
1890	2.28	27561	2442	669358613	24199924
1891	2.28	30478	2917	698407549	29048936
1892	2.36	31817	—	710752684	—
1893	2.43	34554	2737	712277117	—
1894	2.17	33334	−1220	706130875	−6146242
1895	2.08	33561	—	690251675	−15879200
1896	2.09	35826	2265	70965156	—
1897	2.05	34423	−1403	700447064	9204492
1898	2.34	37493	3070	729328295	28881231
1899	3.68	36581	−912	758571709	29243414
1900	3.89	39330	2749	788023603	29451894

附表 1–11 英美证券交易结算额（Clearances）

年份	美国证券交易清算额		英国证券交易清算额		纽约证券交易所成交金额	
	结算额 （百万美元）	成交金额年际 变化 （百万美元）	结算额 （百万英镑）	成交金额年际 变化 （百万美元）	成交金额 （百万美元）	成交金额年际 变化 （百万美元）
1854	5750	—	—	—	—	
1855	5362	−388	—	—	—	
1856	6906	—	—	—	—	
1857	8333	—	—	—	—	
1858	4756	−3577	—	—	—	
1859	6448	1692	—	—	—	
1860	7231	—	—	—	—	
1861	5915	−1316	—	—	—	
1862	6871	—	—	—	—	
1863	14867	7996	—	—	—	
1864	24097	9230	—	—	—	
1865	26032	—	—	—	—	
1866	28717	—	—	—	—	
1867	28675	−42	—	—	—	
1868	28484	−191	3466	—	—	
1869	37407	8923	3602	—	—	
1870	27804	−9603	3905	—	—	
1871	29300	—	4787	882	—	
1872	33844	—	5893	1106	—	
1873	35461	—	6182	—	—	
1874	22855	−12606	5916	−266	—	
1875	25061	—	5647	−269	—	
1876	21597	−3464	4959	−688	—	
1877	23289	—	5018	—	—	
1878	22508	−781	5007	−11	—	
1879	25178	—	4959	−48	—	
1880	37182	12004	5718	759	—	
1881	48565	11383	6357	—	8197	
1882	46552	−2013	6221	−136	7689	−508
1883	40293	−6259	5929	−306	6260	−1429

年份	美国证券交易清算额		英国证券交易清算额		纽约证券交易所成交金额	
	结算额（百万美元）	成交金额年际变化（百万美元）	结算额（百万英镑）	成交金额年际变化（百万美元）	成交金额（百万美元）	成交金额年际变化（百万美元）
1884	34092	−6201	5799	−130	5939	−321
1885	25250	−8842	5511	−288	5479	−460
1886	33374	8124	5902	—	5885	—
1887	34374	—	6077		4508	−1377
1888	30863	−4009	6942	865	3539	−969
1889	34796	—	7619	—	4059	520
1890	37660	—	7801	—	3977	−82
1891	34053	−3607	6848	−953	3812	−165
1892	36279		6482	−366	4874	1062
1893	34421	−1858	6478	−4	4550	−324
1894	24230	−10191	6337	−141	3094	−1456
1895	28264	—	7593	1256	3808	714
1896	29350	—	7575	−18	3329	−479
1897	31337	—	7491	−84	4973	1644
1898	39853	8516	8097	606	8187	3214
1899	57368	17515	9150	1053	13429	5242
1900	51964	−5404	8960	−190	9249	−4180

附表 1–12　英美德生铁产量和消费量

单位：千吨

年份	美国		英国		德国		全球产量
	产量	消费量	产量	消费量	产量	消费量	
1868	1431	1416	4970	4438	1264	1299	10400
1869	1711	1567	5445	4754	1413	1501	11575
1870	1665	1863	5963	5245	1391	1510	11900
1871	1706	1925	6627	5625	1564	1892	12500
1872	2548	2810	6741	5509	1988	2501	13925
1873	2560	2690	6566	5498	2241	2830	14675
1874	2401	2500	5991	5271	1906	2234	13500
1875	2023	2000	6365	5464	2029	2316	13675
1876	1868	1900	6555	5677	1846	2123	13475

续表

年份	美国		英国		德国		全球产量
	产量	消费量	产量	消费量	产量	消费量	
1877	2066	2150	6608	5770	1933	2094	13675
1878	2301	2500	6381	5484	2148	2202	14118
1879	2741	3432	5995	4795	2227	2171	13950
1880	3835	3990	7749	6175	2729	2663	17950
1881	4144	4982	8144	6710	2914	2835	19400
1882	4623	4963	8586	6867	3381	3409	20750
1883	4595	4834	8529	7001	3470	3418	21000
1884	4097	4229	7811	6578	3601	3584	19475
1885	4044	4348	7415	6492	3687	3646	19100
1886	5683	6191	7009	6008	3529	3382	20386
1887	6417	6808	7559	6439	4024	3900	22171
1888	6489	6674	7998	6996	4337	4373	23575
1889	7603	7755	8322	7200	4525	4674	25345
1890	9202	8943	7904	6818	4658	4897	27157
1891	8279	8366	7406	6262	4641	4711	25718
1892	9157	9303	6709	5994	4937	4966	26474
1893	7124	6982	6976	6168	4986	5032	24813
1894	6657	6694	7427	6655	5380	5350	25600
1895	9446	9628	7703	6925	5464	5434	28871
1896	8623	8275	8659	7705	6373	6507	30500
1897	9652	9381	8796	7749	6881	7202	32937
1898	11773	12005	8609	7723	7313	7436	35655
1899	13620	13779	9421	8208	8143	8571	39410
1900	13789	13177	8959	—	8494		40000

附表 1-13 美国钢铁年度平均价格

单位：美元/100 磅

年份	无烟煤生铁	贝氏生铁	条钢	铁轨	钢轨	方钉	钢坯
1868	39.25	—	85.63	78.87	158.50	5.17	—
1869	40.62	—	81.66	77.25	132.25	4.87	—
1870	33.25	—	78.96	72.25	106.75	4.40	—
1871	35.12	—	78.54	70.37	102.50	4.52	—

续表

年份	无烟煤生铁	贝氏生铁	条钢	铁轨	钢轨	方钉	钢坯
1872	48.87	—	97.63	85.12	112.00	5.46	—
1873	42.75	—	86.43	76.66	120.50	4.90	—
1874	30.25	—	67.95	58.75	94.25	3.99	—
1875	25.50	—	60.85	47.75	68.75	3.42	—
1876	22.25	—	52.08	41.25	59.25	2.98	—
1877	18.87	—	45.55	35.25	45.50	2.57	—
1878	17.62	—	44.24	33.75	42.25	2.31	—
1879	21.50	—	51.85	41.25	48.25	2.69	—
1880	28.50	—	60.38	49.25	67.50	3.68	—
1881	25.12	—	58.05	47.12	61.13	3.09	—
1882	25.75	—	61.41	45.50	48.50	3.47	—
1883	22.37	—	50.30	—	37.75	3.06	—
1884	19.87	—	44.05	—	30.75	2.39	—
1885	18.00	—	40.32	—	28.50	2.33	—
1886	18.75	18.96	43.12	21.42	34.50	2.27	—
1887	21.00	21.37	49.37	22.97	37.08	2.30	—
1888	18.88	17.38	2.01	22.23	29.83	2.55	28.78
1889	17.75	18.00	1.94	24.19	29.25	2.49	29.45
1890	18.40	18.85	2.05	25.18	31.75	2.51	30.32
1891	17.52	15.95	1.90	22.05	29.92	2.05	25.32
1892	15.75	14.37	1.87	19.48	30.00	1.70	23.65
1893	14.52	12.87	1.70	16.43	28.12	1.49	20.44
1894	12.66	11.38	1.34	11.95	24.00	1.11	16.56
1895	13.10	12.72	1.44	14.09	24.33	1.69	18.48
1896	12.95	12.14	1.40	14.16	28.00	2.50	18.88
1897	12.10	10.13	1.31	12.49	18.75	1.45	15.08
1898	11.66	10.33	1.28	12.39	17.62	1.45	15.32
1899	19.36	19.03	2.07	20.36	28.12	2.57	31.19
1900	19.98	19.49	1.96	19.51	32.29	2.76	25.05

附表 1–14　英国资本市场数据

单位：千英镑

年份	股市融资额	贷款额	名义注册资本额
1870	92250	80000	38252
1871	109732	93993	69528
1872	151550	113100	133141
1873	154700	101100	152056
1874	114150	110550	110540
1875	62650	60850	82447
1876	43200	42850	48314
1877	51500	38600	66800
1878	59200	50400	67800
1879	56470	47460	75568
1880	122200	77600	168466
1881	189400	115250	210711
1882	145550	94650	254744
1883	81150	76900	167680
1884	109031	90603	138481
1885	77972	77875	119222
1886	101873	87476	145850
1887	111209	93668	170172
1888	160255	137252	353781
1889	207037	107804	241277
1890	142565	141007	238759
1891	104595	76044	134261
1892	81137	59262	103403
1893	49141	41953	96654
1894	91835	74222	118431
1895	104690	84500	231368
1896	152677	84393	309532
1897	157299	81694	291117
1898	150173	101201	272287
1899	133160	—	245939
1900	165490	—	217651

附表 1-15　英美铁路货运吨位数（1871~1900 年）

年份	美国铁路		英国铁路	
	货运吨位数	年度增减	货运吨位数	年度增减
1871	—	—	169364698	—
1872	—	—	179302121	—
1873	—	—	190953457	+11651336
1874	—	—	188538852	−2414605
1875	—	—	200069651	+11530799
1876	—	—	205965064	—
1877	—	—	211980495	—
1878	—	—	206735856	−5244639
1879	—	—	212188155	—
1880	—	—	235305629	+23117474
1881	—	—	247045000	+11739371
1882	360490375	—	256215821	—
1883	400453439	+39963064	266382968	+10167147
1884	399074749	−1378690	259327886	−7055082
1885	437040099	+37965350	257288454	−2039432
1886	482245254	+45205155	254626643	−2661811
1887	552074752	+69829498	268926884	+14300241
1888	590857353	+38782601	281748439	+12821555
1889	619165630	—	297506497	+15758058
1890	691344437	+72178807	303119427	—
1891	704398609	—	310324607	—
1892	730605011	—	309626378	−698229
1893	757464480	—	293341247	−16285131
1894	674714747	−82749733	324457633	+31116386
1895	755799883	+81085136	334230991	—
1896	773868716	—	356468009	+22237018
1897	788385448	—	374389246	+17921237
1898	912973853	+124588405	378564285	—
1899	975789941	+62816088	413623025	+35058740
1900	1071431919	+95641978	424929513	—

附表 1-16　1857~1900 年美国破产案（基于 R.G.Dun & Co 的报告）

年份	破产数目	破产金额	年份	破产数目	破产金额
1857	4932	291750000	1879	6658	98149053
1858	4225	95749000	1880	4735	65752000
1859	3913	64394000	1881	5582	81155932
1860	3676	79807000	1882	6738	101547564
1861	6993	207210000	1883	9184	172874172
1862	1652	23049000	1884	10968	226343427
1863	595	7899900	1885	10637	124220321
1864	520	8579000	1886	9834	114644119
1865	530	17625000	1887	9634	167560944
1866	1505	53783000	1888	10679	123829973
1867	2780	96666000	1889	10882	148784337
1868	2608	63694000	1890	10907	189856964
1869	2799	75054054	1891	12273	189868638
1870	3546	88242000	1892	10344	114044167
1871	2915	85252000	1893	15242	346779889
1872	4069	121056000	1894	13885	172992856
1873	5183	228499900	1895	13197	173196060
1874	5830	155239000	1896	15088	226096834
1875	7740	201000000	1897	13351	154332071
1876	9902	191117786	1898	12186	130662899
1877	8872	190669936	1899	9337	90879889
1878	10478	234383132	1900	10774	138495673

附表 1-17　财政部和流通领域的货币数量变化

单位：美元

时间	财政部控制货币数量的增加	财政部控制货币数量的减少	流通领域中货币数量的增加	流通领域中货币数量的减少
1878 年 12 月	—	19401915	10258373	—
1879 年 2 月	17100493	—	—	7042052
1879 年 5 月	17696990	—	—	18555364
1881 年 2 月	22458006	—	—	18848901
1882 年 10 月	19120498	—	12399474	—
1885 年 2 月	27450616	—	—	6375838
1887 年 9 月	6399136	—	32353735	—

续表

时间	财政部控制货币数量的增加	财政部控制货币数量的减少	流通领域中货币数量的增加	流通领域中货币数量的减少
1890 年 9 月	—	32968841	61887372	—
1893 年 8 月	—	20425292	69463654	—
1894 年 10 月	—	19630566	17054440	—
1895 年 8 月	19665798	—	—	10950758
1896 年 12 月	17353201	—	3778654	—
1897 年 10 月	—	18474549	27892366	—
1898 年 7 月	34980125	—	—	34237405
1899 年 8 月	50018321	—	11013937	—

附表 1–18　美国农业部公布的美国小麦、棉花产量和世界小麦产量（1885~1900 年）[①]

年份	美国小麦年度产量（蒲式耳）	世界小麦年度产量（蒲式耳）	12 月 1 日价格（美分）	美国棉花年度产量（包）
1885	357112000	2093859000	77.1	5706165
1886	457218000	2113951000	68.7	6575691
1887	456329000	2266331000	68.1	6505087
1888	415868000	2221520000	92.6	7046833
1889	490560000	2075027000	69.8	6038290
1890	399262000	2172372000	83.8	7311322
1891	611780000	2432322000	83.9	8652597
1892	515949000	2481805000	62.4	9035379
1893	396131725	2559174000	53.8	6700365
1894	460267416	2660557000	49.1	7549817
1895	467102947	2593312000	50.9	9901251
1896	427684346	2506320000	72.6	7157346
1897	530149168	2234461000	80.8	8757964
1898	675148705	2942439000	58.2	11199994
1899	547303846	2768295000	58.4	11274840
1900	522229505	2586564000	62.0	9436416

① 年产量以每年 8 月 31 日为截止日期。

附表 1–19　每千人结婚人数

年份	英国	德国	法国
1870	8.05	—	6.0
1871	8.35	—	7.3
1872	8.70	10.29	9.8
1873	8.80	10.02	8.8
1874	8.50	9.53	8.3
1875	8.25	9.10	8.2
1876	8.75	8.52	7.9
1877	7.85	7.98	7.5
1878	7.60	7.71	7.5
1879	7.20	7.51	7.6
1880	7.45	7.48	7.4
1881	7.55	7.47	7.5
1882	7.75	7.68	7.4
1883	7.75	7.70	7.5
1884	7.55	7.83	7.6
1885	7.25	7.89	7.4
1886	7.10	7.9	7.4
1887	7.20	7.8	7.2
1888	7.20	7.8	7.2
1889	7.50	8.0	7.1
1890	7.75	8.0	7.3
1891	7.80	8.0	7.4
1892	7.70	7.9	7.5
1893	7.35	7.9	7.5
1894	7.55	7.9	7.5
1895	7.50	8.0	7.4
1896	7.90	8.2	7.5

关于危机和萧条原因的著名观点摘录

1. 沃尔特·白哲浩（Walter Bagehot）

"有关金融狂热和恐慌的文献已经数不胜数了，即便我们拥有最顶尖的智慧也无法完全掌握和理解它们。

对于危机，我的看法是在某个特定时期，许多人非理性地囤积了大笔金钱，却不愿意或者不能够找到合理的使用渠道。亚里士多德就是这样的一个人，他讨厌交易和买卖。

除了囤积金钱之外，过度投资或者盲目投机也可能导致危机。为此，一些经济学家帮助政府制定了一些法规和计划，旨在抑制那些短视的非理性投资和投机。不过，他们经常在同一问题上发表两种截然对立的观点。他们的观点经常漏洞百出，缺乏实际有效的措施。

如果大量的财富囤积在缺乏商业知识的人手上，那么这些财富的产出就是零。这些有钱人被称为'盲目资本'（Blind Capital），这些钱未能投入到商业机会和经济发展中。如果缺乏实业投资机会，那么这些钱就是过剩的；如果这些钱进入到资产市场中企图赚取价差，那么这就是投机行为。一旦最终泡沫破灭了，'恐慌'就出现了。"

2. 大卫·麦克弗森（David Macpherson）

"在持续九年的商业繁荣中，大量的资金投入到了内河航运和工厂的建设中。这些投资可以提高生产效率，不过需要较长时间来实现这一点。在繁荣时期，工商界人士关注的领域极大地扩展了，他们雄心勃勃地投入了大笔资金。这是繁荣的特征之一，也是此后危机和萧条的原因之一。"[①]

[①]《商业年鉴》（*Annals of Commerce*）第 4 卷，1805 年，第 265~266 页。

3. W. 斯坦利·杰文斯 （W. Stanley Jevons）

"商业周期的根本原因还没有被很好地确认。看起来似乎是长短期投资资金比例的失调导致了危机和萧条的产生。"

4. 贺拉斯·怀特 （Horace White）

"1873 年危机与历史上的危机没有什么太大区别。投机在其中占了很大的比重，低买高卖，追逐价差的狂热行为十分猖獗。除了狂热投机之外，过度投资下的固定资本也是危机的驱动因素之一。简而言之，过度投资和盲目投机造成了危机。"

5. 博纳米·普利斯 （Bonamy Price）

（1）"导致危机的原因究竟是什么呢？**除非你寻根究底到资本这个因素上，否则你永远不会搞清楚危机的根源。**劳动力需要资本的辅助才能推动经济的增长，资本就是工具设备以及劳动力维持生计所需要的住房等。

资本是分工的基础。产品需要制造商生产出来，然后通过贸易商进行流通和销售。销售和流通的过程需要铁路和运河。

当资本进行再生产的时候，当产值超过折旧值时，经济就增长，繁荣就随之而来。

一个民族或国家的发展离不开资本的增加，工厂设备和基建设施是资本的主体。

一个民族或国家的衰落是因为消费超过了生产能力，根本上是因为阻碍了行业发展的活力和生产力发展的动力。

为什么人们的购买力会下降？根本原因不是货币的匮乏，而是缺乏足够的收入。"

（2）"危机的根源究竟是什么呢？真正的根源并不是农业歉收或者立法改变，而是过度投资和消费导致财富创造跟不上财富消耗的速度，最终必然导致贫穷。

就好像一个农民，他吃掉的粮食如果超过他收获的粮食，那么他就很难维系下去。为了产出增长，他还需要改善水利系统并且购买更多的种子，这就是资本支出。这样的比喻是简单的，国家经济的发展要复杂得多，以至于我们很不容易抓住其中的关键点。不过，国家毕竟是无数经济行为个体的集合。"

（3）"新企业的建立意味着大量的资本投入，涉及设备和原材料，无论是任何形式的浪费或者错误配置，都是一种危险的信号……这种过剩在繁荣时期非常普遍。"①

6. 约翰·B. 克拉克 （John B. Clark）

"**每一轮商业和经济危机发生之前都存在一段特定的时期，那就是生产过剩。**当这种过剩达到极致而无法继续时，危机就爆发了。

---

① 《北不列颠评论》（*North British Review*）第 3 卷，第 467 页。

我们应该想办法抑制过度的投资和生产，这样才能避免更加严重的后果。一旦放任危机酝酿，那么爆发后的负面冲击将是巨大的。接下去就是持续时间更加长的萧条，带来漫长的痛苦和煎熬。过剩是整体特征，实际上却是一些产品过剩，另一些产品匮乏。"

7. 保罗·勒鲁瓦—博利约（Paul Leroy-Beaulieu）

"第一，生产和劳动的专业化和分工，不仅是劳动者个人的事情，同时也是相关地区的变化。分工会引发资源的重新配置，这个过程会引发失业和过度投资。

第二，生产的目的是消费，但是生产通常是在没有订单的情况下进行的。生产着眼于未来的消费，因此基于预测和推算，肯定不准确。**需求的不确定性干扰了生产的合理决策和有序展开。**

第三，**乐观逐利精神和信贷在某些时候会将经济的弹簧拉到极致。**这样或许可以为经济行为个体谋取最大利益，但也造成了泡沫和脆弱性。越是精巧完美的机器，越是高速运转的机器，在出现故障时越会带来严重的后果。

第四，**货币政策或者供应量的根本性变化，无论是铸币还是强制流通的纸币，要么会吹大泡沫，要么会引爆泡沫。**

第五，**重要的产业部门不可避免地会出现调整和修正，**特别是出现重大技术进步或者革命的时候。某种产品的生产效率和产量突然提高后，会打破此前的经济结构和产品平衡。

在导致危机爆发的五个因素中，前四个因素与商业有关，第五个因素则涉及普遍的经济危机。"

8. 利昂·莱维（Leone Levi）

"如果考虑到不同种类危机的成因，则可以看出大量资本支出与商业冒险精神的身影。**危机的导火索是大众突然意识到资金满足不了过度的投资和投机需求了。**"

9. J. E. 索尔罗德·罗杰斯（J. E. Thorold Rogers）

"危机的原因存在于各种商业交易之中，存在于对利润的非理性期望中，存在于错误的计算和决策之中。"

要想预测泡沫和危机，需要系统而科学的方法，现在的经济学还未建立起这样的模型。我尝试在这方面做一些突破，不过根本着眼点还是为了捕捉重大的交易机会。

10. 罗伯特·吉芬（Robert Giffen）

"通胀的历史水平与危机关系密切。**通常而言，在恶性通胀之后便是大衰退和大萧条**。价格持续下跌是大萧条的普遍特征，同时它也加重了萧条的程度。

因此，没有必要为过去一两年发生的萧条费力地寻找其他原因。一旦价格开始持续下跌，则萧条就来临了。

在我看来，价格持续走低的原因、持续时间和各种可能的后果成了萧条中最值得思考的问题。"

11. 马丁·范·布伦（Martin Van Buren）

"**我们目前所处的困境主要是因为整个经济的过度扩张。银行发行了大量票据，信贷过度，最终导致了毁灭性的结局。**"

12.《关于1847年危机前瞻性综述》（*Prospective Review on Crisis of 1847*）

"这次危机主要有两个原因：第一，农作物歉收；第二，**资本从工业中的再生产部门大举撤离，追逐超额利润，脱实向虚，进入到非生产领域。**"

13.《伦敦银行家杂志论1857年危机》（*London Bankes' Magazine on Crisis of 1857*）

"第一，美国银行系统给予了大多长期贷款；第二，加利福尼亚州发现了金矿，**美国货币和信贷迅速扩张**；第三，铁路基建过度投资；第四，欧洲的战争和动荡使得资本流入，进入到黑海沿岸国家；第五，欺诈和投机泡沫破灭摧毁了大众的信心，信贷加速收缩。"

14. 阿尔伯特·加勒庭（Albert Gallatin）论1837年危机

"导致纽约市大量银行在5月10日暂停兑付的直接原因大家都知道，主要有以下四点：第一，公众存款流失和国外信贷撤出；第二，美国主要出口商品的价格大幅下跌；第三，美国罕见地进口大量玉米和面粉；第四，移民大量汇出资金，导致全美大型商业银行的资金紧张。"

15. 马太·马歇尔（Matthew Marshall）

"我认为一种更加理性而系统的危机解决之道可以从人性入手。人性难耐寂寞和乏味，因此总是从一个极端走向另一个极端。狂热和失望交替出现。当价格上涨，账面利润保障时，大众蜂拥而至，不过终究是纸面富贵。**一旦资金接济不上，资产价格掉头向下，那么恐慌就出现了**，持有筹码的人都想要抛出，多头踩踏就发生了。在泡沫破灭后的很长一段时间内，大众变得谨慎保守，不敢进行新的投机和投资。"

16. N. C. 弗雷德里克森（N. C. Frederiksen）

"危机并不是几大银行的政策导致的。银行发行纸币或者采取其他行为可以加重或

者缓解危机。

危机也并不是农业歉收导致的，丰收可以改善经济运行的条件，歉收可以加速危机的爆发。同时，我们也不应该纠结于生产过剩。当前唯一的问题在于某些产业部门的生产是与需求错配的。

虽然当前的危机状况与信贷是密不可分的，但是很难下定论说导致危机爆发的罪魁祸首是信贷。

正如朱格拉先生所说，导致这场波动的根本原因并非破坏性创新或者是新资本的创立。真正能够解释波动的原因只有人性，或者说人类的心理倾向和偏好。大众群起而动，盲从和集体行动是其显著特征之一。

又如米尔斯先生指出的那样，大众的心理倾向和偏好是波动的，因此驱动生产和价格的波动。价格的所有波动都是由供求决定的，而供求在很大程度上又是取决于大众的心理和意愿。"

17. 詹姆斯·威尔逊（James Wilson）

（1）"基于规律和事实得到的证据让我们更加确信生活必需品价格的波动是导致国家货币信贷以及商业利益波动和崩溃的最主要原因，也是严重痛苦和幻灭感的来源。"

（2）"不能将我们的不幸归咎于价格水平的绝对高低，真正的问题在于价格的持续大幅波动，特别是数年高价之后持续数年低价。"①

18. 詹姆斯·A. 罗森（James A. Lawson）

（1）"危机应该是由于对信贷和贸易的全面而持续的控制所导致的。"

（2）"这些周期性出现的经济困境是否是自然力量和规律导致的，是否超越了人的认知和预判能力，是否完全无法预防，这是全部的问题所在。

在分析最近出现的恐慌时，我们应该检查出现危机的时间里，是否有大量的资金进入经济中。当资金进入战争等缺乏生产力的活动中，或者是进入不能马上产生生产力的基建投机中，则很可能引发危机。"

19. H. T. 伊斯顿（H. T. Easton）

"在繁荣阶段，信贷过度扩展，被滥用，商人和投机客们积累了自己无法偿还的债务，最终导致了危机爆发。这种支出并未带来收入，而是沉没成本。银行以诸如工厂、铁路、矿山和码头等固定地产为抵押发放贷款，而不是以营收为依据。"②

---

① 《通货、商业和制造业的波动》（*Fluctuations of Currency, Commerce and Manufactures*）1840 年，第 4 页。
② 《银行和银行业》（*Banks and Banking*）1896 年，第 97 页。

20. 查尔斯·A. 康纳特（Charles A. Conant）

"每一次危机的显著特征基本上都是资本进入没有生产力的企业中成为了沉没成本。这类投资通常都涉及新技术和新领域，其商业模式和盈利局限性并未得到投资者们的准确认知，即便是那些经验丰富和思维老道的资本家也无法有效评估。新技术和新行业容易引发泡沫，以至于很快就耗尽了短期内的发展潜力，导致产能过剩和资本亏损。在现代经济中，新发现和新发明为泡沫和危机的滋生提供了适宜的环境。"①

21. 亨利·C. 凯莉（Henry C. Carey）

（1）"消费和生产之间的背离程度决定了危机爆发的概率和程度。"

（2）"到目前为止，我们经历了三个贸易保护时期，分别结束于 1817 年、1834 年和 1847 年。每个时期结束之后，经济都会出现极度繁荣的情况。当然，我们也经历了三个自由贸易时期，国内工商业遭到了破坏，导致了三次危机。这三次危机分别发生于 1822 年、1842 年和 1857 年。这三次危机都导致了经济萧条。"

（3）"减少债务是必要的，全球范围内都存在这种必要性。越是采用自由贸易制度，越是需要减少债务。债务率越高，则商业危机发生的概率也就越高。"②

22. 亚历山大·巴林（Alexander Baring）和阿什伯顿勋爵（Lord Ashburton）

"当前这次危机实际上与我们在 1825 年遭受的危机非常类似。两次危机的直接原因是相同的：信贷先是过度扩张，然后再急剧收缩，造成了流动性衰竭。"

23. 罗伯特·巴克斯特（Robert Baxter）

"应该制定出应对危机和恐慌的措施。当经济陷入流动性陷阱后，应该提供最后贷款人的支持，这样商业和经济就能继续运作下去。"

24. 查尔斯·柯克林（Charles Coquelin）

"那些认为危机根植于银行混业经营的观点是错误的。实际上，银行混业经营恰恰能够抑制危机的爆发。商业危机其实都是从伦敦和巴黎那些金融中心开始的，那些业务单一的银行成了动荡的源头。"

25. J. W. 吉尔巴特（J. W. Gilbart）

"每次危机的具体原因都存在一些差别，不过罪魁祸首则是过度投机和贪婪。经济和社会生活就像一列高速行进的列车。暴富的渴望与贪婪将我们推向深渊，来不及逃脱的人便成了受害者。"③

---

① 《现代问题银行历史》（*History of Modern Banks of Issue*）第 461 页。
② 《1866 年恐慌及通货方面的教训》（*Panic of 1866, With its Lessons on the Currency*）第 28 页。
③ 《银行业的原理和实务》（*Principles and Practice of Banking*）第 295 页。

26. 爱德华·埃弗里特（Edward Everett）论 1857 年危机

"如果我没有说错的话，1857 年危机比大军压境的敌人更令人感到窒息，比席卷而来的瘟疫更为致命。其破坏力远远超过了春天的霜冻和夏天的枯草病。**我认为这次危机是沉重的债务导致的。**整个国家、各个行业和企业，以及个人都在沉重的债务负担下苟延残喘，健康的商业关系遭受破坏，信贷最终崩溃了。"①

27. 阿尔弗雷德·罗素·华莱士（Alfred Russell Wallace）

"商业的萧条可以简单地定义为对商品的需求全面下降。需求下降既可能来自于国内消费萎缩，也可能来自于出口萎缩。"

28. M. 克莱门特·朱格拉（M. Clément Juglar）

"危机可以看成是经济的自然波动，当产品过剩时，生产却并未停下来，危机就产生了。"

29. D. W. 汤姆（D. W. Thom）

"恐慌，广义来讲是因为流动性衰竭引发的。当资金的需求显著超过供给时，金融市场就会发生恐慌。1847 年的恐慌是因为此前大量无效投资导致的。1857 年货币和信贷市场出现了恐慌，银根紧缩是重要原因。1866 年信贷出现了恐慌也是同样的原因。

另外，关税和立法的重大变化，以及农业收成都会加速或者延迟危机和恐慌的爆发。"

30. M. 莫里斯·布洛克（M. Maurice Block）

"我想指出的是**危机根源于产业平衡被打破了。**"

31. 埃德温·戈德比（Edwin Goadby）

"每次危机的发生都与劳动力的低效配置有关，直到更加稳定的平衡出现。**重大的新发明和新技术，无论是物理的还是化学的，往往都会创造一个新的行业，这会触发包括劳动力在内的资源重新配置，这就是经济波动的根本原因。**"

32. 威廉·瓦特（William Watt）

"商业萧条的本质在于大多数商品的生产超过了货币购买力。"

33. J. B. 豪（J. B. Howe）

"关于危机，可以简单地归结为一句话：资本、能源、劳动力等资源的错误配置导致了严重的后果。"②

---

①《弗农山庄论文集》（*The Mount Vernon Papers*）第 167 页。
②《政治经济学和货币的运用》（*Political Economy and the Use of Money*）1878 年，第 74 页。

经济周期与股市的关系

要想游得快，借助潮汐的力量要比用手划水效果更好。

——沃伦·巴菲特

在过去近两百年的历史中，股市的平均增长速度一直在7%左右，与同一时期GDP年增长率基本一致，说明股市不光与经济具有相关性，而且是高度相关。

——杰瑞米·西格尔

A股市场历来重政策，市场表现与政策周期变化的相关度要高于经济周期，而政策往往采取反周期的方式，因此出现一些实体经济走好而股市变弱的现象。

——李迅雷

只要通胀率还在1%到3%的区间，就是股市的好时光。

——邓肯·W. 理查德森

眼光局限于一处绝不能做好股票交易，不要把眼光只局限于技术分析，不要把眼光只局限于股票市场，要同时注意研究债券和商品市场，同时，总体经济走势也是一个不能忽视的大背景。中国香港股神曹仁超曾经说过："我老曹1967年开始步入社会做事，发现经济周期十分有规律。例如，1968~1973年繁荣期之后是2年衰退期，1975年到1981年又是7年的繁荣期，之后又接着是2年衰退期，1983年到1989年以及1991年到1997年还是7年繁荣期，之后接2年衰退期……而**股市一般会先于经济增长出现顶部和底部。**"所以，即使你是做股票短线也不能忽视经济周期的重大影响，毕竟股神都如此重视经济周期。

绝大多数的股民都局限于技术指标的分析，即使技术指标还有效也会因为使用者众多致使其效率大幅降低。为什么会产生这样的现象呢？其实，人类社会的各个领域

长期来讲，趋势源于周期。

你失去的最重要的东西往往是那些潜在的，而不是已经拥有的。你根本不知道错过了多少机会，失去了多少可以完全颠覆你现在人生的潜在利益。人们总是相互去争夺那些眼前的利益或者手中的既得利益，却忽略了远胜于此却无人问津的潜在利益。

沉没成本不算成本，机会成本是最大的成本！

和环节都存在竞争，这就是所谓的**"达尔文机制"**，从根本上来讲就是"基因最大化表达"引发的个体竞争。这种竞争使得**任何超额收益的机会都会被最终稀释**，即使你拥有特权或者任何壁垒也不能让你最终幸免，只是让你延缓而已。金融市场也存在这种竞争机制，因为金融市场的资源是有限的，即使是价值投资者也无法否认这一点，这得益于**一位参与者的收益必然是另外一位参与者的损失**。短线交易是一个零和游戏，这是大家都能够直接看出来的实质。那么，价值投资或者说"增值交易"是否就是非零和游戏呢？其实，当你卖出一家还有升值潜力或者说被低估的公司的股票时，你就失去了一份"潜在的利益"，而你的"对手盘"其实就获得了这份"潜在利益"。

投资（或者说交易）最核心的是什么？博弈的思想！搞清楚你的对手盘，这是最核心的，巴菲特也是利用对手盘的恐慌和非理性。无论你是坐庄还是价值投资，无论你是追涨停，还是炒单，无论你是趋势跟踪还是波段操作，**这是博弈思想最关键的，第二关键的就是风险控制。而风险控制也是从博弈的不确定性和复杂性衍生出来的要求**。所谓"知天知地，胜乃不穷，知己知彼，百战不殆。"其中的"天地"，无非就是背景、市场、基本面、心理、政策；而所谓的"彼"就是你的对手盘。整个交易市场就是赚对手盘的钱，价值投资也是一样的，巴菲特赚的也是对手盘的钱，因为对手盘非理性卖出就是将"未来收益的贴现"拱手让给了巴菲特。"投机是赚对手盘"这个大家了解，"价值投资赚对手盘"这个大家不了解，但是如果从"机会成本"的角度来理解就容易了。本来你继续持有某家公司就能得到的收益因为你的卖出而拱手他人。所以，**交易无论投机还是投资都是零和博弈，你所得就是他人所失**。反正都是赚对手不理性的钱，也可以说赚对手有限理性的钱。

既然交易是博弈，那么意味着我们必须胜过市场上的其他参与者，**如果你使用和绝大多数人一模一样的策略怎么可**

能战胜他们呢？ 想想看，股票市场上绝大多数参与者们采用什么方式来决策和控制风险？他们的一个最重要特征就是通过纯技术图形来断定买点。其实，如果市场上没有这么多"一致行动"的炒家，纯技术分析效率还是很高的，那些最早采用移动平均线的炒家就非常幸运。当绝大部分人采用某项策略时，这项策略就会失效；当绝大部分人采用某项指标时，这一指标就会失效；当绝大部分人关注某一交易环节时，这一环节带来的利润率就会下降。交易的主要环节其实有四个，首先是"基本面分析"（我们更准确地称之为"驱动分析"），其次是"心理分析"，这就是所谓的"对手盘分析"最重要环节，再次是"技术面分析"（我们更准确地称之为"行为分析"，因为这是市场参与者集体行为的体现），最后是参与环节，也就是我们对自己仓位的管理（见附图 3-1）。

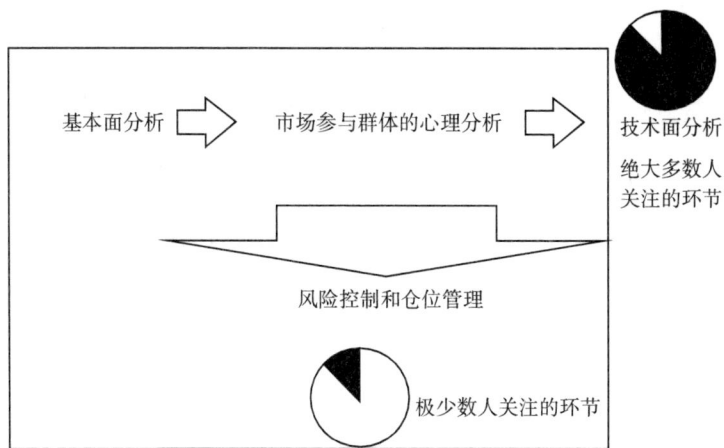

附图 3-1　交易四个环节的关注度差异

　　在这四个环节中，绝大多数交易者都专注于技术面分析，这种做法的效率越来越低，因为长期以来有效的指标和形态基本都被全面和深入地挖掘和传播，这一环节已经不能为交易者带来超越市场平均利润水平的绩效（其实，股票交易的平均利润水平是负值。因为无论价格是否变动，交易者都需要缴纳佣金和印花税）。而另外三个环节则存在极少的关注者，这里需要特别澄清的是"基本面分析"，因为本课要介绍

　　纯粹的技术分析为什么这么受到大众的追捧？第一是貌似科学，第二是简单容易入手，还有什么原因呢？能写这类书的人最多，门槛最低。

的"跨市场分析"就属于其中的一种高效工具。基本面分析绝不是像一般股评和坊间传闻一样的"看图找理由",也不是用当下的新闻来看待未来的股市,基本面分析是历史和前瞻的结合,这段历史并不仅仅是当下的事件,而是一系列进程。

现在大家所知的"基本面分析"就是简单地听消息和分析当下的事件,毫无科学性可言,更没有前瞻性。谈到这里就不得不提一下如何鉴别股评(也包括研究报告、分析文章等)的优劣了,下面六类基本面分析被我们认定为最不应该听从的"垃圾类意见":

第一类,**堆砌多空证据,毫无内在逻辑**;

第二类,**只有结论,没有理由**;

第三类,**没有考虑价格对市场预期的吸收程度,倾向于"惯性思维"**;

第四类,**纯技术分析文章,想用机械的东西去框住混沌的市场行为**;

第五类,**大而空的长远话题,结论没有具体的时间框架**;

第六类,**根据目前走势找几个理由来解释,穿凿附会,对未来没有逻辑推理**。

> 忽略了价格对消息和预期的吸收程度,这是最大的陷阱之一,这类投资者往往成了盲目追涨杀跌者。

上述六类股评(除了第四类为技术分析之外其实是五类)、研究报告和短文占了我们平时接触的所谓基本面分析的80%以上,这些东西你看多了就会明白,墙头草两边倒,往往是跟在行情后面分析,而不是站在行情前面分析,也正是这超过80%的拙劣基本面分析使得广大散户认为基本面分析纯粹无用。其实,**真正在这个市场上赚钱的人都很重视基本面分析,而且赚的钱越大,越重视基本面分析**。股票市场的牛人巴菲特就不用提了,国内期货界从几万块钱做到20亿元的林广袤靠的是基本面,另外一个从5万元两年做到1亿元的傅海棠也是靠基本面分析,要知道期货一直被认为是技术分析的天下。

林广袤曾经不无深意地说过:"在所有的投资中最终决定胜败的是基本面分析,招式只是可以被利用的手段……格局

要大，基础要牢……很久不做技术分析了，忘了有多久，因为我擅长的是基本面，对我来说基本面分析足矣。市场中的高手是要去发现参与者犯了什么错误，如果参与者都没犯错误，那么你就没有参与市场的必要。"而博海棠是这样评价技术分析的："期货做的是未来的价格，技术分析是事后诸葛亮。世界上成功的投资派都不是技术家，包括索罗斯、巴菲特都是基本面分析。收集信息需要自己亲自调查，通过调查然后再结合心理分析。"他同时指出基本面分析并不是机械死板的："时时刻刻关注这些品种，一旦某一个品种来了机会，提前察觉，不然可能这个品种的行情走过去才发现自己忘了。如果市场的条件突然改变，观点也要及时改变，一切以市场为准，要客观，不能主观。我不能算超长线，也不能算短线。长线中间也有倒仓、平仓、开仓。长线短做，以防万一。"

国外大的投行都不重视基本面分析，技术面分析在它们那里基本没有什么市场，反倒成了机构利用股评人士忽悠大众的工具。但是，这六类股评其实反映了市场绝大多数后知后觉者的观点和情绪，往往可以作为我们观察"羊群心理"的窗口。

那么，是不是技术分析完全无用呢？这也走向了另外一种极端，因为就连巴菲特和索罗斯这样的基本面分析名家，也会兼顾"价格"这一因素，因为不查看价格，就无法知道"安全空间"和"泡沫程度"有多大。

这里需要补充的一点是，索罗斯在成立自己的基金以前从事过很长时间的股票投资，其最为杰出的投资是发掘了被美国同行忽略了的欧洲银行股，因为当时欧洲证券分析水平较低，而美国证券界分析虽然水平高，但却忽略了"繁荣美国"之外的西欧，这就使得欧洲银行股被严重低估。

大众的盲点给了索罗斯一次暴利的机会。现代价值投资名家注重的市盈率，或者 PEG、PB 以及市销率等都离不开"股价"这一要素。索罗斯自己也承认："经常会看看价格走势图上的前期高点和低点。"所以，即使是价值投资派也需要

股价反映了大众的预期和情绪！

关注价格，而价格分析本来就是技术面的东西。因此，**真正成功的交易者除了要关注别人不关注的环节之外，也要关注别人关注的环节。**

从上面这段话我们明白了别人不关注的环节其实只有三个，它们分别是：驱动分析、心理分析和仓位管理。

本文将从"跨市场分析"和"经济周期"两个角度入手来介绍大盘的分析策略。经济运行的不同阶段会引发各大类资产相对收益的变化，所以经济周期与跨市场分析是紧密相连的。在不同的经济周期阶段，股市与其他资产市场的相对收益呈现出规律性的变化。**通过所处的经济周期阶段和其他资产市场走势的变化，我们可以间接地推断出股市整体的运行态势和所处阶段，这就给了我们一个非常大的优势。**

金融市场的周期受制于实体经济的周期，所谓的股市与经济的背离其实只是我们局限了实体经济的范畴和定义。任何政府对金融市场的干预其实都是为了解决实体经济的问题，同时所有的金融市场潜在参与者也是实体经济的潜在参与者，这就使得**实体经济的收益率变化不可避免地引发资金在金融市场的进出。**

在中国 A 股市场上我们往往偏重对游资的"臆测"，对于个股而言，我们需要研判游资的走向，但是也需要严谨地做分析。不过却不能因此忽略大盘的分量，这是系统性的风险。

在股票交易中，整体思维是非常重要的，把握大势是整体思维的具体表现。忽略大盘指数是大多数散户一贯的做法，他们对大盘走势最多限于臆测下明天的涨跌，至于大盘的趋势则往往采取"昏昏然"的态度。

打板思路风行一时，这一战法可以忽略大盘和大势吗？

成功的短线客非常注重大势的因素，那些"逆势起风"的游资其实也不敢忽略大盘的走势。对股指的分析往往都局限于对次日指数涨跌的预测，这是绝大多数股评节目的习惯做法，但却不是明智的做法。**股市的大势并不是逐日来判断的，真正的大势一旦形成就需要很长的时间来完成，而这个大势的形成往往离不开经济周期的影响。**

随着 A 股上市公司数目的增加，对中国经济的代表性越来越强，因此 A 股走势将越来越受制于经济周期的影响。随着 A 股市场参与群体越来越广泛，同时伴随着金融市场自由化程度越来越高，**A 股走势与其他资产走势的相关性将越来越高**。不光是国内的债券市场，期货市场与 A 股走势相关性提高，就连美元指数、欧美股市与 A 股走势的相关性也越来越高，特别是 A 股的开盘价在次贷危机之后与欧美股市走势相关性大幅提高。

实体经济与虚拟经济的关系越来越紧密，所以我们可以通过实体经济的走势来推断以股市为主的虚拟经济的走势。在本文中我们重点介绍"美林时钟"这一工具，这一工具建立在 NBER（国民经济研究所）对经济周期的实证分析的基础上，更为重要的是将经济周期与金融市场联系了起来，其中也涉及跨市场分析的问题。我们的经验表明：**不管你属于什么类型的交易者，学会评估宏观事件对股票市场的系统性影响有助于做出恰当的交易决策。**

同时，金融市场之间的关系也越来越紧密了，所以我们可以通过期货市场、债券市场、外汇市场、黄金市场的走势来推断股票市场的走势。而这其中主要利用的工具有"普林格循环周期""丹歌马洛循环周期"以及"马丁·茨威格循环周期"。这三个工具主要针对金融市场之间的关系来推断股票市场的阶段性，具体而言是通过对债券市场、股票市场和商品市场的跨市场分析来预测股票市场的走势。

这里需要强调的一点是本文主要以股市的中期大势为主，而这个大势对于股市投机客是必须了解的，无论你是日内炒家还是波段炒家都应该关注股市的中期大势。

所谓的"顺势而为"其实就是告诫交易者"顾大局，识大体"。有一句古语说得非常好："不谋万世者不足以谋一时，不谋全局者不足以谋一域"，**真正的短线赢家不可能不站在全局和整体的角度来看待市场。**

即使是定量高频交易者也需要足够**长时间内**的统计规律来支撑自己的交易思路，所以本文传授的技术和工具对于所有股票交易者而言都是非常有用的。

下面我们就逐步介绍四个最为重要的工具：美林时钟、马丁·普林格循环周期、丹歌马洛循环周期、马丁·茨威格循环周期。

首先来看美林时钟这个利器。这个工具将宏观经济学与金融学连接起来，属于从宏观角度来评估资产价格的方法。对于绝大多数经济学者而言，这个工具是他们踏入金融市场的桥梁，如果没有这个工具，他们在判断股指走势的时候将无从下手。

美林时钟由两大部分组成（见附图 3-2），**第一个组成部分是经济周期的划分**，这是基于美国 NBER 这个研究机构的实证分析，通过经济增长和物价水平这两个维度将

经济周期划分为四个阶段，分别是复苏、繁荣、滞胀和衰退。

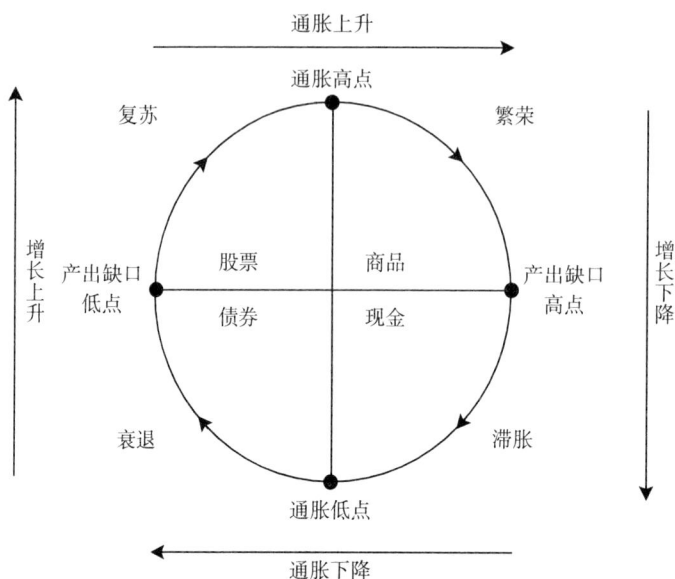

附图 3-2　美林时钟

第二个组成部分则涉及股票、商品、债券、现金四大类资产的收益率变化，而这种变化其实是基于经济周期的。美林时钟将这两个组成部分连接了起来，这点非常了不起，这使得宏观经济学家能够对主要金融市场的趋势有了深刻的洞察能力。宏观经济学家因此能够真正利用自己的学术专长赚取利润，而对于本书的读者而言则能够利用这一简单的模型清楚地意识到股市处于什么阶段。当你明白自己的位置时，你就可以在股市中战无不胜。当然，要真正做到战无不胜，你还需要结合其他的知识和技巧。

> 美林时钟刻画了周期与资产之间的关系。

美林时钟是由美林证券在 2004 年以报告的形式发布的一个模型，这个模型基于美国经济周期和美国证券市场的走势。不过由于其广泛的适用性，这一模型对预测 A 股市场大势也有较强的指导意义。这个模型基于经济波动的周期性，而这个周期性主要从经济增长率和通胀率两个角度来衡量。

> 次贷危机之后美林证券已经被兼并了，现在是美银美林集团的一部分。

美林时钟框架将帮助交易者通过识别经济的转折点，来选择股市中期的介入点和退出点（对于短线交易者而言主要

用来识别大盘趋势)。经济周期按照通常的做法被划分为四个阶段，它们分别是衰退、复苏、繁荣、滞胀。每一个阶段都是通过实际经济增长率相对于潜在经济增长率的方向，即"产出缺口"与通货膨胀的方向来定义（见附图 3-3）。

长时间的衰退被称为萧条。

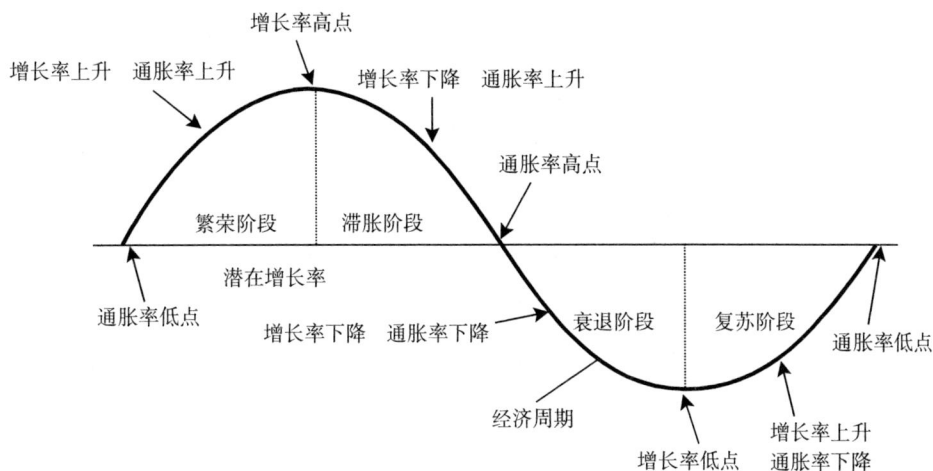

附图 3-3　经济周期四阶段的确定

经济增长率在复苏和繁荣阶段是增加的，这时候产出缺口逐步缩小以至于超过潜在增长水平，而在滞胀和衰退阶段产出缺口却逐步扩大，我们来看美国产出缺口的历史数据（见附图 3-4），复苏和繁荣阶段处于阴影区，而滞胀和衰退阶段则处于光亮区。经济增长其实以经济增长率的最高点和最低点将周期分为两个大的阶段，这其实是二分法，在这个基础上借助于通胀率水平则可以进一步二分，得到了四个周期阶段。通胀率数据通常用 CPI 来划分，当然你也可以使用 PPI 甚至 RPI 和 CGPI 来确定。我们来看美国以 CPI 同比增长率表示的通胀水平历史数据（见附图 3-5）。通胀率会在繁荣和滞胀时期不断上升，而在衰退和复苏时期不断下降，在附图 3-5 中繁荣和滞胀时期处于阴影区中，而衰退和复苏时期则处于光亮区中。

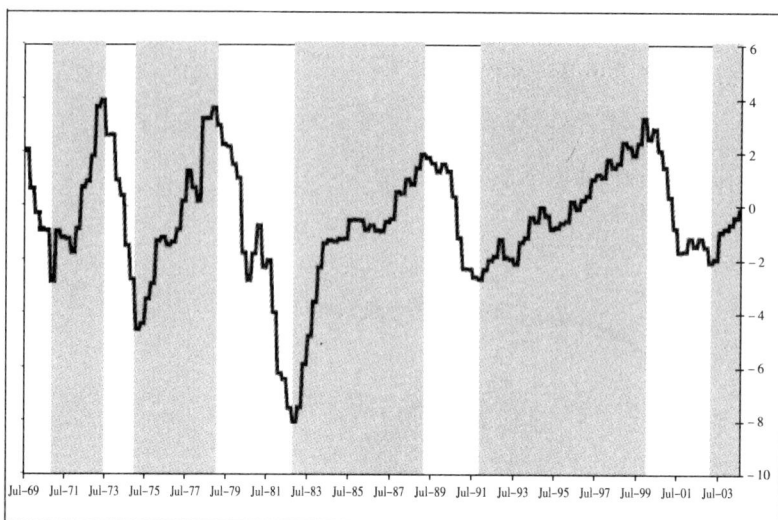

附图 3-4　美国产出缺口（增长率度量指标之一）走势

资料来源：OECD.

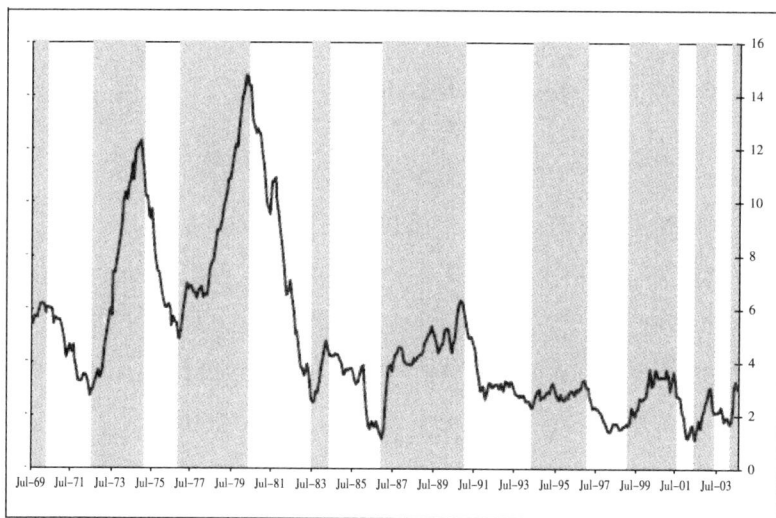

附图 3-5　美国 CPI（通胀率度量指标之一）走势

资料来源：U.S. Bureau of Labor Statistics.

经济增长率与上市公司业绩有关，通胀率与大宗商品有关，比如原油和猪肉价格。

通过经济增长率和通胀率两个指标，我们可以将经济周期分为四个阶段，通胀率下降而增长率上升的复苏阶段，通胀率与增长率一同上升的繁荣阶段，通胀率上升而增长率却下降的滞胀阶段，通胀率与增长率同时下降的衰退阶段。根据这个标准，我们接着看美国经济增长率和通胀率历史走势叠加下的经济周期阶段划分（见附图 3-6），较粗的那条线代

表增长率（坐标在右边），较细的那条线代表通胀率（坐标在左边）。

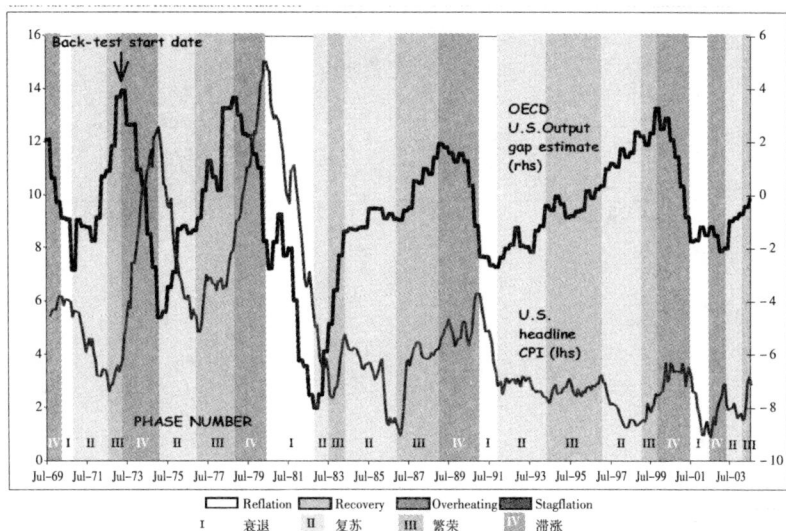

附图 3-6　美国经济周期的阶段划分

资料来源：ML Global Asset Allocation.

经济周期中每个阶段的正确划分和预判是成功利用经济周期来判断股票大势的前提和基础，所以大家应该耐心搞清楚其中的要点，那就是找出增长率的高低点和通胀率的高低点。

介入中国 A 股市场，主要是考虑中国经济的增长率和通胀率，当然这里面有时候也需要变通。由于中国是外向型经济，因此我们也会兼顾考察一下欧美经济，特别是美国经济的周期阶段确认。当然，实际操作中精力始终是有限的，因此对于初学者而言掌握好中国经济周期阶段的划分是最基本的要求。

我们来看一下具体是如何划分中国经济周期阶段的：一般先从经济增长率（利用产出缺口，也就是实际产出与潜在产出的差值）入手进行划分（见附图 3-7），从增长率高点下来首先肯定是滞胀，当产出缺口在负值区域继续下行的时候一般认为处于衰退阶段了；从增长率低点往上走首先肯定是复苏，当产出缺口在正值区域继续上行的时候一般认为处于繁荣阶段。其实，增长率高点两侧为繁荣与滞胀，增长率低点两侧为复苏与衰退。

无论是要区分繁荣与滞胀，还是区分衰退与复苏两者都需要借助于通胀率（见附图 3-8）。将中国通胀率的高低点标出来，那么低点到高点的这段就是繁荣和滞胀，高点到低点的这段就是衰退和复苏。将增长率和通胀率的高低点都找出来之后，就可以

确定经济周期的四个阶段了（见附图 3-9）。

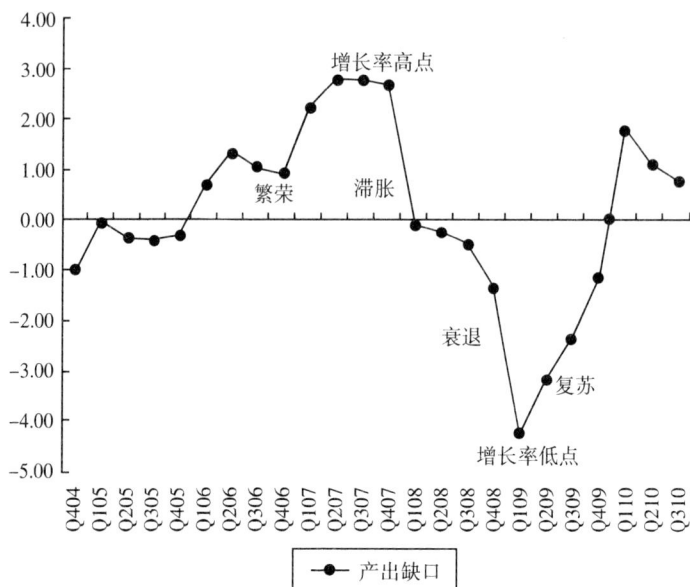

附图 3-7 产出缺口与经济周期的粗略划分（2004 年中国第四季度到 2010 年第三季度）
资料来源：国信证券经济研究所、Dina Fund。

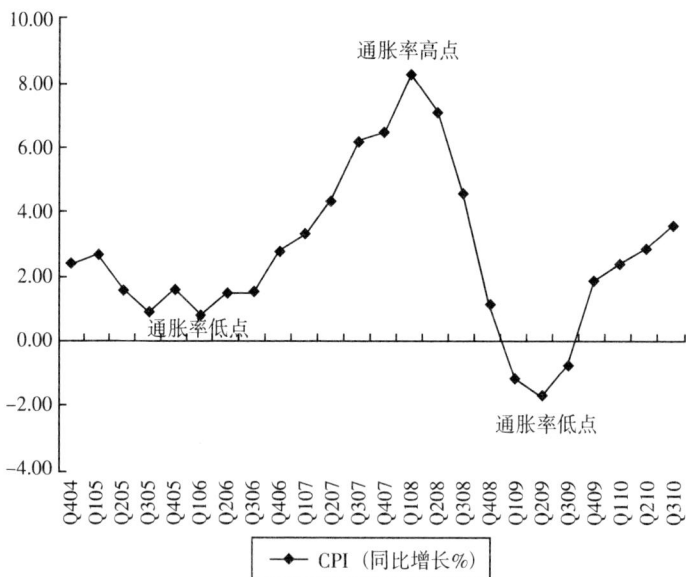

附图 3-8 通过 CPI 来衡量通胀率（2004 年中国第四季度到 2010 年第三季度）
资料来源：国信证券经济研究所、Dina Fund。

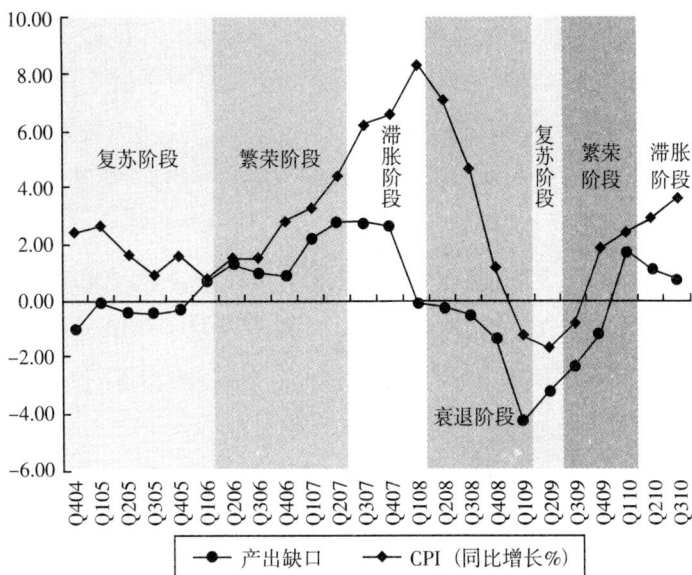

附图 3-9　用综合通胀率和增长率来准确划分经济周期的阶段
（2004 年中国第四季度到 2010 年第三季度）

资料来源：国信证券经济研究所，Dina Fund。

知道了经济周期阶段如何划分还不够，这只是个开始。因为在实际交易中，我们不可能等待一个经济周期完整地走出来才开始交易，这时候行情也完了，所以我们必须善于进行推断。

推断涉及两个方面，第一个方面就是明白如何根据已经公布的增长数据和通胀数据来推断目前所处阶段，第二个方面就是能够大致推断此后增长数据和通胀数据的走势。先来谈谈第一个方面，如何就经济数据推断目前阶段。举一个例子，如果 CPI 的一个显著高点出现了，而在这之前增长率已经下滑了很长一段时间，那么目前可能就进入了衰退阶段。这里面的关键还是在于牢记阶段的划分标志。第二个方面则涉及推断以后的增长率和通胀数据，这是一个非常庞大的话题，我们扼要地谈一下如何判断经济增长率和 CIP 未来的走势（趋势一般是持续的，因此趋势往往可以通过第一个方面就能确定，走势是局部的、近期的，走势是用来确认趋势的）。

先来谈谈如何推断经济增长率的问题，我们不是宏观计量模型专家，所以谈到的只是一个定性判断、模糊判断，而

对周期的预期引发行情，实际的周期修正行情。

不关乎具体的数字，这样就足够应付交易需要了。对于股票交易而言，宏观数据的走势比单个数字的比较有意思，通过走势看趋势就要利用 N 字结构，所以**技术分析工具其实也可以用来确认经济数据的趋势，注意"确认"两个字。**

我们还是回到经济增长率推断这个问题上，这是更为重要的问题，由于**相对于债券投资者对通胀率指标更为敏感而言，股票市场的主力参与者对于经济增长率指标更加敏感，**因此确定经济周期阶段的增长率指标对于股票交易者而言更加重要。**要判断经济增长率可以下切为判断出口、投资和消费三个子项目，**这就好比判断股市大盘指数可以"下切"为极大权重板块走势的判断一样。

出口如何判断呢？净出口产生的贸易盈余一度成为央行货币供给的来源，也成就了 2005 年到 2007 年的传奇大牛市。出口判断最关键的是看欧美的需求情况，**欧元区和美国的经济增长态势往往是中国出口的先行指标，而韩国的出口则是世界贸易状况的风向标。**在我国出口的产品结构中机电产品和服装产品占重要地位，当然随着东南亚和南亚劳动力低廉优势的发挥，这个结构可能会逐渐演变，但是大家也应该对出口主导型产业有所关注。

那么判断出口状况有一些什么具体的先行指标可以关注呢？欧美发达经济体是我国出口的主要对象。虽然现在极力开拓非洲市场，但最近几年仍旧不可能改变这种大格局。因此，OECD 经济指标就需要关注了。

就单一国家而言，美国吸纳了中国最大份额的出口。美国的消费占了 GDP 的 70% 左右，因此美国人的消费数据对于预测中国的净出口意义非常重大。

欧美发达经济体的经济状况和收入状况是中国出口的重要先行指标，除此之外还有一些其他比较重要的出口测度指标，它们以交通运输指标为主，下面我们就来一一加以介绍。

首先是航运方面的指数，出口方面我国基本上以制成品为主，而进口方面我国则主要以原材料为主，所以**出口方面**

我们要关注集装箱运价指数的走势，而进口方面则可以关注干散货运价指数的走势。前者以"CCFI"（中国出口集装箱运价指数）为代表，后者以"BDI"（波罗的海干散货运价指数）为代表。

PMI 的新出口订单数是我们需要单独关注的指标。PMI 的中文名称是采购经理人指数，这个指数在发达经济体被广泛采用，中国是最近几年才开始采纳的，有两个版本，第一个是官方 PMI，主要针对大企业，第二个是财新中国 PMI，主要针对中小企业。PMI 是一个合成指数，其中一个子指数是新出口订单数，这是我们关注出口景气度的时候需要用到的一个指数。这个指数领先于我们出口同比增长，订单数据的变化是出口变化的先行指标，出口订单减少一般领先于实际出口量减少至少 3 个月时间。

最后，春秋两届的广交会也被广泛地视为进出口的风向标，做 PTA 期货的人是非常重视这个指标的。我们做股票要定位大势需要预判 GDP 走向，而 GDP 走向的一个重要决定因素则是出口，所以广交会必然受到我们的关注，看看相关的即时新闻即可。

1998 年以来，每次国际经济和金融危机都会影响中国的出口，比如 1998 年亚洲经济危机，2000 年美国互联网泡沫破灭，2008 年美国次贷危机。

那么，投资如何判断呢？判断投资状况有一些什么具体的先行指标可以关注呢？金融市场比较关注"城镇固定资产投资完成额累计同比增速"，而这个指标的领先指标则是"新开工项目计划总投资额"和"中长期信贷增速"。在城镇固定资产投资当中，房地产投资具有非常重要的地位，而"房地产销售情况"和"土地成交情况"则是房地产投资的先行指标。

房地产投资可以分为四个主要板块，第一个板块占 70% 的住宅类投资，第二个板块则占 10% 的是商业营业用房投资，剩下的办公类投资和其他类开发投资占比较小和分散。因此，

房地产的短周期分析需要考虑去化率和房贷政策变化。

房地产投资中住宅类投资是最重要的一个板块，是我们推断投资走向的一个重点。

房地产销售情况是房地产投资的先行指标，因为**房屋价格的变化会先影响房屋销售情况，然后才会影响房地产投资**。更进一步来讲，**房价变化也是房地产投资的先行指标**。这个作用链条是从需求的角度来预判房地产投资的走向，另外一个角度则是从供给的角度来预判房地产投资的走向，具体而言就是从土地成交的这个角度来判断房地产投资的走向。

除了房地产投资之外，政府主导的公共投资对于预判整体投资走势也非常有用。公共投资直接与政府意图密切相关，所以所谓的政治周期或者说**地方政府换届周期对于公共投资影响很大**。每一年新的地方政府上台之初都是公共投资火爆之时。

消费如何判断呢？判断消费状况有一些什么具体的先行指标可以关注呢？内需消费在国内一直比较稳定，因此在判断经济增长的时候一般可以不太考虑消费在中短期内的变化。

要想准确地判断股票市场的大趋势就必须要定位目前经济所处的阶段，而要准确进行定位就必须搞清楚经济增长率和通胀率的变化趋势。在前面的部分我们已经详细地告诉大家如何通过判断出口，投资和消费的变化趋势来判断经济增长率的变动，接下来的部分我们将介绍如何把握通胀率的变化趋势。

通胀率就是物价的问题，但是如何定义物价却是一个较为复杂的过程。物价本身也有一个形成过程，从原材料成本到工业品成本，再传递到零售和物流环节成本，最后是零售消费成本。较为常见的物价定义指标有以原材料成本为主的RMPI、工业品出厂价格为主的PPI、零售价格为主的RPI，以及最为常见的居民消费价格指数CPI。

一旦我们确定了增长率和通胀率的态势，就能够确定目前所处的经济周期阶段，从而也能够划分出最近一个经济周期的阶段（见附图 3-10）。

一般认为，美林时钟刻画的是基钦周期或者说存货周期。

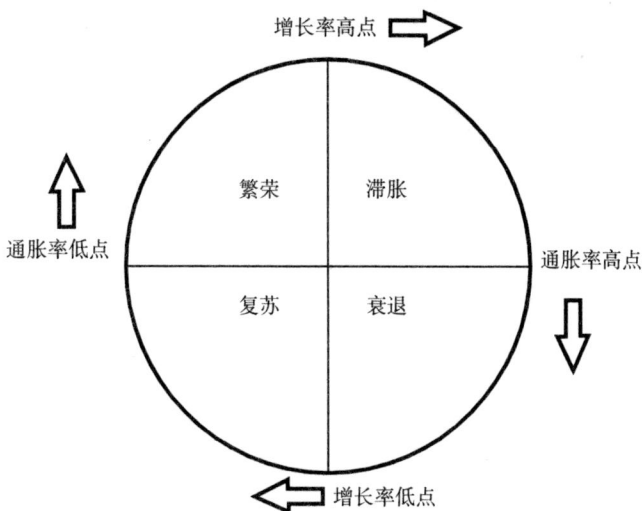

附图 3-10　通过增长率和通胀率划分经济周期阶段

　　我们已经全面介绍了如何通过增长率和通胀率划分经济周期阶段，也花了很大的篇幅介绍如何预判和解读增长率和通胀率变化，接下来我们将介绍以股票为主的金融市场在四个经济周期阶段中的变化特征和规律。

　　衰退阶段中经济增长缓慢，产能过剩和商品价格的下跌使得通胀率下降。在这一阶段企业利润很小，实际收益率下降。随着中央银行下调短期利率，试图复苏经济，收益率曲线向下移动并且变得陡峭。由于央行处于加息进程中，因此债券市场在这个阶段表现较好。这个阶段中，虽然增长率和通胀率都在下降，但是由于流动性已经见底，同时实体经济缺乏投资机会，因此充裕的流动性很可能流向股票市场。因此，**股票市场往往在衰退中后期见底**（见附图 3-11）。所谓的衰退阶段，根据美林投资时钟的定义也就是"通胀率高点到增长率低点的阶段"。我们来看一个具体的例子，2008 年 2 月是通胀率高点（见附图 3-12），接着的增长率低点是 2009 年第二季度（见附图 3-13），股市的低点应该落在这个区间之内，实际见底日期是 2008 年 10 月 28 日（见附图 3-14）。实际分析中怎么用，当通胀率高点出现之后，就应该看流动性是不是见底了，看是不是出现了动量底背离，看是不是出现

　　2012 年到 2016 年，经济见底过程被人为拉长了，产能和存货出清时间延长，时不时有保增长的措施出现，这样就使得美林时钟的周期变得很短。

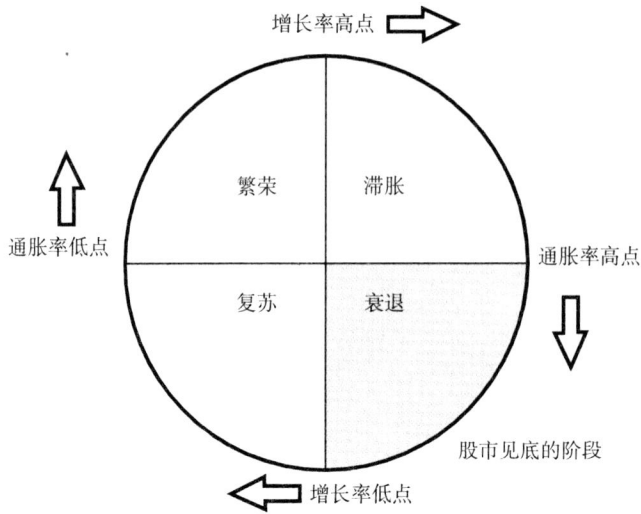

附图 3-11 股市通常在衰退阶段见底

附图 3-12 通胀率高点的确定

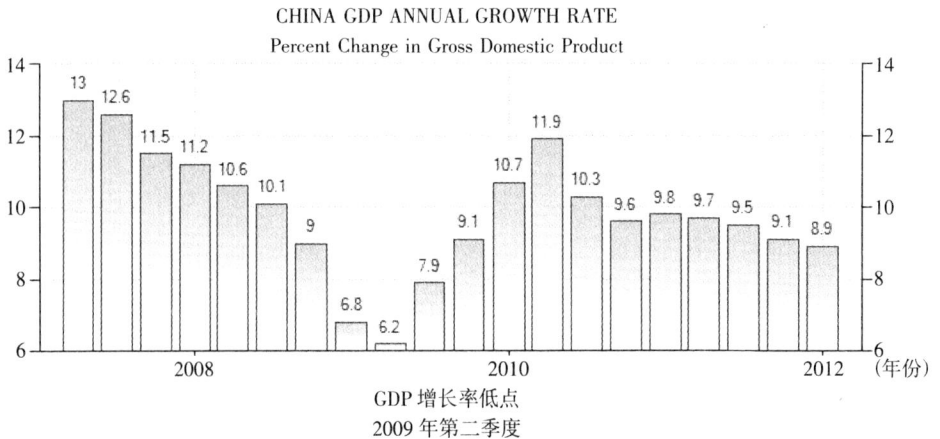

附图 3-13 增长率低点的确定

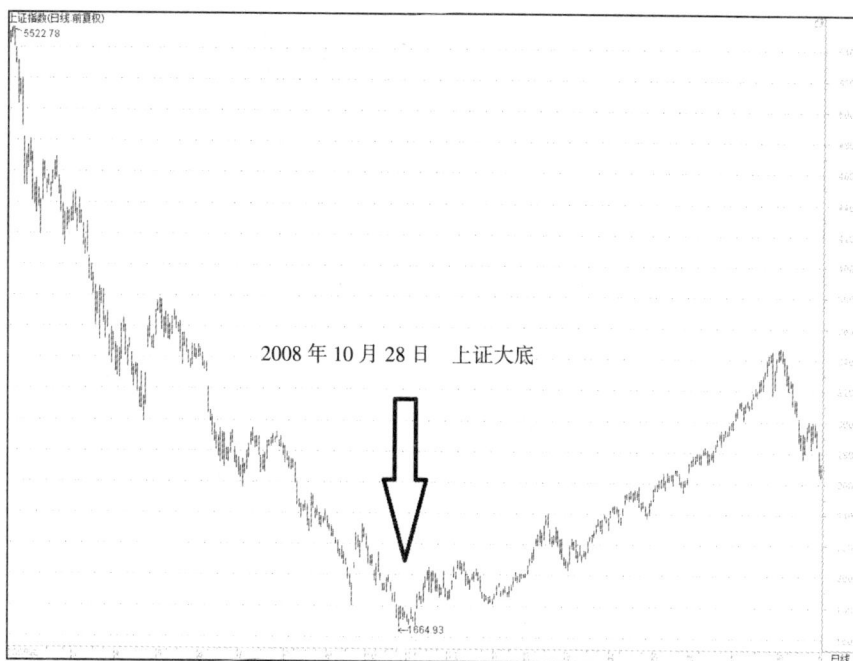

附图 3-14　股市历史低点处于衰退阶段（通胀率高点和增长率低点）

了"国家队"入场，看是不是出现了向上 N 字结构，看是不是出现了极端悲观和恐慌的情况，看是不是估值底和政策底已经出现等，综合起来研判你就能更加准确地定位底部。

复苏阶段中经济加速增长，实际经济增长率高于潜在经济增长率。然而，由于闲置产能尚未完全用完，通货膨胀率继续下降，周期性的生产力增长强劲。在这一阶段企业利润大幅回升，由于央行保持宽松的政策，债券收益率保持在低水平。不过由于进一步降息的可能性很小，预期空间也不大，因此债券价格很可能在这个阶段的中后期见顶。不过，由于经济进一步增长，而且没有加息的顾虑，因此**股票市场在复苏阶段处于上涨态势**。对于大宗商品市场而言，这个阶段将促进需求上升，因此工业原材料价格较可能在这个阶段筑底。

繁荣阶段中经济增长继续加速，受产能的制约，通货膨胀开始上升。央行加息试图使实际经济增长率向潜在经济增长率回落，但实际经济增长率仍然顽固地高于潜在的经济增长率。随着收益率曲线向上移动并且变得平坦，债券价格下降，这个时候债券不是好的投资标的。对于那些能源和原材料企业占比较大的股市而言，构筑顶部可能要等到滞胀阶段。工业企业的利润步入最后冲刺阶段，原材料企业的利润仍旧处于上升阶段，**对于绝大多数股市来说这个阶段一般是构筑顶部的阶段**（见附图 3-15）。所

谓的繁荣阶段，根据美林投资时钟的定义也就是"通胀率低点到增长率高点的阶段"。我们来看一个具体的例子，2006年3月是通胀率低点（见附图3-16），接着的增长率高点是2007年第二季度（见附图3-17），股市的高点应该落在这个区间之内，实际见顶日期是2007年10月16日（见附图3-18）。实际分析中怎么用，当通胀率低点出现之后，就应该看流动性是不是见顶了，看是不是出现了动量顶背离，看是不是出现了"国家队"退场，看是不是出现了向下N字结构，看是不是出现了极端乐观和狂热的情况，看是不是估值顶和政策顶已经出现等，综合起来研判你就能更加准确地定位顶部。

査理·芒格的栅格理论你知道吗？

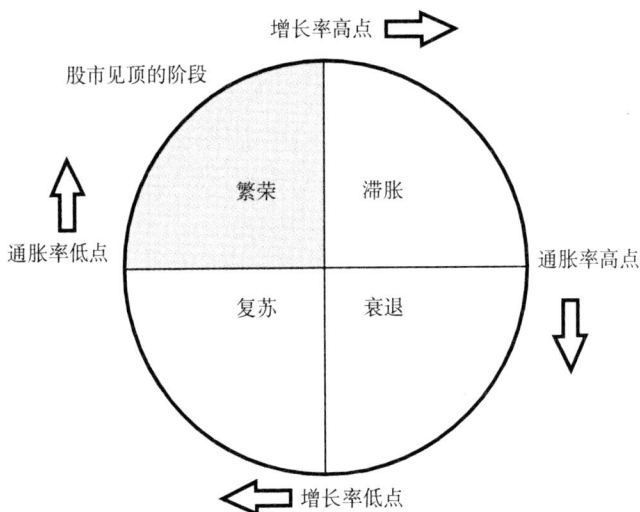

附图3-15　股市通常在繁荣阶段见顶

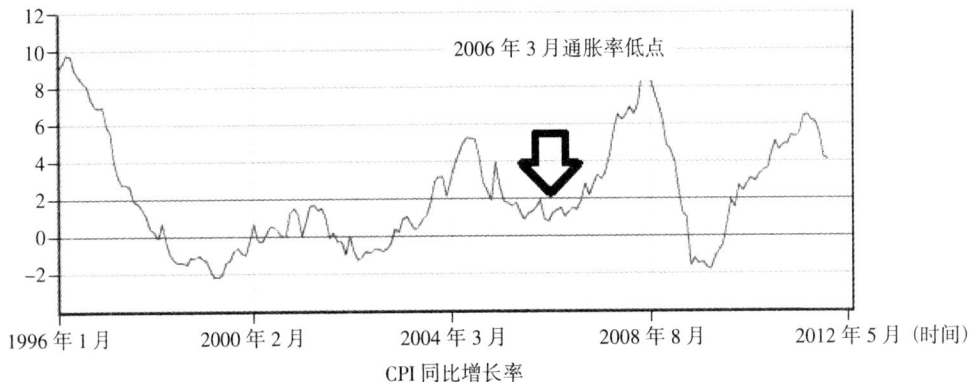

附图3-16　通胀率低点的确定

2007 年第二季度 GDP 增速高点

CHINA GDP ANNUAL GROWTH ARTE
Percent Change in Gross Domestic Product

2007 年第二季度 GDP 增速高点

附图 3-17 增长率高点的确定

2007 年 10 月 16 日 上证大顶

附图 3-18 股市历史高点处于繁荣阶段（通胀率低点和增长率高点之间）

滞胀阶段中实际经济增长率逐步下降，最终低于潜在经济增长率。不过，通货膨胀率却不断上升。在这个阶段可能存在石油的冲击又或者是先前多发货币引发的产业链延伸过长导致的滞胀。为了对抗通胀，央行可能在滞胀阶段仍旧会大幅加息。**在这个滞胀阶段中股市继续下跌**，而大宗商品也会在这个阶段的中后期构筑顶部。

大家可以发现，在经济周期中股市见顶在 GDP 增长率高点之前，股市见底在 GDP 增长率低点之前（见附图 3-19）。一般而言，股市会提前半年左右的时间反映基本面的

情况，股市的拐点要比经济基本面拐点提前半年左右的时间出现，也就是说股市的低点先于经济增长的低点出现，而股市的高点先于经济增长的高点出现。这个规律在美国股市上也有明确的体现，请看附表 3–1，美国股市的高点先于经济高点，美国股市的低点先于经济低点，这个事实与美林时钟的框架是相符合的。

汉米尔顿在 20 世纪初写了《股市晴雨表》一书，指出股市是经济的先行指标。

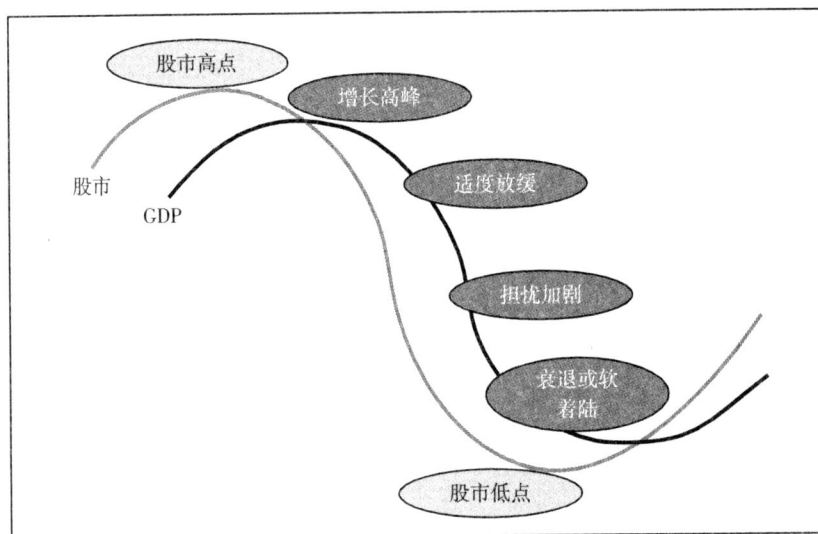

附图 3–19　股市高低点领先于经济高低点

附表 3–1　美国股市高低点与经济增速高低点的关系

美股高点出现时间	美国经济增速高点出现时间	领先月数	美股低点出现时间	美国经济增速低点出现时间	领先月数
1948 年 6 月	1948 年 7 月	1	1949 年 6 月	1949 年 10 月	4
1953 年 1 月	1953 年 2 月	1	1953 年 9 月	1954 年 6 月	10
1956 年 7 月	1957 年 1 月	6	1957 年 12 月	1958 年 5 月	5
1959 年 12 月	1968 年 2 月	2	1960 年 10 月	1961 年 2 月	4
1968 年 11 月	1969 年 3 月	4	1970 年 6 月	1970 年 11 月	5
1973 年 1 月	1973 年 3 月	2	1974 年 12 月	1975 年 3 月	3
1981 年 4 月	1981 年 7 月	3	1982 年 8 月	1982 年 11 月	3
2000 年 3 月	2000 年 5 月	2	2001 年 9 月	2001 年 12 月	3

　　除了股市之外，我们在上面也大致介绍了商品市场和债券市场在经济周期不同阶段的表现，为了让大家有一个比较贴近中国市场的直观理解，请看附表 3–2。这个表格统计了中国经济周期各个阶段中大类资产的平均收益率，与美林投资时钟给出的逻辑框架基本上是温和的。后面提到的几个循环周期模型也可以与美林时钟兼容，大家可以自己理一下其中的逻辑关系。

附表 3–2　中国经济周期各个阶段的占优大类资产及平均收益率统计

单位：%

经济周期所处阶段	股票	债券	商品	现金
衰退	−3.14	0.52	−2.52	0.18
复苏	1.40	0.39	1.79	0.15
繁荣	4.05	−0.08	0.98	0.16
滞胀	0.08	0.14	0.66	0.16

　　资料来源：孙志远：《基于投资时钟理论的大类资产选择策略》，好买基金研究中心，2011 年。

　　如何将美林时钟运用到股市中，我们已经全面地介绍清楚了，要点在于：第一，如何预判经济阶段，这个涉及增长率和通胀率的预判；第二，股市在各个经济阶段中的表现大致是怎么样的；第三，基于经济阶段预判和经济阶段中股市的历史表现对现在和未来的股市进行判断。

　　除了美林时钟之外，我们还要介绍三个金融市场循环周期，它们分别是马丁·普林格循环周期、丹歌马洛循环周期、马丁·茨威格循环周期。

　　所谓的"马丁·普林格循环周期"是由马丁·普林格发现的一种金融市场间循环，具体而言就是债券市场、股票市场、商品期货市场在涨跌上的一个序列关系。马丁·普林格是享誉全球的顶级技术分析大师，也是该领域最有影响力的领袖人物之一。他是金融网站 www.pring.com 总裁，普林格研究所所长，同时兼任备受尊敬的《市场评论》杂志（*The Intermarket Review*）主编。他的文章被《华尔街日报》《国际先驱导报》《洛杉矶时报》等权威媒体广为引述。

　　虽然他被美国著名财经杂志《巴伦周刊》誉为"技术分析师的技术分析师"，但是他最为了不起的贡献并不在技术分析

跨市场分析的根源在于全球化。

领域，而是在跨市场分析领域。他提出了债券市场、股票市场和商品期货市场在经济周期中的循环规律和繁荣衰落次序。见附图 3-20 和附图 3-21，普林格认为经济繁荣的进程中**债券市场在三个市场中最先上涨，接着是股票市场，再者是期货市场，而在经济步入下降走势的过程中，债券市场也是最先下跌的，最后是股票市场，最后是期货市场。**当我们处在一个债券和股票下跌，而商品期货市场上涨的环境中时，我们就应该推断繁荣期实际上已经结束了。

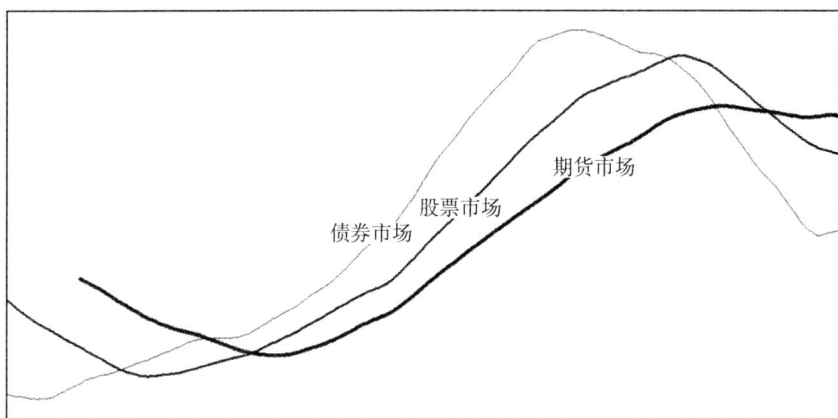

附图 3-20　马丁·普林格循环周期（1）

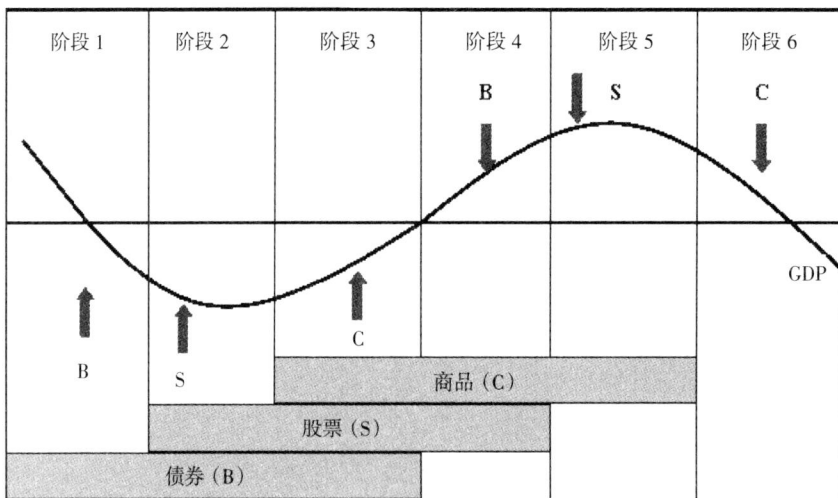

附图 3-21　马丁·普林格循环周期（2）

普林格的三个市场走势阶段论是根据什么得来的呢？货币政策也就是利率水平的变化会影响债券价格的变化，因为债券对利率很敏感。当利率下降的时候，投资股票等风险资产的风险偏好就会上升，同时利率降低也使得公司经营成本下降，信贷宽松也促进了消费支出进而带动了公司利润的提高，自然股票价格就会上涨。企业生产繁忙会加大对原材料的需要，进而会导致商品期货价格上涨，而所有这些都会影响到外汇市场的走势。一旦货币政策作出调整，那么这个链条就被拉动了，后续的变化一般可以预料（当然，复杂的宏观世界中还要靠是否有足够多的实业投资机会能够吸纳主动货币供给增加），既然后续变化可以预料，那么对股票市场的阶段性影响也是可以预测的。

马丁·普林格循环可以帮助我们通过其他主要金融市场的阶段来确认股票市场所处的阶段，也就是通过债券和商品期货的走势来推断股市所处阶段和未来的走势。宏源期货研究中心通过研究 10 年期国债收益率与上证指数的关系发现，**阶段性底部中 10 年期国债收益率领先于上证指数 5~6 个月，而且这种关系比较稳定**。该中心研究者进一步指出："用文华商品指数代表国内商品价格的整体走势，上证指数代表国内股市走势，对比二者走势可以发现，**股市一般会较商品提前 4 个月左右见顶**。对于底部的判断，二者在时间点上的差别并不大，商品落后股市不超过 1 个月，基本上同时见底。"

接着，我们介绍第二周期，也就是丹歌马洛循环周期。丹歌马洛循环周期其实分为三个子周期，分别是流动性周期、利润周期和通胀周期（见附图 3-22）。流动性周期的高点先于利润周期高点，利润周期高点先于通胀周期高点；流动性周期的低点先于利润周期低点，利润周期低点先于通胀周期低点。流动性周期的主体是先行经济指标，主要是货币供应量（比如 M1 同比）和股指；利润周期的主体是同步经济指标，主要是工业增加值和企业利润，以及 PMI；通胀周期的主体是滞后指标，主要是通胀率（比如 CPI 同比）和利率。所以，

次贷危机之后，各国利用财政和货币手段干预经济，使得美林时钟的运动显得"神经兮兮"的，循环周期更短了。

按照丹歌马洛循环周期其实是领先指标、同步指标和滞后指标的循环周期序列（见附图 3-23）。

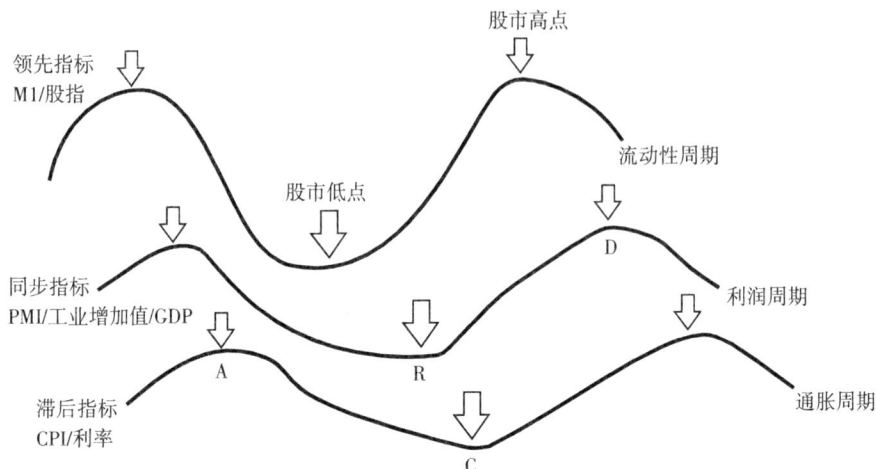

附图 3-22　丹歌马洛循环三个子周期

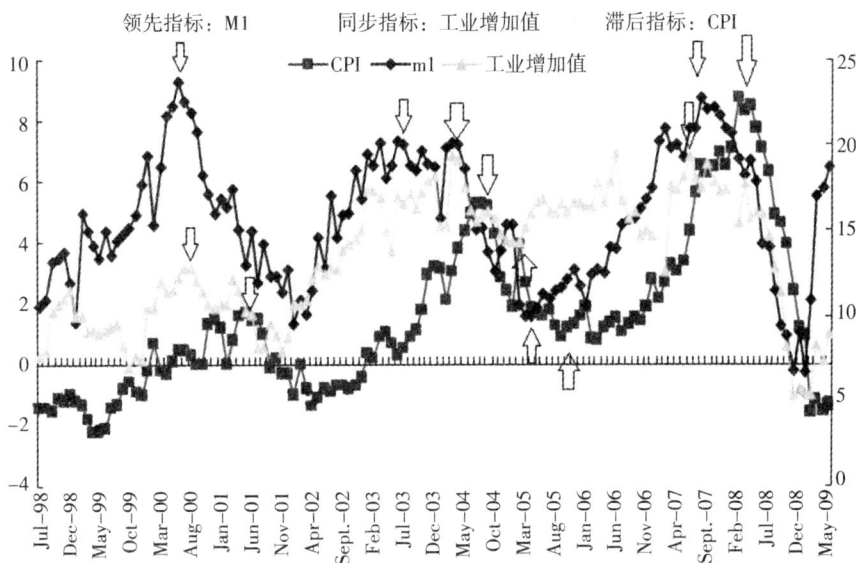

附图 3-23　领先指标（M1）、同步指标（工业增加值）和滞后指标（CPI）
资料来源：CEIC、申万研究。

　　这个与股市有什么关系呢？答案是我们可以根据这三个子循环来推断或者确认股市的趋势。股指属于先行指标，与 M1 同比增长基本同步，但是比同步指标 PMI 和滞后指标 CPI 更早见顶或者见底。如果我们无法确定股市是不是见顶或者见底，可以通过 CPI 和 PMI 来确认（见附图 3-24 和附图 3-25），这就好比用移动平均线来确认价格

的趋势，因为移动平均线相对于价格而言是滞后指标。比如，假如股市形成了一个小幅上升行情，我们还不能确定是不是上升趋势形成，但是如果不久之后 PMI 也转跌为升，那股指很可能就是反转而不是反弹。

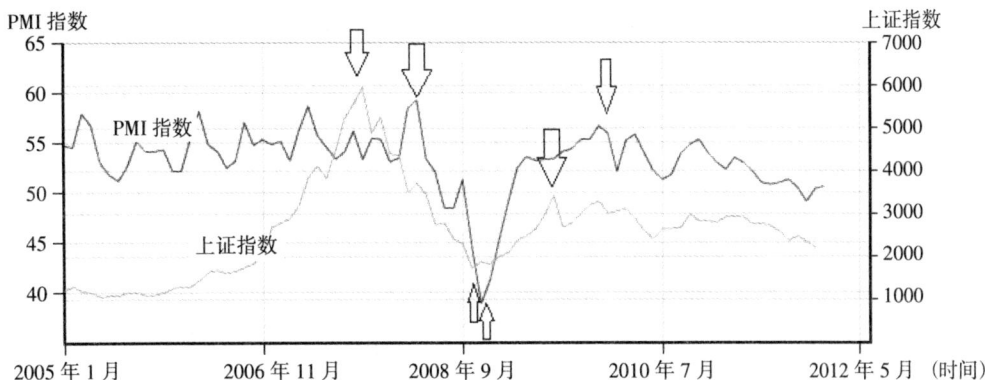

附图 3-24　上证指数先于 PMI（可以用 PMI 反过来确认上证指数趋势）

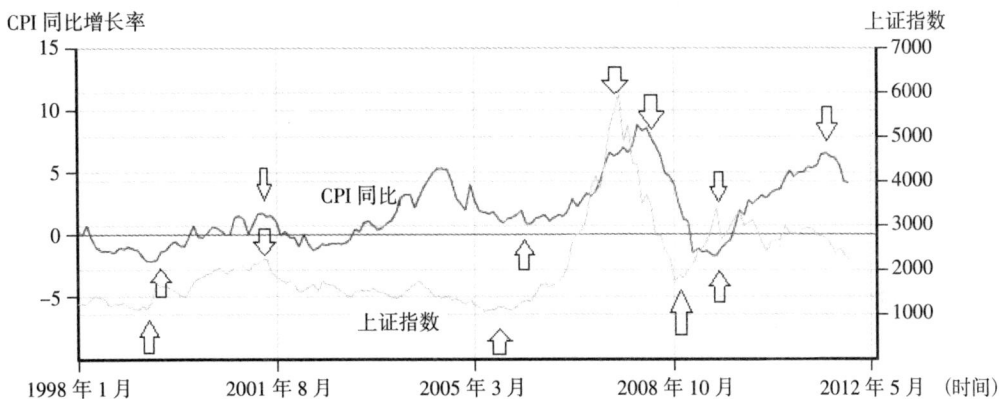

附图 3-25　上证指数先于 CPI（可以用 CPI 反过来确认上证指数趋势）

当然，可以看出**股市低点位于利率/CPI 高点与 PMI/工业增加值/GDP 低点之间**。我们来看一个实例（见附图 3-26 和附图 3-27），可以看到股票牛市开始的窗口期位于利率高点和 GDP 低点之间。所以，丹歌马洛循环周期让我们能够通过利率和 GDP 来定位股市低点，一旦利率高点出现，就需要等待股市见底的技术信号，比如向上 N 字和动量底背离。如果 GDP 的低点都出现了，那么就确认了股市继续向上的走势。利率高点是股市底部的提醒指标，GDP 低点是股市底部的确认指标。

可以看出**股市高点位于利率/CPI 低点与 PMI/工业增加值/GDP 高点之间**。我们来看一个实例（见附图 3-28 和附图 3-29），可以看到股票熊市开始的窗口期位于利率低点和 GDP 高点之间。所以，丹歌马洛循环周期让我们能够通过利率和 GDP 来定位股市高

点，一旦利率低点出现，就需要等待股市见顶的技术信号，比如向下 N 字和动量顶背离。如果 GDP 的高点都出现了，那么就确认了股市继续向下的走势。利率低点是股市顶部的提醒指标，GDP 高点是股市顶部的确认指标。

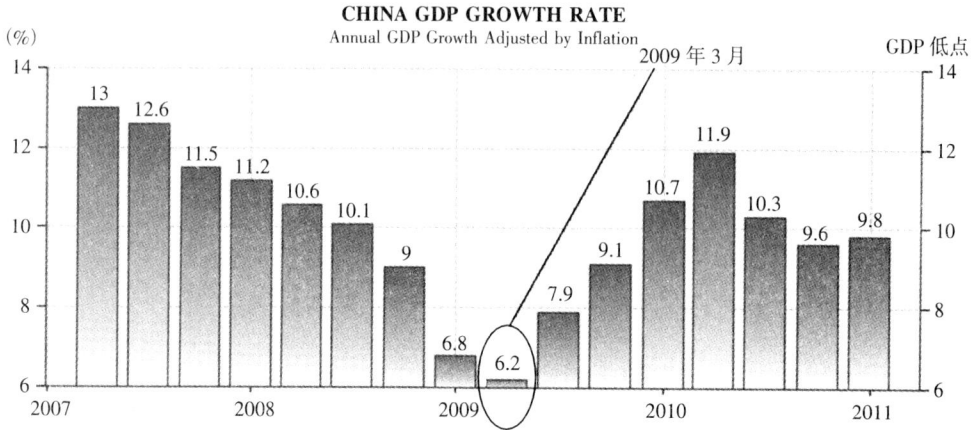

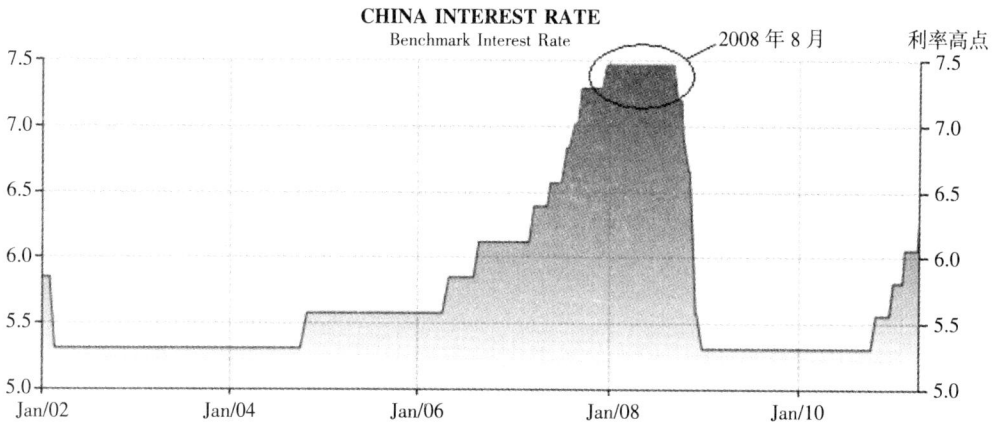

CHINA GDP GROWTH RATE
Annual GDP Growth Adjusted by Inflation

CHINA INTEREST RATE
Benchmark Interest Rate

Year	Jan.	Feb.	Mar.	Apr.	May	Jun.	Jul.	Aug.	Sept.	Oct.	Nov.	Det.
2011	5.81	6.06	6.06	6.31								
2010	5.31	5.31	5.31	5.31	5.31	5.31	5.31	5.31	5.31	5.56	5.56	5.69
2009	5.31	5.31	5.31	5.31	5.31	5.31	5.31	5.31	5.31	5.31	5.31	5.31
2008	7.47	7.47	7.47	7.47	7.47	7.47	7.47	7.47	7.34	6.93	6.12	5.45

附图 3-26　股票牛市开始的窗口期位于利率高点和 GDP 低点之间（1）

资料来源：www.tradingeconomics.com.

附图 3-27 股票牛市开始的窗口期位于利率高点和 GDP 低点之间（2）

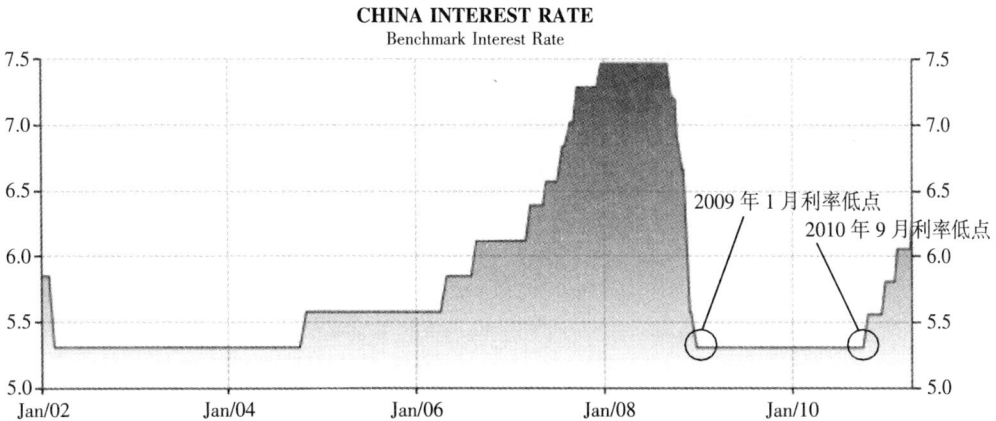

CHINA INTEREST RATE
Benchmark Interest Rate

Year	Jan.	Feb.	Mar.	Apr.	May	Jun.	Jul.	Aug.	Sept.	Oct.	Nov.	Det.
2011	5.81	6.06	6.06	6.31								
2010	5.31	5.31	5.31	5.31	5.31	5.31	5.31	5.31	5.31	5.56	5.56	5.69
2009	5.31	5.31	5.31	5.31	5.31	5.31	5.31	5.31	5.31	5.31	5.31	5.31
2008	7.47	7.47	7.47	7.47	7.47	7.47	7.47	7.47	7.34	6.93	6.12	5.45

附图 3-28 股票熊市开始的窗口期位于利率低点和 GDP 高点之间（1）

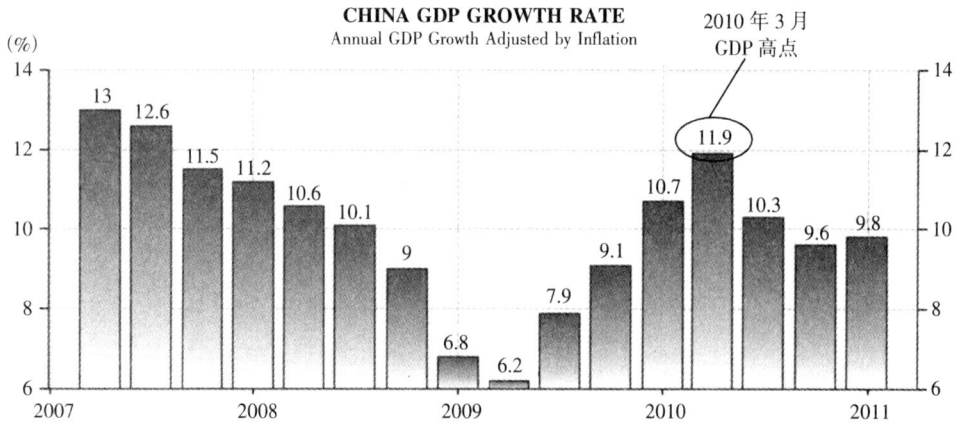

附图 3-28　股票熊市开始的窗口期位于利率低点和 GDP 高点之间（1）（续）

资料来源：www.tradingeconomics.com.

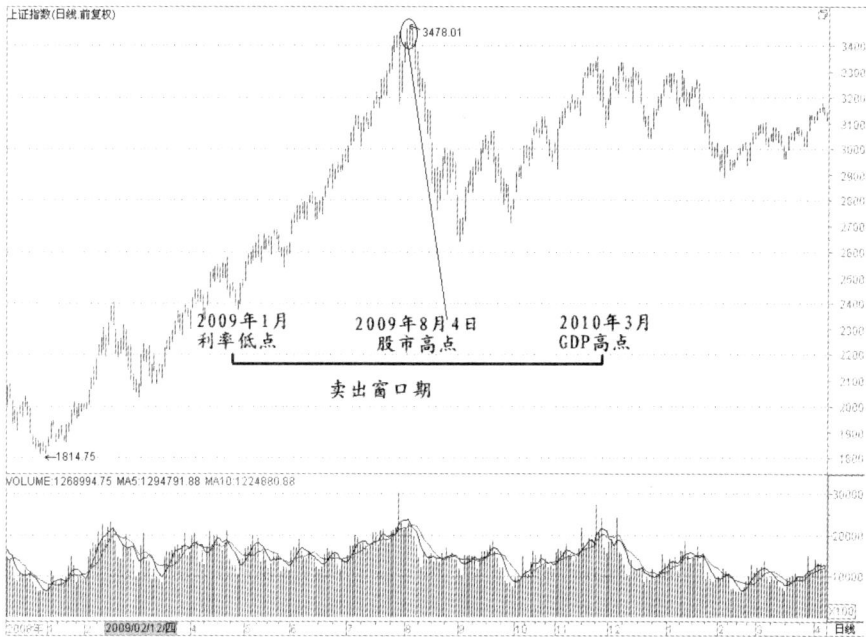

附图 3-29　股票熊市开始的窗口期位于利率低点和 GDP 高点之间（2）

　　谈到丹歌循环周期，就不能不谈到各种经济指标。丹歌循环周期作为美国股市和宏观经济分析的经验是否适合中国的国情呢？最好是从统计的角度看每个宏观经济变量与股市走势的具体关系。这里不得不谈到长江证券研究部所做的一个研究，它们共挑选了 32 个宏观经济变量作为因子备选库，研究这些宏观经济变量与股市的短期与长期协整关系。

　　统计检验结果显示，与股市趋势相同的宏观经济变量有：货币供应量中的 M0、

M1、M2、M1 与 M2 的增速差，工业生产类中的工业增加值、用电量、发电量，PMI 及其扩散指标中的生产量、新订单、出口订单、采购量、进口、购进价格、原材料库存，物价类别中的 CPI 与 CGPI，外汇储备，贷款余额及 Shibor（三个月期）。统计检验结果显示，趋势相反的宏观经济变量有：货币供应量中的储蓄/M2，PMI 扩散指标中的产成品库存，美元指数 USDX，进出口总额与出口额。统计检验结果显示，保持中长期关系的有：M0、M2、M1 与 M2 增速差、储蓄/M2，工业增加值、用电量、发电量，PMI 及其扩散指标中的新订单、进口、原材料库存，美元指数 USDX。统计检验结果显示，保持中短期关系的有 PMI 扩散指标中的生产量、出口、采购量、采购价格等。其中货币供应量指标主要属于丹歌循环中的领先指标，工业生产类指标主要属于丹歌循环中的同步指标，物价指标主要属于丹歌循环中的滞后指标。

最后，我们介绍马丁·茨威格循环周期。马丁·茨威格循环周期是马丁·茨威格在操作实践中总结出来的一套模型，其主要目的是用来指导股票交易。马丁·茨威格是少数将技术分析与基本分析，以及心理分析结合起来的交易大师。从 20 世纪 90 年代开始直到现在，他都是华尔街炙手可热的基金经理，曾被列入《金融宗师》一书中。他善于利用数据进行严谨的分析，由此确定股市大盘的趋势性和阶段性。1986 年，他就完成了马丁·茨威格循环周期模型的研究，然后用于实践，大获全胜。最为出名的一次操作是 1987 年 10 月 19 日当天美国道琼斯指数暴跌 36.1%，但是他操作的基金却上涨了 9%，称得上是力挽狂澜。

马丁·茨威格循环周期主要强调的是信贷周期对股票市场的影响，这种分析思路与乔治·索罗斯的信贷循环分析类似，其中强调了"利率—流动性—交易者情绪"三个重要因素对股票市场的影响。当然，索罗斯的信贷循环更为强调抵押物价值对金融市场泡沫的交互强化作用，而茨威格的模型则强调央行货币政策变动导致的流动性变化对股票市场参与者的

股市大势由业绩预期、风险偏好和无风险利率，以及股票发行量共同决定。流动性与无风险利率有关，也影响风险偏好/溢价。

影响。

虽然马丁·茨威格的理论与我们在第二课要传授的工具都与流动性有关，但是由于马丁·茨威格除了流动性也强调市场情绪的作用，所以他的模型其实是一个"利率（驱动因素）—情绪（心理因素）—指数（行为因素）"的循环，**首先是央行货币政策的变化，这导致利率和流动性发生了变化，进而影响了整个资产市场的收益率分布和风险偏好**。因此，利率是债券收益率的定价基础，而债券收益率则是其他更高风险资产定价的基础，比如股票和房地产等。同时，流动性增加提高了风险偏好。而风险偏好的变化直接引起市场情绪的变化。市场参与者和潜在参与者因为自身风险偏好的变化，以及资产收益率分布的变化而进入股票市场，进而引起大盘指数的变化。这就是马丁·茨威格循环的核心所在。不过，马丁·茨威格并没有谈到利率变化导致资产收益率分布和风险偏好变化这个理论化的一面，他只是感性地谈到了流动性增加会使得对股票的需求增加。在供给不变的情况下，需求增加会直接导致股价的飙升。

为什么茨威格如此重视流动性变化对股市走势的影响，这还要追溯到他对本杰明·格雷厄姆关于证券分析的认识过程。茨威格大学的专业是金融学，他自己将大半的时间都花在了研究股市上面。当时的金融学课程中关于股市投资的部分主要涉及本杰明·格雷厄姆和大卫·多德的《证券分析》一书。这本书奠定了华尔街价值分析的百年传统，其主要思想就是买入那些价值显著高于价格的股票，并且在价格回归价值的过程中卖出。但是，这一理论主要是针对个股选择的，对于股市大盘的周期性涨跌并没有任何指导意义。更为重要的是，格雷厄姆本人也因为在1929年的大崩盘中亏损严重而不得不依靠教职为生。茨威格回忆道："在沃顿商学院求学的四年中，格雷厄姆这套东西没有让我明白市场整体是如何变化的，对于股市自身的价格运动，参与群体的情绪变化，以及美联储的货币政策度股市的影响，大学的课程都没有提到……"

后来，茨威格经人指点开始阅读杰西·李默佛的相关书籍，这是他开始注意股市本身的运动规律。再后来，他创建了用于观察和分析市场情绪的指标，这就是看跌/看涨比率，这是一个基于期权数据计算出来的比率，在今天的股票，商品期货和外汇市场都有所运用。其主要思路是通过基本金融品对应的期权来计算出这个比率，然后用来推断基本金融品参与者的情绪和心理。最后，茨威格开始发现货币流动性对股市的重要影响，这样茨威格的整个体系就建立起来了。茨威格强调市场情绪和流动性，而我们强调市场预期和资金流向。

在"利率（驱动因素）—情绪（心理因素）—指数（行为因素）"的茨威格循环中，我们首先来看指数这个环节。机构交易者和成熟的个人交易者都非常关注大盘指数的

运动轨迹。在美国股市大盘指数通常指三大股指，分别是道琼斯工业指数、纳斯达克指数和标准普尔 500 指数，当然，也要关注罗素 2000 指数。而在 A 股市场，股市大盘指数则通常指上证指数、深成指和沪深 300 指数。当然，也要关注中小板指数和创业板指数。

指数的走势直接涉及我们的盈亏，但是光是研究指数是不够的，还应该研究引发指数运动的原因，这就是市场心理和资金。马丁·茨威格认为市场心理是市场分析过程中重要的一环。

看涨看跌比率是马丁·茨威格在进行市场分析时的主要手段，这个比率可以来自于市场情绪调查问卷，也可以来自于期权多空持仓状况。指数是一个子循环，市场情绪则是另外一个子循环，马丁·茨威格认为两者可以相互验证，除此之外还有一个子循环，涉及货币政策（利率和流动性）。

主流金融学认为利率主要通过两条途径影响股票价格，一是资产结构调整效应，二是财富传导效应，这两条途径分别通过股票交易者和上市公司起作用。对于股票交易者来说，当利率下降时，会使股票交易的机会成本下降，从而导致交易者进行资产组合的结构调整，增加资产组合中对股票的需求，导致股票价格上涨。

资产结构调整效应还可以反过来通过股票价格的变化而影响利率的变动，两者具体的影响路径与金融体系中市场主导作用的或机构主导作用的相对权重有关。对股票交易者来说，利率的降低使得股票和长期债券价格上升，增加投资者收益，使人们觉得更加富有，从而人们会增加实物商品和劳务消费支出，进而影响产出水平。

对于企业来说，利率的降低引起社会总供求环境的变化，改变了企业的经营环境，引起企业投资的资本成本降低并增强投资者的预期，促使投资与消费的增长，通过社会总需求的增长，导致股票价格的上涨。财富效应同样可以反过来通过股票价格的变化而影响利率的变动。

就我们交易者的观点而言，利率变化其实改变了两个金融市场关键因素，第一个是收益率差，第二个是风险偏好，这两者其实决定了金融资产间的相对波动幅度。利率变化会改变基准收益率，进而改变固定资产相对于风险资产的收益率差。另外，利率变化会引发流动性发生变化，进而改变市场参与主体的风险偏好。**资产间的收益率差以及投资者的风险偏好同时发生显著改变肯定会引发金融市场的大行情。**因此，马丁·茨威格心中最为重要的子循环涉及利率（流动性）的周期循环，而这与央行的利率政策（货币政策）密切相关。因此，马丁·茨威格周期的第三个子循环主要是关注"联邦基金利率"走势。当然，货币政策的另外一面则是货币供给量，比如 M1 和 M2。国

内的研究已经表明**美国股市走势与美联储的货币供应量密**不可分。马丁·茨威格循环不仅与跨市场分析有关，而且还涉及了"流动性"分析。

除了上述马丁·茨威格关于大盘走势的模型之外，他的一些有关指数判断的经典语句我们也觉得有必要罗列如下，对于大家驰骋股海非常有用：

● 我分析的是可能性，而不是确定性，因此具体的策略可能比空洞的理论更为有用。

● 每周我都会花上半个小时的时间来关注那些重要的数据。

● 大盘指数是交易决策的最终仲裁者，我的核心原则之一是**别和指数较劲**。

● **股票市场的主要风向标是货币因素**……同时，我也密切关注市场群体的乐观和悲观情绪。

● 交易者只有朝着正确的方向，顺应市场大势才能赚到大钱。

● 在最低点之上一点买入，在最高点之下一点卖出是个明智的选择。

● 纪律是最为重要的。

● **重中之重的做法是随时关注大盘指数和利率的变动情况。**

● 必须采取理智的态度来控制风险。

在本书中我们有四个重点工具，分别是美林时钟和三个循环。这四个工具将帮助我们从经济周期和跨市场的角度定位股市大势。

（本文摘编自《股票短线交易的 24 堂精品课》的"跨市场分析：实体经济的圆运动和金融市场的联动序列"一课）